Otfried Höffe
Ist Gott demokratisch?

Otfried Höffe

Ist Gott demokratisch?
Zum Verhältnis von Demokratie und Religion

HIRZEL

Bibliografische Information der Deutschen Nationalbibliothek
Die Deutsche Nationalbibliothek verzeichnet diese Publikation in der Deutschen
National-bibliografie; detaillierte bibliografische Daten sind im Internet unter
http://dnb.d-nb.de abrufbar.

Jede Verwertung des Werkes außerhalb der Grenzen des Urheberrechtsgesetzes
ist unzulässig und strafbar. Das gilt insbesondere für Übersetzungen, Nachdrucke,
Mikroverfilmungen oder vergleichbare Verfahren sowie für die Speicherung in
Datenverarbeitungsanlagen.

1. Auflage 2022
ISBN 978-3-7776-3078-6 (Print)
ISBN 978-3-7776-3159-2 (E-Book, epub)

© 2022 S. Hirzel Verlag GmbH
Birkenwaldstraße 44, 70191 Stuttgart
Printed in Germany

Lektorat: Thomas Steinhoff, Frankfurt am Main
Umschlaggestaltung: Christiane Hemmerich, Tübingen
Satz: Satzpunkt Ursula Ewert GmbH, Bayreuth
Druck und Bindung: CPI books GmbH, Leck

www.hirzel.de

Inhalt

Vorwort 9
Einführung 13
Der Weg zur Moderne 22
Säkulare Antike 24
  Dekalog: säkular 26
  Konfuzianismus 29
  Griechenland 33
Entsäkularisierung und Resäkularisierung 38
  Vorläufer Cicero 39
  Augustinus 39
  Abu Nasr al-Farabi 46
  Thomas von Aquin 48
Niccolò Machiavelli, Thomas Hobbes, Jean-Jacques Rousseau .. 50
  Provisorische Amoral 51
  Staatsmoral 54
  Bürgerreligion 60
Immanuel Kant 63
  Staat und Recht 64
  Moral 67
  Führt die Moral unumgänglich zur Religion? 68
  Eine Neuinterpretation biblischer Themen 71
Neuere Verteidiger der Religion 74
  Nicht postsäkular 75
  Søren Kierkegaard 79
  William James 81
  Niklas Luhmann 83
  Charles Taylor 85
  Hans Joas 90

Zeitgenössische Probleme 94
Staat und Religion 95
   Toleranz 95
   Rechtfertigungen 98
   Gegenseitige Zumutungen 102
   Gemeinsamkeit mit Unterschieden 105
   Staat ohne Gott? 107
   »Totale« Religionsfreiheit? 111
   Politische Gerechtigkeit ohne Religion 111
Vom diesseitigen Wert der Religionen 114
   Redensarten 116
   Orts- und Landschaftsbild 120
   Jahreskreis und Lebenslauf 121
   Kunst, Musik, Sprache und Literatur 124
   Wirtschaft 127
   Gefühlswelt 128
Besonnenheit und Verzicht 132
   Antike 133
   Christentum 137
   Neuzeit und 20. Jahrhundert 140
   Zwei politische Probleme 143
Soziale und politische Präsenz 145
   Soziale Einrichtungen und christliche Parteien 145
   Christliche Politik? 148
   Was ist christliche Politik? 149
   Personalität, Solidarität und Subsidiarität 151
   Politische Folgen 155
   Evangelische Pfarrhäuser und katholische Wissenschaftsgesellschaft . . 161
   Privilegien? 162
   Religionsverfassungsrecht 174
   Exkurs: Demokratieunfähigkeit im deutschen Protestantismus? 178
Gefahren seitens der Religionen 180
   Gewaltbereitschaft 181
   Noch einmal: antike Religionskritik 184
   Karl Marx, Friedrich Nietzsche und Neuer Atheismus 186

»Opium des Volks« 188
 »Gott ist tot« 190
 Neuer Atheismus 192
 Religiöser Fanatismus 195
 »Unorthodox« 195
 Missbrauch in der Kirche 197
 Politischer Islam 197
 Gehört der Islam zu Deutschland? 202
Demokratie und Religion? 207
 Zwei unabhängige Sphären? 208
 (Staats-)Bürgerlicher Ungehorsam 213
 Der Demokratie zustimmen! 214
 Der Religion entgegenkommen? 219
Kein Dilemma 224

Literaturhinweise 226

Personenregister 228

Vorwort

Früher war das Thema dieses Essays hochaktuell, in mancher Hinsicht sogar explosiv. Später entspannte sich das Verhältnis von Demokratie und Religion so stark, dass es keine nähere Untersuchung mehr benötigte. Mittlerweile ist es wegen verschiedener Entwicklungen wieder diskussionswürdig, glücklicherweise zwar – noch? – nicht explosiv, durch eine Reihe von Faktoren aber doch aktuell geworden. Aus diesem Grund nimmt sich dieser Essay das weitläufige Thema erneut vor und gibt der Wiederbehandlung durch einige Gesichtspunkte ein näheres Profil: So dürfen da und dort tagespolitische Gesichtspunkte hereinspielen. Vornehmlich aber, so der erste profilierende Gesichtspunkt, ist eine philosophische, folglich grundsätzlichere Erörterung beabsichtigt.

Auf den ersten Blick sind beide Bereiche, Demokratie und Religion, für unterschiedliche Welten zuständig, vereinfacht gesagt die Staatsform der Moderne, die auf Grund- und Menschenrechte sowie Gewaltenteilung verpflichtete Demokratie, für das Diesseits, die Religion hingegen für das Jenseits, und dort, in der Sphäre Gottes, so lässt die Titelfrage erwarten, hat der Begriff der Demokratie kaum einen Platz.

Man kann es auch so sagen: Die Demokratie ist, freilich in Grenzen, für das weltliche Wohlergehen, die Religion für die ewige Glückseligkeit verantwortlich. So gesehen scheint die Beziehung, von Schwierigkeiten frei, vielleicht doch keiner Neuuntersuchung wert zu sein. In Wahrheit, zweiter profilierender Gesichtspunkt, überschneiden sich die beiden Bereiche, was eine gegenseitige Unterstützung möglich, aber auch tiefgreifende Konflikte kaum vermeidbar macht. Tauchen Konfliktfälle auf, dann muss nämlich die Demokratie auf ihrem Recht beharren, Letztentscheidungen zu treffen, während Religionsgemeinschaften einer anderen höchsten Instanz unterworfen sind, und ihr, Gott, mehr zu gehorchen verlangen als jeder weltlichen Obrigkeit.

Das damit angedeutete Themenfeld ist facettenreich, sowohl hinsichtlich der Fragen als auch der Antworten vielfältig. Wer sich eine gründlichere Untersuchung vornimmt, darf sich, so der dritte profilierende Gesichtspunkt, mit einem Blick lediglich auf die Gegenwart nicht zufriedengeben. Aus diesem Grund beginnt dieser Essay nach seiner Einführung in das Problemfeld mit einer Skizze der recht komplexen geistesgeschichtlichen Entwicklung, die schließlich zur Gegenwart führt.

Erstaunlicherweise wird dieser Weg häufig nur mit einer auf Europa und Nordamerika eingeschränkten Brille skizziert. Diese Studie hingegen, so ihr weiteres Profil, stellt sich einer Aufgabe, die heute, in Zeiten der Globalisierung, doch mit Selbstverständlichkeit anerkannt werden sollte: Er gibt sich mit einem innerwestlichen Blick nicht zufrieden.

Erstaunlich und zugleich bedauerlich ist ein weiteres Phänomen: Nach einer die gegenwärtigen Debatten beherrschenden Ansicht, gern »Große Erzählung«, professioneller »Narrativ« genannt, besteht die einschlägige Entwicklung in einem Zurücknehmen der zunächst religions- und theologiegeprägten Welteinstellung, also in einer zunehmenden Entsäkularisierung. In Wahrheit, so ein fünftes Profil dieses Essays, finden wir säkulare Theorien schon in der Antike, in deren westlichen und außerwestlichen Teilen.

Erst später, vor allem mit dem Einbruch des Christentums, verlieren die zuvor vertretenen säkularen Theorien ihr Gewicht. Die Geistesgeschichte verläuft daher alles andere als linear: von religiösen Anfängen zu deren zunehmender Entmachtung. Sie besteht vielmehr aus mindestens drei Phasen: (1) einer elementar säkularen, (2) einer wesentlich religiös bzw. theologisch geprägten und (3) einer diese Prägung zunehmend abarbeitenden Phase. An deren Ziel und Ende könnte man eine vollständige Säkularisierung erwarten. Selbst diese Erwartung, ein Teil der angedeuteten Großen Erzählung, wird durch die Wirklichkeit enttäuscht. Sie besteht in einer weiteren Phase, (4) dem Konflikt zwischen einer entsäkularisierten und einer bleibend säkularen Lebenswirklichkeit. Auch mit dieser Situation hat sich ein für heute sachgerechter Essay auseinanderzusetzen.

Nach dem ersten Teil, einer Skizze des recht komplexen Weges zur Moderne, wendet sich der Essay in einem zweiten Teil einer exemplarischen Erörterung heutiger Probleme zu. Er setzt bei Zumutungen an, die Demokratie und Religion sich gegenseitig machen. Im Anschluss daran geht er auf den vielfältigen »Wert« ein, den die Religion in der modernen Gesellschaft trotz deren fortgeschrittener Säkularisierung immer noch besitzt. Sichtbar wird er schon dort, wo man ihn kaum erwartet, in zahllosen Redensarten, ferner im Orts- und Landschaftsbild, im Jahreskreis und Lebenslauf, in Kunst, Musik und Literatur, nicht zuletzt in der persönlichen und der sozialen Gefühlswelt.

Danach widmet sich der Essay einer Aufgabe, die nicht bloß für Einzelpersonen, sondern auch für die Gesellschaft als Ganzer unaufgebbar ist: der mit mancherlei Verzichten einhergehenden Besonnenheit. Weil zu ihren Gunsten sowohl säkulare als auch religiöse Argumente sprechen, zeigt dieses Thema exemplarisch, dass zwischen Demokratie und Religion nicht nur Konflikte auftauchen, sondern beide Welten sich unterstützen können.

Nach einem weiteren Blick auf die facettenreiche Gegenwart, jetzt auf die Präsenz von Religion und Religionsgemeinschaften im sozialen und persönlichen Leben, weist der Essay auf Gefahren hin, die seitens der Religion und ihrer Gemeinschaften drohen. Dazu gehören eine enorme Gewaltbereitschaft, gespeist aus einer nicht selten aggressiven Intoleranz, und ein vielfältiger, von Bigotterie, Aberglaube nicht freier Fanatismus sowie ein bedauernswerter Missbrauch in der Kirche. Im weiteren Zusammenhang darf man das weltweit wahrzunehmende Phänomen eines politischen Islams nicht verdrängen. Alles andere wäre Ausdruck eines Mangels von Wirklichkeitssinn und geistiger Courage.

Am Ende versucht der Essay die genannte Doppelfrage zu beantworten: Weil Demokratie und Religion für zwei zwar unabhängige, aber nicht gänzlich voneinander zu trennende Sphären zuständig sind, ist zu klären, wie angesichts der sich überschneidenden Sphären beide Seiten, Demokratie und Religion, einander entgegenkommen können – und sollen. Zu hoffen ist, dass sich eine für beide Seiten vertretbare Form findet. Dann, allerdings auch lediglich dann bleibt, so die Bilanz des Essays, das Verhältnis von Demokratie und Religion, auch wenn immer wieder neue Herausforderungen auftreten, zwar störanfällig. Von einer Zwangslage, einem Dilemma, kann aber keine Rede sein.

Für vielfältige kompetente Zuarbeit danke ich Christian Serdarusic, B. A.

Tübingen, zum Jahreswechsel von 2021 auf 2022,
Otfried Höffe

Einführung

Blickt man auf die letzten fünf Jahrhunderte, so standen sich vielerorts Politik und Religion feindselig gegenüber. Erst seit wenigen Jahrzehnten hat sich das Verhältnis mehr und mehr entspannt.

Wir erinnern uns: Auf die Reformation, die sich die Erneuerung der christlichen Kirche vornimmt, folgen, was man nicht unterschlagen darf, blutige Konfessionskriege, und sowohl in katholischen als auch protestantischen Ländern macht sich gegenseitiges Unverständnis breit.

Die intellektuellen Wortführer, Philosophen wie Thomas Hobbes und John Locke, später Jean-Jacques Rousseau, müssen teils aus kirchenpolitischen, teils aus allgemeinpolitischen Gründen ins Exil gehen oder von dort wieder fliehen. Und der überragende jüdische Denker Baruch de Spinoza wird aus der Amsterdamer Synagoge ausgeschlossen. Zudem erscheinen viele der philosophischen Werke außerhalb der Wirkstätte der Autoren, zusätzlich, um Repressalien zu vermeiden oder der Verfolgung zu entgehen, anonym oder posthum. Nicht zuletzt fallen Schriften, die schon veröffentlicht sind, Bücherverbrennungen und Bücherverboten zum Opfer.

Der nach seiner Wirkung bedeutendste französische Aufklärer, Voltaire, fordert, die (katholische) Kirche auszulöschen: *Écrasez l'infâme!* Der schottische Aufklärer David Hume nennt die protestantische Kirche seiner Heimat sein Greuel: *The church is my aversion.* Weitere Belege sind, um folgende Bilanz zu ziehen, kaum vonnöten: Über Jahrhunderte kämpfen die großen Kirchen und die feudalen Throne Seite an Seite gegen die Aufklärer und ihre Grundgedanken. Von wenigen liberalen Fürsten wie Friedrich II., dem Großen, und einigen Minderheitschristen abgesehen, findet die Forderung nach Aufklärung und Toleranz weder bei den weltlichen Herrschern noch bei den tonangebenden Theologen Unterstützung, nicht einmal wohlwollende Neutralität. Vielmehr stößt sie auf eine bis zur Bedrohung von Leib und Leben gesteigerte Feindseligkeit. Diese Situation hat sich in vielen westlichen Gesellschaften schon des Längeren, mancherorts freilich erst seit Kurzem entspannt. Heute, in Zeiten der konstitutionellen Demokratie, ist zumindest im Westen ein Mut vor Königsthronen oder Bischofssitzen nicht mehr vonnöten.

Statt dessen stellen sich Probleme, die sich durch drei Begriffe Demokratie, Religion und Säkularisierung umschreiben lassen. Das durch deren Zusammenspiel geprägte Themenfeld führt zur Leitfrage dieses Essays: Wie verhalten sich bei der hierzulande vorherrschenden Staatsform, der konstitutionellen Demokratie, unter der Bedingung fortgeschrittener Säkularisierung Politik und Religion zueinander? Ist das Verhältnis unproblematisch oder trägt es Züge einer Zwangslage, eines Dilemmas, da Politik und Religion zum Teil konkurrierende Ansprüche stellen? Muss man sich ihretwegen nicht stets, jedoch immer wieder *für* die eine, zugleich *gegen* die andere Seite entscheiden?

Die Frage stellt sich in beide Richtungen, zum einen als Frage: Wie viel Religion verträgt der säkulare Staat, namentlich die säkulare Demokratie?, zum anderen als Frage: Wie viel an Demokratie, und zwar an einer ihr nicht internen, sondern externen Demokratie, verträgt Religion? Je nach der Antwort kann es nun zu einer Konkurrenz kommen, sodass das Verhältnis von Politik und Religion doch den Charakter eines Dilemmas, einer Zwangslage, annimmt.

Konzentrieren wir uns einführend auf die erste Frage, dann erscheint die Antwort als einfach, beinahe als zu einfach. Ob die Sachlage tatsächlich so einfach ist, wird zwar zu prüfen sein, vorläufig lautet die Antwort aber: Der säkulare Staat des Westens, die rechts- und verfassungsstaatliche Demokratie, verträgt beides: viel Religion und wenig

Religion, sogar deren zwei Extreme, ein Höchstmaß von Religion und deren vollständige Abwesenheit. Die Art der Religion ist dabei unerheblich. Denn grundsätzlich betrachtet ist die konstitutionelle Demokratie sowohl mit einem Monotheismus als auch mit einem Polytheismus, sowohl mit dem Judentum, Christentum und Islam als auch dem Buddhismus, Daoismus, Hinduismus und Shintoismus sowie einer Quasireligion, dem Konfuzianismus, verträglich.

Unbegrenzt ist die Verträglichkeit allerdings nicht. Der demokratische Rechts- und Verfassungsstaat lässt keine Menschenopfer zu, auch nicht das Verstümmeln junger Frauen. Dem Hinduismus beispielsweise erlaubt er zwar, die Kuh als heiliges Tier zu verehren. Er verbietet jedoch, diese Verehrung den Nichthindus, den Muslimen, Christen und Juden oder Atheisten, aufzuzwingen. Auch gestattet die Demokratie einer Religionsgemeinschaft, Abweichler, Häretiker, aus der Religionsgemeinschaft auszuschließen. Sie erlaubt aber weder, den seitens der Gemeinschaft vorgenommenen Ausschluss noch den vom Einzelnen erklärten Austritt aus der Religionsgemeinschaft mit weltlichen Strafen zu belegen. Ebenso wenig untersagt die Demokratie einer Religionsgemeinschaft, Frauen von gewissen Ämtern auszuschließen. Sie verbietet jedoch, außerhalb der Religionsgemeinschaft, in der Familie, der Gesellschaft oder dem Staat, Frauen zu benachteiligen.

Generell erlaubt eine konstitutionelle Demokratie ihren Bürgern nicht nur, einer Religion, sondern auch deren orthodoxer, sogar ultraorthodoxer Gestalt anzuhängen. Sie verbietet jedoch, was man irreführend »radikal« oder »fundamentalistisch« nennt, nämlich jede Gewalt. Vor den Frommen oder den ganz Frommen, vor denen manche westliche Theologen oder »Religionsintellektuelle« warnen, hat der säkulare Staat keine Angst. Was er hingegen verwirft, und zwar kompromisslos ablehnt, ist etwas, das nicht nur von Religionsanhängern, sondern auch von vielerlei anderen Fanatikern droht: Ob Religion oder Weltanschauung – sie dürfen durchaus von ihren *radices*, den Wurzeln, und ihren Grundlagen, den Fundamenten, her leben. Auch steht es ihnen frei, höchst strengen Riten und Ritualen zu folgen. Verboten ist ihnen jedoch, gewalttätig zu werden. Weder gegen ihre Mitglieder noch gegen

Außenstehende ist physische Gewalt erlaubt. Auch gegen emotionale Gewalt hat die konstitutionelle Demokratie Bedenken. Allerdings weiß sie, dass es angesichts der grundrechtlich geschützten Religionsfreiheit nicht leicht ist, eine derartige Gewalt gerichtsfest zu bestimmen.

Eine Religionsgemeinschaft darf sich jedenfalls den staatlichen Gewalten nicht entziehen. Sie etwa durch ein eigenes religiöses Recht außer Kraft zu setzen und eine Paralleljustiz einzurichten, ist ihnen verboten. Folglich ist ihr, es sei wiederholt, innerreligiös eine Ex-Kommunikation, der Ausschluss aus der Religionsgemeinschaft, erlaubt. Dieser darf aber keine rechtlich-politischen Folgen haben.

Da die soweit skizzierte Antwort unstrittig sein dürfte, könnte man die rechts- und staatsphilosophische Leitfrage dieses Essays beiseiteschieben und sich einer häufig vertretenen These zuwenden: »Religion« – hier bewusst ohne den bestimmten Artikel, da das Phänomen zu vielgestaltig ist, um von »der« Religion sprechen zu dürfen – habe einen anthropologischen Rang. Sie enthalte nämlich etwas, das allen Menschen zugutekomme, ein Sinn- und Intensivierungspotenzial, verbunden mit Angeboten einer emotionalen Fülle und einer humanen Vollkommenheit. Vielleicht biete Religion sogar ein neues Verständnis des Grundprinzips der Moderne, der Freiheit. Aus derartigen Gründen darf man gegen das unter Religionsgegnern verbreitete Bündel von Ansichten Bedenken haben, das sich im Vorwurf zusammenfassen lässt, Religion schade dem Menschen. Diesem Essay liegt jedenfalls eine derartige prinzipielle Religionskritik nicht zugrunde. Er hält sich vielmehr für die angedeutete Gegenthese, eine Kraftquelle für ein sinnerfülltes Leben zu sein, offen. Er versteht sie freilich nur als eine erwägenswerte Hypothese, nicht als schon begründete Behauptung. Überdies räumt er der entsprechenden Vermutung, Religion enthalte ein humanes Potenzial, nicht den Rang einer Hauptrolle ein.

Die konstitutionelle Demokratie ist keine normativ neutrale Staatsform. Ihr liegt vielmehr eine Moral zugrunde, allerdings nicht die gesamte Moral, sondern nur jener kleine Teil, deren Anerkennung die Menschen einander schulden. Bestimmt ist dieser Teil von den Ideen der Freiheit und der Gerechtigkeit. Die Frage, die sich deshalb stellt, ob die Religion für die Motivation zur Moral, hier zur politischen Gerechtigkeit und Freiheit, wichtig, vielleicht sogar unverzichtbar ist, wird in diesem Essay ebenfalls behandelt. Erneut wird sie aber nur mitlaufend erörtert.

Für diesen Themenbereich, das Verhältnis von Religion und Moral, gibt es einen erstaunlichen sprachgeschichtlichen Befund: Die heute der Religion zugeordnete Grundhaltung, die Frömmigkeit, bedeutet vom Spätmittelalter bis weit in die Reformationszeit »Rechtschaffenheit«. Selbst wenn sie von religiösen Instanzen gefordert wird, ist eine zwar menschlich vorbildliche, eine durch Ehrlichkeit, Tüchtigkeit und Tapferkeit ausgezeichnete Lebensführung gemeint, aber keine wahrhaft religionsspezifische, sondern eine von jedem Menschen zu praktizierende, religionsneutrale Haltung der Tugend.

Konzentriert man sich auf die Frömmigkeit im religiösen Sinn, so hat sie mit der Ehrfurcht vor Gott, mit Demut und Spiritualität, auch mit Askese und Mystik zu tun. Fromm ist, wer an Gott glaubt und aus diesem Glauben heraus lebt. Wer dabei das Heil seiner Seele sucht und dieses in letzter Instanz von einem Jenseits erwartet, der mag die Aufgabe der Politik, für ein Diesseits in Frieden, Freiheit und Gerechtigkeit zu sorgen, für belanglos halten. Religion und Politik werden aber zwei unterschiedlichen Sphären zugeordnet, weshalb ein Konflikt, verbunden mit der Gefahr eines Dilemmas, sich nicht abzeichnet.

In Wahrheit aber wird sich zeigen, lassen sich beide Sphären nicht stets und überall säuberlich trennen. Aus diesem Grund erörtert dieser Essay eine Frage, die für beide Seiten ein wahrhaft existenzielles Gewicht hat: Wie können heute, in Zeiten weitgehender Säkularisierung, Demokratie und Religion vernünftig, das heißt zumindest in wechselseitiger Anerkennung und gegenseitigem Respekt, miteinander umgehen? Auf den ersten Blick scheint die Antwort so selbstverständlich zu sein, dass eine Erörterung sich kaum lohnt. Denn in den pluralistischen, dabei säkularen Gesellschaften finden sich sowohl Anhänger, Gefolgsleute, als auch Gegner von Religion, nicht zuletzt indifferente Personen. Infolgedessen darf die konstitutionelle Demokratie, will sie ihre innere Aufgabe erfüllen und allgemeine Anerkennung erreichen, weder in der Praxis ihrer Ideen von Freiheit und Gerechtigkeit noch in deren Theorie irgendwie Religion voraussetzen. Die weltanschauliche Neutralität verlangt allerdings auch, die Religion nicht von vornherein auszuschließen.

Andererseits tritt in der heutigen Demokratie die Religion nicht im Singular, sondern im Plural auf. Spätestens bei der Frage, auf welche Religion und in deren Rahmen: auf welche Konfession oder Richtung, sich die Demokratie stützen sollte, kommt es zur Konkurrenz. Wegen der daraus entstehenden Probleme versteht sich die Antwort auf die Frage nach der Beziehung von Demokratie und Religion nicht von selbst. Ihr Verhältnis bedarf vielmehr einer gründlichen Erörterung.

Gemäß einem ersten Problem geben überzeugte Anhänger den Vorschriften ihrer Religion einen absoluten Vorrang, was zur Frage führt: Wie viel Politik verträgt eine Religion? Damit auch überzeugte Religionsanhänger die Moral von Freiheit und Gerechtigkeit und zu deren Durchsetzung die Staatlichkeit anerkennen können, dürfen deren Verbindlichkeiten den einschlägigen Vorschriften der Religion nicht widersprechen. Für die Staatlichkeit hingegen, heute also die Demokratie, wäre es gut, wenn ihre Verbindlichkeiten vonseiten der Religion positiv unterstützt, zumindest wohlwollend geduldet werden.

Ein zweites Problem: Nach Ansicht des wohl bedeutendsten Moralphilosophen der Moderne und einem ihrer wichtigsten Rechts- und Staatsphilosophen, Immanuel Kant, soll »Moral unumgänglich zur Religion« führen. Ohne Zweifel ist diese Ansicht für einen heutigen Leser, selbst für einen Kant-Freund, so provokativ, dass man sie lieber im Namen der Säkularisierung als sach- und zeitfremd beiseiteschiebt. Kant ist aber einer der wichtigsten Freiheitstheoretiker der Moderne, immerhin der Anwalt des Prinzips der Autonomie des Willens und kompromissloser Gegner einer Gesetzgebung vonseiten Gottes, der sogenannten Theonomie. Weil also dieser überragende Philosoph die genannte These aufstellt, ist es besser, bevor man die These ablehnt, zu klären, was genau Kant behauptet und welche Argumente er dafür vorbringt.

Als drittes Problem empfiehlt sich, eine seit Längerem vorherrschende Lesart der Moderne zu überprüfen. Nach der hier dominanten Theorie bestand früher zwischen Politik und Religion eine enge Verbindung. Im Verlauf der Modernisierung werde diese Verbindung jedoch mehr und mehr gelockert, was sich auf eine sukzessive Emanzipation belaufe. Am derzeitigen Ende dieser Entwicklung habe sich die Begründung von Recht und Rechtsmoral von der Verquickung mit Religion frei gemacht, sodass sie heute, sogar schon seit Längerem, von aller Bindung an Religion unabhängig sei.

Wer sich wichtige Etappen der einschlägigen Ideengeschichte vergegenwärtigt, muss diese Große Erzählung nicht etwa bloß als zu einfach, sondern sogar als falsch einschätzen. Denn wahr ist, dass nicht erst in der Moderne Begründungsmuster für eine verbindliche Rechtsmoral auftreten, die ohne Religion auskommen. Im Abendland trifft es auf einen seiner bedeutendsten Denker – Aristoteles – zu, dessen Moral- und Politiktheorie nämlich auf Religion und Theologie vollständig verzichtet.

Weil Ähnliches für eine der bedeutendsten Schulen Chinas, den Konfuzianismus, gilt, könnte man vermuten, dessen Rezeption habe in Europa die »Enttheologisierung« der Moral- und Staatstheorie beeinflusst. Richtig ist, dass seit dem Ende des 16. Jahrhunderts, seit der geistigen Entdeckung Chinas durch Jesuiten, sich in Europa nach und nach eine Wertschätzung chinesischer Wissenschaft und Kultur, sogar eine Chinaliebe, eine Sinophilie, breitmacht. Bei Gottfried Wilhelm Leibniz und seinem geistigen Nachfolger, Christian Wolff, erreicht sie einen philosophischen Höhepunkt, der aber weder bei ihnen noch bei anderen Philosophen eine Änderung der Rechts- und Moralbegründung zur Folge hat.

Der Blick, den dieser Essay gelegentlich auf China, ferner auf den persisch-arabischen Kulturraum wirft, soll zwar etwas, das in Zeiten der Globalisierung generell zu fordern ist, die verbreitete Fixierung auf den eigenen, hier westlichen Kulturraum exemplarisch aufheben. Die Quellen der Emanzipation von Religion und Theologie liegen jedoch anderswo, in Europa selbst. Wie eine der einschlägigen Phasen der abendländischen Geistesgeschichte schon im Titel ausdrückt, »Renaissance«, also Wiedergeburt, gemeint ist vor allem die des klassischen griechischen und römischen Altertums, greift Europa in vielen Bereichen seiner Kultur immer wieder auf antike Vorbilder zurück.

Auf eine historische Rekonstruktion dieser Epoche kommt es diesem Essay aber nicht an. Es geht ihm zunächst lediglich um eine Skizze des tatsächlichen, nämlich komplexeren Weges zur Moderne. Dieser Prozess verläuft keineswegs linear aufwärts. Er hebt bei säkularen Theorien schon der Antike an, beginnt dabei mit Altisrael, dem bis heute bestimmenden Dekalog, und geht über eine der klassischen chinesischen Schulen, den Konfuzianismus, und einem frühen Religionskritiker der Griechen, Xenophanes, zu einem der für unser Thema wichtigsten antiken Autor, Aristoteles.

Vor diesem Hintergrund wird zunächst ein Kontrastmodell, eine Verquickung von Rechts- und Moralbegründung mit der Religion, skizziert. Nach einem kurzen Blick auf Cicero am Beispiel des überragenden Kirchenlehrers der Christenheit, Aurelius Augustinus, ergänzt um einen muslimischen Denker, al-Farabi. Darauf folgen, erneut in exemplarischer Auswahl – denn alles andere wäre vermessen – wichtige Stationen des späteren Emanzipationsprozesses. Er beginnt für viele fraglos überraschend beim zweiten großen Kirchenlehrer der Christenheit, bei Thomas von Aquin, und setzt sich in unterschiedlicher Weise bei Niccolò Machiavelli, Thomas Hobbes und Jean-Jacques Rousseau fort.

An eine längere Erörterung des Höhe-, zugleich Wendepunktes der europäischen Aufklärung, Immanuel Kant, schließt die erste Überlegungsreihe dieses Essays mit Hinweisen auf überragende Verteidiger der Religion, die es im 19. und 20. Jahrhundert immer noch gibt: Søren Kierkegaard, William James, Niklas Luhmann, Charles Taylor und Hans Joas.

Im Verlauf dieser Überlegungsreihe für komplexere Sachlagen sensibel geworden, kann die zweite Überlegungsreihe die nicht weniger komplexe Situation der Gegenwart erörtern, erneut exemplarisch, dieses Mal nicht anhand von Autoren, sondern von systematischen Themen und Problemen. Wir beginnen mit generellen Überlegungen zum Verhältnis von Staat und Religion, untersuchen dann unter Stichworten wie Redensarten, Orts- und Landschaftsbildern, Jahreskreis und Lebenslauf, Kunst und Gefühlswelt jenen Wert von Religionen, den bald ausdrücklich, bald unausgesprochen auch säkulare Gesellschaften noch anerkennen.

Nach einer Zwischenüberlegung zu einem nicht bloß religiösen, sondern auch säkularen Phänomen – der Besonnenheit und dem Verzicht – folgen Bemerkungen zur bleibenden gesellschaftlichen und politischen Präsenz von Religion, etwa in Form von christlichen Parteien, und zu einigen deutschen Sonderphänomenen.

Bloß einen positiven Wert haben Religionen und Religionsgemeinschaften freilich nicht. Nach Hinweisen auf negative Phänomene wie Gewaltbereitschaft und religiösen Fanatismus und einem Blick auf so wirkmächtige Religionskritiker wie Karl Marx und Friedrich Nietzsche, ferner auf die Wirklichkeit eines neuen Atheismus und auf den politischen Islam stellt sich die Abschlussfrage: Worin nun besteht ein sinnvolles, ein vernünftiges Verhältnis der modernen Gemeinwesen, der Demokratien, zu Religion und Religionsgemeinschaften: Handelt es sich notwendig um ein Dilemma oder lassen sich Spannungen, die zwischen ihnen auftreten, entweder beheben oder aushalten, ohne dass es zu einem unaufhebbaren Dilemma kommen muss?

Der Weg zur Moderne

Nach einer verbreiteten Ansicht hebt die abendländische Philosophie als Metaphysik an und findet in einem verschlungenen Prozess der Emanzipation von Metaphysik schließlich zur wahrhaft modernen, zugleich vernünftigen Gestalt, dem nachmetaphysischen Denken. Manche Vertreter dieser Ansicht sehen die klassische Metaphysik mit Religion und Theologie verknüpft, sodass sie für heute nicht bloß ein nachmetaphysisches, sondern auch ein nachtheologisches und nachreligiöses Denken fordern, das es glücklicherweise mittlerweile auch gebe.

Wäre diese Ansicht richtig, dann müssten die Theorien von Recht, Staat und Politik sowie von Moral, nicht zuletzt die Theorien der Demokratie, wenn es sie denn schon früher gab, anfangs von Metaphysik und – für diesen Essay wichtiger – von Religion mitgeprägt, vielleicht sogar untrennbar von ihr durchdrungen gewesen sein. Erfreulicherweise hätten sie sich aber in einer freilich langwierigen Entwicklung davon frei machen können. Nur wenig zugespitzt seien zu Beginn der abendländischen Geistesgeschichte die Rechts-, Staats-, Politik- und Moraltheorien von Religion und Theologie abhängig gewesen, hätten sich jedoch, erwartungsgemäß unter schwierigen sozial- und theoriegeschichtlichen Bedingungen, nach und nach von dieser Abhängigkeit zu befreien vermocht. Selbst Jürgen Habermas' zweifellos eindrucksvollem Werk »Auch eine Geschichte der Philosophie« liegt die angedeutete Ansicht zugrunde: dass sich die Philosophie generell aus ihrer Symbiose mit der Religion zu lösen hatte, um schließlich die heute allein noch vertretbare nachmetaphysische und nachreligiöse, säkularisierte Gestalt erreicht zu haben.

Wer der Macht, sogar Übermacht dieser Großen Erzählung nicht von vornherein erliegt, wer lieber in die tatsächliche Geistes- und Ideengeschichte einen Blick wirft, stößt auf einen überraschenden Befund: Schon in der abendländischen Frühzeit, in der Antike, finden sich für das Themenfeld dieses Essays Theorien, die von Religion und Theologie nicht bloß ein wenig, sondern vollständig unabhängig sind. Eine säkulare Politik- und Moralphilosophie ist also keine Erfindung der Neuzeit oder sogar erst der letzten zwei, drei Generationen. Sie taucht vielmehr schon in Altisrael und bei den Griechen, nicht zuletzt in der außereuropäischen Antike, beispielhaft in China, auf.

Die entsprechenden Funde sind zudem nicht etwa bloß in entlegenen, allein Spezialisten bekannten und wegen ihrer Entlegenheit auch einflussarmen Theorien zu entdecken. Im Gegenteil gehören sie zu den bedeutendsten ideengeschichtlichen Quellen. Es erstaunt daher, warum die genannte Ansicht sich verbreiten, vielerorts sogar als unstrittig richtig, Juristen würden sagen: als herrschende Meinung, sich durchsetzen konnte.

Die Aufgabe, sich von Religion und Theologie frei zu machen, stellt sich jedenfalls nicht von Anbeginn, in unserem Kulturraum, sondern im Wesentlichen erst nach dem Einbruch des Christentums in die Welt rund um das Mittelmeer. Erst durch dieses die Geistes- und Sozialgeschichte wahrhaft revolutionierende Ereignis wird das Themenfeld dieses Essays mit dem Virus der Religion infiziert: Die zuvor vielfach religionsfreien Theorien werden, polemisch formuliert, mit Religion verunreinigt, sodass danach und weitgehend auch erst danach ein Prozess der Reinigung, eine Emanzipation von Religion und Theologie, nötig wird.

Dieser Reinigungsprozess, so eine zweite Kritik der herrschenden Ansicht, beginnt sehr früh. Er hebt nicht erst im Verlauf der Epoche an, die sich deshalb Neuzeit nennt, sondern lange vorher, nämlich, ein weiteres Mal erstaunlich, schon bei einem christlichen Denker. Nach der Zurücknahme der säkularen antiken Theorien, wirkungsmächtig durch den Kirchenlehrer Augustinus vorgenommen, nimmt der zweite große Kirchenlehrer, Thomas von Aquin, die Entsäkularisierung zu einem erheblichen Maß zurück. Das abendländische Denken verdankt also einem Philosophen und Theologen, eben Thomas von Aquin, einen erneuten Säkularisierungsschub, eine Resäkularisierung.

Nicht nur wegen der heutigen Zeiten der Globalisierung empfiehlt es sich, zwischen die Erörterung von Augustinus und von Thomas von Aquin einen Blick auf einen nicht abendländischen Denker, auf den islamischen Philosophen al-Farabi, zu werfen. Ohnehin spielt in diesem Essay schon vorher, mit dem Konfuzianismus, eine nicht westliche Kultur eine Rolle.

Auch die sich an Thomas anschließende Entwicklung verläuft anders, als man sie üblicherweise sieht. Der unbefangene Blick findet schon im 16. Jahrhundert einen durch und durch säkularen, zudem keineswegs unbekannten Denker: Niccolò Machiavelli. Es folgen zwei zumindest weitgehend säkulare Theorien. In Hobbes' Moral-, Rechts- und Staatsphilosophie spielt die Religion zwar eine beachtliche, trotzdem für die Rechtfertigung von Moral, Recht und Staat keine entscheidende Rolle, was später auf Rousseau nicht weniger zutrifft. Kants Vernunftrecht und Vernunftmoral besteht aus nicht minder säkularen Theorien, obwohl Kant zufolge die Moral »unumgänglich zur Religion« führt. Schließlich darf man die gewiss nicht wenigen neueren Verteidiger der Religion übergehen, weshalb die Diagnose von einem heute vorherrschenden postsäkularen Denken als deutlich übereilt erscheint.

Säkulare Antike

Nach einem einflussreichen, durch Karls Jaspers prominent gewordenen Gedanken werden in einer außergewöhnlichen Epoche der Menschheit, in der Achsenzeit, unabhängig voneinander alle Grundgedanken der folgenden Kulturen gewonnen. In den sechs Jahrhunderten um die Mitte des ersten Jahrtausends v. Chr., in der Zeit von 800 bis 200 v. Chr., erhält laut Jaspers' Schrift »Vom Ursprung und Ziel der Geschichte« die

Weltgeschichte die »einzige Struktur und Einheit, die durchhält oder doch bis heute durchgehalten ist«. Das erwähnte monumentale Werk von Habermas »Auch eine Geschichte der Philosophie« wird diesen Gedanken aufgreifen. In Wahrheit bestehen in den hier einschlägigen drei Kulturräumen, in Altisrael, China und Griechenland, so deutliche Unterschiede, dass sie für das Themenfeld dieses Essays nicht übergangen werden dürfen.

In Altisrael sind Recht und Moral mit der Religion zwar eng verbunden, allerdings schwächt sich die Bindung bei näherer Betrachtung erheblich ab. Eine der klassischen Denkschulen Chinas, der Konfuzianismus, steigert die Religionsunabhängigkeit, da es in ihm weder eine Religion im Sinne einer Verehrung von Gott und Göttern noch die ihnen dienenden Elemente wie Priester, Heiligtümer, Opfer und Gebete gibt. Eine andere Art gesteigerter Unabhängigkeit findet sich in der griechischen Antike. Denn die Götter des dort vorherrschenden Polytheismus leben in einem so hohen Maß unmoralisch, dass diese Volksreligion in philosophischen Kreisen einem Monotheismus weichen muss. Selbst er wird in der Moral- und Politikphilosophie eines Aristoteles bedeutungslos. Während in Chinas Konfuzianismus Religion erst gar nicht auftritt, wird sie bei Aristoteles auf philosophische Weise zum Rücktritt gezwungen.

Die folgenden Überlegungen treten also zwei tief sitzenden Vorurteilen vieler Theorien der Moderne entgegen. Zum einen entkräften sie das meist unausdrückliche Vorurteil, der für Moral und Recht entscheidende Teil des Dekalogs habe wegen seiner textlichen Herkunft mit Religion zu tun. Zum anderen weisen sie das ausdrückliche Vorurteil zurück, das westliche Moral- und Rechtsdenken habe sich in einem mühsamen Emanzipationsprozess von der ursprünglichen Bindung an Religion befreien müssen.

Vorab empfiehlt sich ein methodischer Hinweis: Für das letzte Drittel der hier einschlägigen Überlegungen bringe ich Fachkenntnisse mit. Für die ersten Teile fehlen sie mir zwar. Die für den Zweck dieses Essays erforderlichen Kenntnisse lassen sich aber aneignen, ohnehin sind hier keine subtilen Einsichten vonnöten.

Dekalog: säkular

Das vermutlich prominenteste Gegenbeispiel zu einer religionsunabhängigen Begründung von Politik und Moral, der Beleg für einen angeblich religionsinternen Moral- und Rechtskanon, bietet der aus dem Judentum stammende, im Christentum anerkannte, der Sache nach auch für den Islam kaum strittige Dekalog.

Selbst von säkularen Zeitgenossen wird das entsprechende Textstück aus der Thora bzw. den Fünf Büchern Moses immer noch als unstrittiges Minimum einer gültigen Sozial- und Rechtsmoral angeführt. Nun beginnen die einschlägigen Passagen aus dem 2. Buch Moses, dem Exodus (20,2–17), und dem 5. Buch Moses, dem Deuteronomium (5,6–21), mit einem Machtwort, das den Dekalog nachdrücklich als religiöses Dokument ausweiset: »Ich bin der HERR, dein Gott.« Daraus ergibt sich dieser paradoxe Befund: Ein deutlich religiöser Text wird heute nicht minder deutlich von weithin säkularen, gegen Religion zumindest fremdelnden Zeiten als eine den sonstigen Kontroversen enthobene Gemeinsamkeit anerkannt. Liegt also dem verbreiteten Selbstverständnis der Moderne ein tief reichendes Missverständnis zugrunde? Erkennt unser säkulares Zeitalter hinter seinem Rücken einen wesentlich vorsäkularen Faktor an, einen Faktor zudem, der kein nebensächliches Element darstellt? Denn es geht hier um die Sozialmoral, mitlaufend auch um das Recht, folglich um ein Kernelement des Zusammenlebens.

Ein zweiter Befund kommt hinzu: Der Dekalog entstammt nicht etwa der im Westen dominierenden Religion, dem Christentum, sondern einer zahlenmäßig extrem geringen, überdies nicht selten angefeindeten Minderheit, dem Judentum. Genau darauf nimmt die Fortsetzung der genannten Eingangsworte Bezug. Auf die Formel »Ich bin der HERR, dein Gott« folgt eine lediglich Altisrael auszeichnende Erläuterung: »der ich dich aus Ägypten, dem Haus der Knechtschaft, geführt hat.« Wegen dieser Formel hat der Dekalog übrigens den Charakter eines Vertrages, den der HERR mit seinem auserwählten Volk schließt. Insofern ist der Dekalog weder ausschließlich noch vornehmlich ein Moralkodex. Er hat vielmehr einen Rechts-, als Bund sogar einen Staatscharakter.

Zurück zum säkularen Selbstverständnis der Moderne. Bevor man es zu einem Missverständnis erklärt, empfiehlt sich ein Blick auf den geschichtlichen Zusammenhang. Bekanntlich werden die Zehn Gebote während der Wanderung der Israeliten von Ägypten durch die Wüste in Richtung auf das Gelobte Land erlassen. Sie werden nämlich vom HERRN auf dem Berg Sinai ihrem Anführer Moses verkündet. Dieser schreibt sie, was häufig unterschlagen, mindestens in seinem Gewicht unterschätzt wird, auf zwei ihrem Inhalt nach scharf getrennten Tafeln nieder. Denn lediglich die Gebote der ersten Tafel sind wahrhaft religiöser, die der zweiten Tafel hingegen säkularer Natur.

Auf der ersten Tafel lautet das erste Gebot: »Du sollst keine anderen Götter neben mir haben« und: »Du sollst dir kein Bildnis machen.« Dieses Bilderverbot beschränkt sich nicht etwa auf die Darstellung Gottes, sondern erstreckt sich auf das gesamte Universum, denn es heißt: »Kein Bildnis noch irgendein Gleichnis, weder von dem, was oben im Himmel, noch von dem, was unten auf Erden, noch von dem, was im Wasser ist.«

Das zweite Gebot erklärt: »Du sollst den Namen des HERRN, deines Gottes, nicht missbrauchen.« Und das dritte Gebot: »Gedenke der Sabbattage, dass du sie heiligest. Denn nach sechs Tagen des Erschaffens ruhte der HERR.«

Selbst wer den Umstand beiseitelässt, dass die nächsten sieben Gebote auf einer zweiten Tafel stehen, wird Folgendes kaum übersehen: Die erste der neuen Verbindlichkeiten, das vierte Gebot, enthält sowohl in seinem Inhalt »Du sollst Vater und Mutter ehren« als auch in der Rechtfertigung »auf dass du lange lebest« eine grundlegend andere, nicht mehr religiöse, sondern säkulare Verpflichtung. Das Gebot nimmt keinerlei Bezug auf die Gottheit und deren Machtanspruch, »weil ich, dein HERR, es so will«. Es wird nicht mehr religiös, sondern individualpragmatisch oder eudaimonistisch, nämlich mit dem eigenen Wohl begründet.

Einwenden könnte man, die Formulierung des vierten Gebotes ende mit einem Teilsatz, in dem denn doch ein religiöses Wort auftaucht. Das Wohlergehen solle nämlich in dem Land stattfinden, »das der HERR, dein Gott, dir gibt«. In der Tat waren die Israeliten bei der Verkündigung der Zehn Gebote zwar mit Gottes Hilfe schon aus der Knechtschaft Ägyptens befreit gewesen, in dem von Gott versprochenen neuen Land aber noch nicht eingetroffen. Der Hinweis auf »das Land, das Gott dir gibt« erscheint aber nicht als Rechtfertigungsgrund. Es heißt nicht, du sollst Vater und Mutter ehren, »*weil* du dort leben wirst«, auch nicht als zeitliche Einschränkung »*sobald* du dort leben wirst«. Vielmehr wird die allgemeine, zweifellos ab sofort, also auch schon vorher, mithin immer gültige Verpflichtung um ein anderes Element erweitert, um das Hoffnung machende Versprechen: »Ich, der HERR, der dich aus ägyptischer Herrschaft befreit hat, führt dich in ein neues, dann für dich, Israel, eigenes Land.«

Nun könnte man noch einen weiteren Einwand erheben: Bei den nächsten Geboten, ab Gebot Nummer fünf, fehle die weltliche Begründung. Sie erübrigt sich aber, da die Verbindlichkeiten allesamt als unabhängig von jeder Religion, als grundsätzlich für ein gedeihliches Zusammenleben hilfreich, großenteils sogar als dafür notwendig erscheinen. Für durch die Wüste wandernden, insofern als Nomaden lebenden Israeliten jedenfalls dürften sie überlebensnotwendig gewesen sein.

Rufen wir uns die fehlenden Gebote in Erinnerung. Die genaue Zählung der Gebote ist zwischen den christlichen Konfessionen umstritten, was hier aber beiseite bleiben kann. Fünftes Gebot: »Du sollst nicht töten / morden.« – Sechstes Gebot: »Du sollst nicht ehebrechen.« – Siebtes Gebot: »Du sollst nicht stehlen.« – Achtes Gebot: »Du sollst gegen deinen Nächsten kein falsches Zeugnis abgeben.« – Neuntes Gebot: »Du sollst nicht begehren deines Nächsten Haus.« – Zehntes Gebot: »Du sollst nicht begehren deines Nächsten Weib, Knecht... und alles, was dein Nächster hat.«

Das Gewicht dieser Gebote liegt auf der Hand. Offensichtlich erleichtern sie, fraglos unabhängig von jeder Religion, ein humanes Leben. Die Verbote fünf, sieben und acht gehören mit den dort angesprochenen Tötungs-, Diebstahls- und Aussagedelikten sogar weltweit zum Kernbestand allen Strafrechts. Vor allem meint, wer sich auf die Zehn Gebote als allseits anzuerkennende und tatsächlich anerkannte Verpflichtungen beruft, in Wahrheit lediglich die zweite Tafel. Er nimmt nicht die drei ersten, religionsbezogenen Gebote in den Blick, die ohnehin schon nicht bei allen anderen Religionen, noch weniger bei Atheisten mit allgemeiner Anerkennung rechnen können. Von einem schlechthin unkontroversen moralischen Minimum kann dort keine, bei der zweiten Tafel hingegen sehr wohl die Rede sein.

Die Gebote der zweiten Tafel sind mit den Verboten fünf, sieben und acht als notwendige und mit den Verboten sechs, neun und zehn als vermutlich hilfreiche Bedingungen des Zusammenlebens nicht etwa kontingent, sondern wesentlich religionsunabhängig gültig. In diesem präzisierten Verständnis ist die für eine Gesellschaft entscheidende zweite Tafel des Dekalogs lediglich ihrer historischen Herkunft noch ein religiöser, in der Sache und Begründung aber ein rein weltlicher, säkularer Moral- und Rechtskodex.

Konfuzianismus

Bei den Weltreligionen denkt man in der Regel nur an den Vorderen Orient, vielleicht noch an Indien, aber nicht an China. Tatsächlich hat mindestens eine der vier Lehren bzw. Schulen, die das Land maßgeblich prägen, einen religiösen Charakter. Sie ist zudem in China entstanden, ist überdies für dieses Land charakteristisch: der Daoismus. Diese also authentische Religion Chinas kennt wie andere Religionen nicht bloß Tempel, ein Mönchswesen, einen Kultus und Rituale, sondern darüber hinaus Gottheiten und ein Streben nach Erleuchtung.

Bei einer zweiten Schule hingegen, dem aus Indien eingewanderten Buddhismus, einer Art von Reformhinduismus, ist der religiöse Charakter umstritten. Nicht anders als im Daoismus gibt es zwar Tempel, Klöster, gewisse Riten und Meditationsübungen. Weil diese Lehre jedoch eine Unsterblichkeit des Menschen ablehnt und die drei Grundleidenschaften des Menschen, den dreifachen »Daseinsdurst« nach sinnlicher Lust, nach einem Weiterleben über den Tod hinaus und nach Vernichtung dieses Lebens, zu überwinden sucht, besteht sie wohl eher in einer weltlichen als einer religiösen Daseins- und Moralauffassung.

Der Daoismus hat auf zwei Ebenen einen gesellschaftskritischen Charakter: Auf einer fundamentalen Ebene, weil er das soziale Grundübel in der Zivilisation sieht, und lebenspraktisch, weil er gemäß dem Hauptwerk »Daodejing« – Buch (jing) vom Weg (dao) zur Tugend (de) – das übliche Verlangen nach Reichtum, Macht und Ruhm verachtet. Laut daoistischer Ansicht wird das, worauf es vor allem ankommt, das kosmische Gleichgewicht, durch zwei Grundhaltungen zerstört, durch das berechnende Denken und durch die Neigung, alles zu reglementieren. Aus beiden Gründen greift ein »weiser Herrscher« in das Leben der Untertanen möglichst wenig ein. Außerdem führt er keine Kriege und lebt selbst in Einfachheit. Damit die gewünschte Einfachheit nicht gewaltsam zustande kommt, stehen der daoistischen »Zivilisationsflucht« nur zwei Wege offen: der Rückzug entweder in ein einfaches Dorfleben oder in die Einsamkeit, in die Natur.

Eine dritte für China maßgebliche, ebenfalls authentische Lehre des Landes, der Konfuzianismus (*rujia*), verstärkt gegenüber dem Dekalog die Unabhängigkeit von Religion. Selbst am Anfang der einschlägigen Texte stehen nicht wie in der Bibel religiöse Worte, auf die ein religionsunabhängiger Teil folgt. Das Hauptwerk, die Konfuzius zugesprochenen »Gespräche, Lun-yu«, beginnt vielmehr mit den Worten: »Konfuzius sprach: ›Etwas lernen und sich immer wieder darin üben – schafft das nicht auch Befriedigung?‹« Andererseits teilt der Konfuzianismus mit Altisrael zwei Eigenheiten: Zum einen haben gewisse, im Laufe von Jahrhunderten entstandene Texte bzw. Textsammlungen ein überragendes, autoritatives Gewicht. Zum anderen gilt die Praxis, das persönliche Leben und das soziale Zusammenleben als weit, fast unendlich weit wichtiger denn ein bloßes Erkennen, eine pure Theorie.

Dieser Vorrang nützlicher Praxis vor reiner Theorie dürfte in China seinen Grund in den besonderen Umständen der Entstehungszeit haben. Weil damals die archaische Ordnung mit ihrer Feudalgesellschaft und deren Verhaltensregeln zerfiel und der Gedanke eines überpositiven, »himmlisch« genannten Mandats des Herrschers an Überzeugungskraft verlor, weil es also Zeiten schwerer gesellschaftlicher und politischer Krisen waren, drängten sich Fragen der gesellschaftlichen und politischen Ordnung und der persönlichen Lebensführung in den Vordergrund.

Eine Religion im westlichen Verständnis taucht freilich im Konfuzianismus nicht auf. Eine liebende oder strafende, jedenfalls streng übermenschliche Gottheit, die man achten und verehren sollte, fehlt vollständig. Trotzdem stellt man moralische Verbindlichkeiten auf, was Fjodor Dostojewskis gern zitierter Überzeugung aus dem Roman »Verbrechen und Strafe« – »Wenn es keinen Gott gibt, ist alles erlaubt« – wirkungsvoll widerspricht.

Weil es diesem Essay auf die methodische Unabhängigkeit von Religion ankommt, genügen hier wenige Hinweise auf die konfuzianischen Moral-, Rechts- und Politiküberzeugungen: Ohne Zweifel gab es damals in Chinas Alltagskultur eine Volksreligion, im Konfuzianismus wird sie aber so gut wie bedeutungslos. Überdies hatte das Staatswesen nach heutigem Verständnis säkularen Charakter, und Staatsdiener pflegten, wenn sie nicht sogar Atheisten waren, einen zurückhaltenden Agnostizismus. Insofern kann man Elmar Holenstein (2009) zustimmen und China eine »altsäkulare Zivilisation« nennen. Diese Einschätzung trifft aber nur auf den Konfuzianismus, nicht auf den Daoismus zu, und dem chinesischen Buddhismus wird sie nur eingeschränkt gerecht.

Konfuzius hingegen kann man sehr wohl als einen »altsäkularen« Lehrer der chinesischen Kultur bezeichnen. Später wird er zwar von Staatsseite wie ein Heiliger verehrt. Auch werden konfuzianische Tempel gebaut, die bis heute nicht nur von Touristen besichtigt, sondern auch von Konfuzianern aufgesucht werden. Weil Konfuzius aber nicht zu einer Gottheit erhoben wird und der für China generell wichtige Ahnenkult schwerlich ausreicht, um von einer Religion zu sprechen, handelt es sich bestenfalls um eine quasireligiöse Lehre und selbst dies nur in einem schwachen Sinn. Denn Konfuzius und seine Schüler kennen weder den Glauben an eine über den Menschen thronende Instanz noch an eine von dort her offenbarte heilige Schrift. Ein Wesen, zu dem man in Dankbarkeit aufblicken, zu dem man beten und von dessen Gnade man abhängig sein soll, ist dem Konfuzianismus fremd. Trotzdem, also ohne einen Bezug auf Religion, soll man ein im rechtlichen und moralischen Sinn gutes Leben führen. Beide, Recht und Moral, sind also streng religionsunabhängig und in diesem Sinn säkular.

Nach dem genannten Hauptwerk »Lun-yu« kann der Mensch nur als gesellschaftlich organisiertes Kulturwesen vernünftig leben. Um das damals, vielleicht auch künftig drohende soziale Chaos zu überwinden, müsse man ein harmonisches Zusammenleben schaffen und als Einzelner sich zugunsten der Gemeinschaft zurücknehmen. Zu diesem Zweck seien zwei Einstellungen notwendig, ein Verantwortungsbewusstsein und die Bereitschaft, sich einzuordnen. Des Näheren müsse man die überlieferten Sitten und Riten befolgen, die Ahnen verehren, viel lernen und die fünf sozialen Grundbeziehungen einer streng patriarchalen Familie pflegen: die Beziehung zwischen Vater und Sohn, die zwischen Herrscher und Untertan, zwischen Mann und Frau, zwischen Alt und Jung sowie – über die Familie hinaus – zwischen Freunden.

Im Unterschied zum Daoismus ist der Konfuzianismus in zwei gesellschaftstheoretischen Hinsichten konservativ: Auf der Grundebene, weil er das menschliche Wohlergehen vom Leben in der Gemeinschaft erwartet, und, darauf aufbauend, weil er für die Anerkennung einer traditionellen Moral plädiert. Dazu gehört allerdings, was man denn doch als gesellschafts- und politikkritisch einschätzen könnte, die Ablehnung harter Gesetze und Strafen. Statt auf eine entsprechende Rechtsmoral, auf eine zwangsbefugte formelle Sozialgrammatik, verlässt sich der Konfuzianismus lieber auf die informelle Sozialgrammatik von Herkommen und Sitte, überdies auf die Tugend der Herrscher.

Ebenfalls überflüssig ist Religion für eine weitere klassische Denkschule Chinas, den Legismus (*fajia*). Ohne jedes Interesse an Kultur und an theoretischer Spekulation geht es ihm lediglich um unmittelbar nützliche Herrschaftstechniken, also um politisch-pragmatische Überlegungen, in denen er einer Religion keinen Platz einräumt: Um die jeweilige politische Situation unvorbelastet zu bewältigen, soll man sich weder der konfuzianischen Hochschätzung der Überlieferung anschließen noch dem daoistischen Grundsatz folgen, zur schon vollkommenen Natur zurückzukehren.

Der Legismus plädiert für ein starkes Rechts- und Staatswesen, weshalb die Menschen ähnlich wie nach dem Konfuzianismus zu willigen Mitgliedern des Gemeinwesens werden sollen. Der dafür nötige Weg sieht aber grundverschieden aus. Das Ziel soll nämlich mit Hilfe strenger Gesetze, harter Strafen und einer leistungsabhängigen Belohnung erreicht werden. Sobald dieses Ziel erreicht ist, wird freilich eine Art von Herrschaftsfreiheit möglich. Denn – hier erneut dem Konfuzianismus nahe – kann das Gesetz sich aufheben und »der Herrscher sich in die hintersten Kammern seines Palastes zurückziehen«.

Die für diesen Essay entscheidende Frage nach dem Verhältnis von Recht, Politik und Moral zur Religion erhält also in zwei klassischen Schulen Chinas dieselbe Antwort: Die Religion ist auf die vollkommene Weise belanglos, dass sie, weil schlicht abwesend, selbst als Gegner nicht auftaucht.

Griechenland

Ein anderes Denkmuster findet sich bei einem der bedeutendsten Lehrer nicht nur des Abendlandes, sondern auch der islamischen Philosophie des Mittelalters, zugleich einem der wirkungsmächtigsten Moral- und Politikphilosophen der Menschheit, bei Aristoteles. Zuvor empfiehlt sich ein kurzer Blick auf die Vorgeschichte: Der in der griechischen Tradition herrschende Polytheismus ist weit mehr als eine bloß in den niederen Schichten populäre Religion. Obwohl die einschlägigen Texte, Homers Epen und Hesiods »Theogonie« (»Entstehung der Götter«), keine heiligen Schriften sind, bilden sie einen wesentlichen Teil des für die Griechen verpflichtenden Bildungskanons.

Die dort beschriebenen Götter leben freilich auf eine nach menschlichen Maßstäben derart schamlose Weise, dass schon einer der frühen Philosophen, der Vorsokratiker Xenophanes von Kolophon, ihnen Unmoral vorwirft: Hesiod und Homer, sagt er, haben den Göttern all das zugeschrieben, was bei den Menschen Schimpf und Schande verdient: Stehlen, Ehebrechen und gegenseitiges Betrügen. Die Götter agieren also in einem so hohen Maß unmoralisch, dass sie sich als Vorbilder für Moral selbst desavouieren.

Xenophanes geht noch weiter. Er entlarvt eine angeblich göttliche Erscheinung, den Regenbogen, als ein schlichtes Naturereignis, mithin als ein säkulares, nicht religiöses Phänomen. Schließlich verwirft er den Polytheismus seiner Zeit und vertritt einen »aufgeklärten«, monotheistischen Gottesbegriff: »Ein einziger Gott ist unter Göttern und Menschen der Größte, / weder dem Körper noch der Einsicht nach den sterblichen Menschen gleich.«

Knapp zwei Jahrhunderte später, bei Aristoteles, wird die philosophische Theologie zu einer göttlichen Wissenschaft geadelt. Sie handelt nämlich vom Göttlichen, dessen Wesen aber von Homers und Hesiods Götterwelt grundverschieden ist: Im einschlägigen Buch Lamba (XII) der »Metaphysik« gipfelt die dort entwickelte Naturphilosophie im Gedanken einer schlechthin höchsten Ziel- oder Zweckursache, in dem von aller Religion freien Begriff eines unbewegten Bewegers. Diesen setzt Aristoteles zwar mit der Gottheit (*ho theos*) gleich, die er jedoch in keiner Weise religiös, sondern als einen unbewegten Beweger, folglich rein naturphilosophisch bestimmt.

Den Höhepunkt dieses Gedankengangs bildet nicht eigentlich Gott, also ein Gegenstand von Religion und Theologie, sondern das Element einer Philosophie des Geistes, die *noêseôs noêsis*: das Denken des Denkens. Der unbewegte Beweger ist laut Aristoteles der Geist, der sich auf sich selbst richtet und genau darin, in der Selbstbezüglichkeit, seine nicht mehr steigerbare, im strengen Verständnis unübertreffliche Würde findet.

Trotzdem geht es im Buch Lamba zwar um eine Naturphilosophie, die jedoch als schlechthin letzte Ziel-, aber nicht Wirkursache aller Naturereignisse mit einem Kernbegriff vieler Religionen – Gott – gleichgesetzt wird. Da diese Zielursache zudem derjenige Grund der Welt ist, der selbst keinen Grund mehr hat, scheint er zwei für das Thema dieses Essays wesentliche Aufgaben zu erfüllen. Es handelt sich bei ihm um einen religiösen Begriff, der sich überdies als Kandidat für eine Letztbegründung, folglich, im Bereich der praktischen Philosophie, für eine Politik- und Moralbegründung anbietet.

Zwei Argumente sprechen freilich dagegen. Zum einen kommt es dem Buch *Lambda* auf eine Theorie der Natur an, deretwegen Aristoteles' Gottheit einen naturphilosophischen Charakter hat. Für die aus dem Vorderen Orient stammenden Religionen hingegen, für das Judentum, das Christentum und den Islam, ist die strenge Alternative, eine personale Gottheit, wesentlich. Diese kann zudem direkt oder indirekt moralisch relevant werden, was bei Aristoteles apersonale Gottheit ausschließt.

Folgerichtig spielt diese Theologie in Aristoteles' eigener Ethik, namentlich in der »Nikomachischen Ethik«, keine Rolle. Man braucht nur an deren Hauptthemen zu erinnern: also an Aristoteles' Begriff eines Moralprinzips, die Glückseligkeit im Sinne von *eudaimonia*, und deren nähere Bestimmung als *bios politikos*, als moralisch-politisches Leben, ferner an dessen Elemente, die Charaktertugenden – von der Besonnenheit und Tapferkeit über die Freigebigkeit bis zur Gerechtigkeit und der Quasitugend, der *philia*, der Freundschaft – und die notwendige Ergänzung in der intellektuellen Tugend, einer sittlichen Urteilskraft, der *phronêsis*, der Klugheit – keines dieser Elemente hat irgendeinen religiösen Charakter.

Bei deren Erörterungen taucht eine Theologie weder im philosophischen noch im lebenspraktischen Verständnis auf. Für die Theologen des Mittelalters und bis weit in die Neuzeit wird diese strenge Religionsunabhängigkeit ein Problem sein. Denn sie halten Aristoteles für einen überragenden Denker der Moral und Ethik, später auch der Politik. Folglich müssen sie mit dem Ärgernis zurande kommen, dass ihr philosophisches Vorbild die Moral und Politik auf eine für ihn selbstverständliche, für christliche, auch jüdische und muslimische Denker aber provokative Weise begründet: ohne jeden Bezug auf Religion und Gott.

Einwenden könnte man, Aristoteles' Eudaimonia finde ihre vollendete Gestalt doch nicht im moralisch-politischen Leben, im *bios politikos*, sondern im *bios theôrêtikos*, in einer Lebensform also, die sich der puren, von allem Nutzen freien, um der bloßen Erkenntnis willen betriebenen Forschung widmet. Es ist eine Forschung, die wie eine reine, nicht angewandte Mathematik, wie eine ebenso reine Naturforschung, einschließlich Astronomie und wie eine bloß theoretische Philosophie das heute vorrangige Kriterium, die gesellschaftliche Relevanz, auf eine höchst provokative Weise, nämlich vollständig von sich weist.

Gegen Ende seiner »Nikomachischen Ethik«, in den Kapiteln sieben und acht des zehnten Buches, erklärt Aristoteles zwar, das vollkommene Glück bestehe im Leben der Theoria und diese habe einen göttlichen Charakter. Die dabei gemeinte Göttlichkeit hat aber mit dem vom Judentum, Christentum und Islam vertretenen Gottesbegriff nichts zu tun. Denn es handelt sich um kein übermenschliches Wesen, das man verehren und zu dem man beten sollte. Ebenso wenig ist es eine Macht, die in ihrer Allmacht die Welt erschaffen hat und sich durch Allwissen, Allgüte und Allgerechtigkeit, ohnehin durch Heiligkeit auszeichnet. Die »Nikomachische Ethik« bezeichnet vielmehr als göttlich, was zwar das gewöhnliche menschliche Leben übersteigt, trotzdem aber nicht übermenschlich ist. Im Gegenteil gilt es für Aristoteles als das die menschlichen Möglichkeiten am höchsten verwirklichende, in diesem Sinn wahrhaft menschliche Leben.

Aristoteles' weitere Bestimmungen zur theoretischen Lebensform können hier beiseite bleiben: dass nur wenige Menschen zu ihr fähig sind; dass auch sie den entsprechenden Zustand immer nur für kurze Zeit, in einem vollkommen erfüllten Augenblick, erreichen, weshalb auch sie auf die gewöhnliche Lebensform der Eudaimonia, das sittlich-politische Leben, angewiesen sind. Der für diesen Essay entscheidende Punkt ist nämlich davon unabhängig: Aristoteles' Begründung der Moral, die Theorie der Eudaimonia, hat im heutigen Verständnis keinerlei religiösen Charakter.

Das klare Defizit an religiösen Elementen hat systematisch gesehen eine umso größere Tragweite, als Aristoteles' Moralprinzip, die Eudaimonia, eine Sinn- und Lebensfülle einschließt, die Religionen gern für sich und dann häufig exklusiv beanspruchen. Um diesem Anspruch zu genügen, müssen sie, werden wir sehen, den Superlativcharakter einer Aristotelischen Eudaimonia abschwächen, die dazugehörenden Tugenden als heidnisch-weltlich relativieren und um genuin religiöse bzw. theologische Tugenden, im Christentum um das Trio von Glaube, Liebe und Hoffnung, nicht bloß erweitern, sondern vor allem überhöhen.

Einen Ansatz dafür könnte bei Aristoteles folgendes Problem bieten: Die zum sittlich-politischen Leben gehörenden Charaktertugenden und die sie ergänzende Klugheit vermögen Schicksalsschläge der Art nicht verhindern, die etwa der König von Troja, Priamos, erleidet (»Nikomachische Ethik«, Buch I, Kapitel 10, 1100a 5–9): Nach Homers »Ilias« verliert der zuvor so glückliche Herrscher viele seiner Söhne und Schwiegersöhne und kommt schließlich selbst ums Leben. So gesehen ist die eigene Rechtschaffenheit zwar die beste Einstellung, die optimale Eigenleistung. Die Einsicht, dass diese Einstellung aber nicht das zu garantieren vermag, worauf es letztlich ankommt, ein glücklich gelungenes Leben, könnte nun zugunsten der christlichen »Zusatz«-Tugenden sprechen: Weil die den persönlichen Tugenden innewohnenden eigenen Anstrengungen das angestrebte irdische Glück nicht zu garantieren vermögen, könnte man das Glück in einem Jenseits suchen, um dort des im Diesseits vermissten Glücks teilhaftig zu werden.

Gehen wir zur zweiten Disziplin von Aristoteles' praktischer Philosophie, der Rechts- und Staatsphilosophie. Die zuständige »Politik« handelt zwar »über Gott und die Götter, über Priester, Heiligtümer, Opfer und Gebete«, also durchaus über Religion und Theologie. In seiner Abhandlung »Aristoteles über Politik und Religion« findet Rolf Geiger sogar »ungefähr 40 Stellen«, sodass man die von Aristoteles analysierte politische Gemeinschaft nicht als säkular einschätzen darf. Sofern es an den genannten Stellen um Gottesbezüge geht, bleiben sie jedoch »den Argumenten, in deren Rahmen sie auftreten, weitgehend äußerlich«. Theologische Grundlagen findet man in Aristoteles' politischer Philosophie jedenfalls nicht, weshalb sie selbst als eine säkulare Theorie einzuschätzen ist. Deutlich zeigt sich das sowohl in der politischen Anthropologie: Dass der Mensch ein sprach- und vernunftbegabtes und ein von Natur aus politisches Lebewesen ist, als auch in der Theorie der drei legitimen und drei illegitimen Staatsverfassungen.

Nur in Klammern: Weil Aristoteles in seiner »Politik« keine religions- oder theologieabhängige Begründung vornimmt, wird im Spätmittelalter Marsilius von Padua in einem der Volkssouveränität vorgreifenden Werk, im »Defensor pacis« (»Verteidiger des Friedens«), bei seiner rein innerweltlichen Begründung politischer Gemeinschaft auf Aristoteles zurückgreifen. Nach Marsilius' in systematischer Hinsicht fraglos modern klingendem Argument ist nur dort der innere Friede möglich, wo selbst hinsichtlich religiöser Normen ausschließlich die weltliche Macht das Recht hat, sie in eine zwangsbefugte Gestalt zu gießen.

Werfen wir der Vollständigkeit halber noch einen Blick auf Aristoteles' Lehre der Seele. Die einschlägigen Überlegungen aus der Schrift »De anima« (»Von der Seele«) kommen ebenfalls ohne Bezug auf religiöse oder auf religionsnahe metaphysische Überlegungen aus. Die Gedanken von Seelenwanderung und Totengericht spielen zwar im griechischen Denken, wirkungsmächtig etwa in der Orphik und bei den Pythagoreern, auch bei Platon eine Rolle. Bei Aristoteles dagegen, in seiner pointiert nicht dualistischen, weil einen Gegensatz von Leib und Seele unterlaufenden Auffassung ist die Seele das generelle Prinzip des Lebendigseins, zuständig nicht bloß für das humane, sondern ebenso für das vegetative und das animalische Leben.

Eine Zwischenbilanz fällt somit nicht schwer: Zusätzlich zu Altisrael und zu Altchina bietet Griechenland namentlich mit Aristoteles ein drittes Beispiel dafür, wie Moral-, Rechts- und Politikbegründung schon in der Antike auf Religion und Theologie problemlos verzichten. Im Unterschied zu den ersten beiden Beispielen handelt es sich freilich allein bei Aristoteles um ein in heutiger Sicht streng philosophisches, zudem nicht außerwestliches (Jerusalem liegt nicht im Abendland!), sondern okzidentales Denken.

Entsäkularisierung und Resäkularisierung

Durch ein Reformjudentum, das Christentum, tritt in den uns interessierenden Theorien von Moral, Recht und Politik eine neue, den bisher vorgestellten Modellen fremde geistige Macht herein. Nicht in China, aber im Westen, genauer: in den Kulturen rund um das Mittelmeer, nimmt die Religion und deren Wissenschaft, die Theologie, den Theorien von Moral, Recht und Politik, insbesondere deren Muster Aristoteles, die »säkulare Unschuld«.

Vorläufer Cicero

Eine gewisse, aber nicht generelle Verquickung von Politik und Religion ist dem vorchristlichen Denken Europas nicht unbekannt. Ein Beispiel bietet der römische Politiker und Philosoph Marcus Tullius Cicero. In vielen seiner Schriften, namentlich denen zur Philosophie wie »Academici libri quattuor« (»Vier akademische Bücher«) und zur Moral, etwa »De officis« (»Von den Pflichten«) und »De finibus bonorum et malorum« (»Von den Grenzen des Guten und des Bösen«), setzt er sich mit den damaligen Philosophieschulen, insbesondere den Epikureern, den Stoikern und den Anhängern von Platons Akademie, auseinander. Dabei bleibt er von Fragen der Religion und deren Theologie unabhängig. Aus diesem Grund und dank der überragenden Wirkungsmacht Ciceros hat die europäische Moralphilosophie bis weit in die Neuzeit eine religions- und theologiefreie Quelle.

Dasselbe trifft auf Ciceros zahllose, aber nicht auf alle der in »De legibus« (»Von den Gesetzen«) und »De republica« (»Vom Gemeinwesen«) entwickelten Grundgedanken der Rechts- und Staatsphilosophie zu. Anders als Aristoteles sieht Cicero den Ursprung eines vor- und überpositiven Rechts, des Naturrechts, bei den Göttern, an deren Spitze Jupiter stehe. Deshalb trägt er im Rahmen seiner Rechts- und Staatsphilosophie Grundsätze einer philosophischen Religionslehre vor und nimmt auf das römische Sakralrecht Bezug.

Im Schluss- und Höhepunkt von »De republica«, in »Scipios Traum«, spielt sogar ein Jenseitsdenken die entscheidende Rolle. Das Glück, das dem Rechtschaffenen winke, das der Unsterblichkeit, sei nämlich weniger im Diesseits als im Jenseits zu erwarten. Die »Verunreinigung« der politischen Philosophie mit religiösen Elementen erfolgt also nicht erst durch den (jüdisch-)christlichen Monotheismus, sondern schon im »heidnischen« Polytheismus Roms.

Augustinus

Zuvor, bei den Griechen, entwickelt wie skizziert Aristoteles ein Gegenmodell. Das klare Gegenmodell zu diesem Gegenmodell, die Zurücknahme der säkularen Theorie, findet sich bei einem Theologen und Philosophen der Spätantike, bei der für viele Jahrhunderte das Abendland beherrschenden geistigen Macht, dem Kirchenvater Aurelius Augustinus. Wegen des überragenden Gewichts seiner Ablehnung theologiefreien Denkens, wegen der durch ihn und seit ihm für viele Jahrhunderte dominanten Entsäkularisierung, empfiehlt sich eine ausführlichere Erörterung.

In einer Zeit, in der das Christentum mit dem Heidentum noch um die Vorherrschaft ringt, greift der hochgebildete Augustinus zahlreiche Probleme, Begriffe und Argumente der antiken, »heidnischen« Philosophien auf. Von den damals bekannten Philosophieschulen übt auf ihn der Neuplatonismus den größten Einfluss aus. Für seine Lebensaufgabe seit der Bekehrung zum Christentum, für sein Leitziel, philosophische Grundgedanken zum inneren Bestandteil christlicher Lehren zu machen, bieten sich verschiedene Argumentationsstrategien an. Augustinus könnte der Philosophie entweder den Vorrang oder aber einen mit dem Christentum gleichen Rang einräumen.

Tatsächlich wählt er eine dritte Strategie, den für jedes säkulare Denken provokativsten Weg. Danach gibt es bei allen für den Menschen wesentlichen Fragen keine nur mittels menschlicher Vernunft erreichbare Antwort. Selbst in Bezug auf Naturgesetze verwirft Augustinus eine Grundhaltung, die schon Xenophanes gepflegt und Aristoteles in seiner »Metaphysik«, in dessen erstem Kapitel, für die Vollendung der menschlichen Wissbegier gehalten hatte: eine pure, von keinerlei Nutzenerwägungen eingetrübte Neugier. Augustinus lehnt nämlich eine Naturforschung ab, die sich nicht für den über und hinter der Natur stehenden Schöpfer interessiert. Eine derart religionsfreie Forschung brandmarkt er im Buch V, Kapitel 3, der »Confessiones«, der »Bekenntnisse«, als überheblichen Stolz. Überwunden werde diese Hoffart, ein geistiges Laster, nur durch ein *religiose quaerere*, ein gottesfürchtiges Forschen, das die Natur als eine Schöpfung Gottes erkennt und anerkennt.

Weil er den christlichen Lehren den absoluten Vorrang zuspricht, qualifiziert er bloße Philosophie, auch den von ihm favorisierten Neuplatonismus, als ein heidnisches Denken, dem jeder Eigenwert fehle. Das ihm wohlvertraute antike Denken bleibt nur so weit berechtigt, wie es einer wahrhaft christlichen Kultur dient. Folgerichtig überlebt der Neuplatonismus bei Augustinus bloß als ein grundlegend reformierter, gewissermaßen christlich getaufter Neuplatonismus. Greifen wir zwei Themenfelder heraus:

Im Bereich der Moral wird das in der Antike generell anerkannte, nicht allein von Aristoteles vertretene Prinzip, die Eudaimonia, zwar aufgenommen, in seiner vorchristlichen, heidnischen Interpretation jedoch verworfen. Weder als Einzelner noch in Verbindung mit dem Gemeinwesen – bei den Griechen der Polis, zu Augustinus' Zeit dem Römischen Reich – könne der Mensch durch Eigenleistung sich eines dauerhaften Glückes vergewissern. Als Grund könnte Augustinus die jederzeit drohende Gefahr nennen, dass Menschen – bei Aristoteles wie erwähnt König Priamos – grausamen Schicksalsschlägen zum Opfer fallen. Dagegen hatte schon eine der einflussreichsten Philosophieschulen der Antike, die Stoa, ein Heilmittel vorgeschlagen: die Fähigkeit, selbst böse Widerfahrnisse zu ertragen. Mit Hilfe dieser »Widerfahrnistoleranz« vermöge die entsprechende Person, der (stoische) Weise, Armut und Krankheit, sogar Folter mit Gleichmut zu ertragen.

Offensichtlich drängt sich hier ein Einwand auf: Wer diesem Vorbild nachstrebt, ohnehin einem Ideal, das man bestenfalls annähernd erreicht, der kann sich zwar gegen Niedergeschlagenheit, Verbitterung und Lebensüberdruss wappnen. Insoweit kann er den äußeren Unbilden des Lebens trotzen und seine innere Freiheit wahren. Er erreicht damit aber lediglich jene »negative Eudaimonie«, die die Stoa als *apatheia*, als Leidenschaftslosigkeit, bezeichnet. Zur eigentlichen, positiven Eudaimonie hingegen gehört eine emotionale und soziale Fülle, was nur der abstreiten kann, der die Lebenswirklichkeit eingeschränkt wahrnimmt.

Ob man diesen Einwand für triftig hält oder nicht – nach dem Ideal des stoischen Weisen, der Fähigkeit zu heiterer Gelassenheit, fällt das dauerhaft sichere Glück selbst in Zeiten von Unglück in die Zuständigkeit und Verantwortung der Menschen selbst. Die Hilfe einer Religion brauchen sie nicht. Die skizzierte stoische Moral ist religionsfrei, insofern säkularer Natur. Augustinus hingegen erkennt als Garanten wahren Glücks lediglich Gott an. Folglich lehnt er die stoische Ansicht ab, freilich nicht primär aus dem Grund, dass sie vor- und unchristlich sei, sondern weil sie dem Anspruch des wahren Glücks nicht gerecht werde. Hier sind beide Teilaussagen wesentlich. Augustinus erklärt zwar Gott zum Garanten des Glücks, dieser garantiert aber nicht die Art von Glück, nach dem die Menschen bislang verlangt hatten. So fordert der Philosoph und Theologe sowohl seine Zeitgenossen als auch alle künftigen Menschen auf, ihr bisheriges Verständnis, da es kein »wahres« Glück beinhalte, preiszugeben.

Offensichtlich ist dieser Argumentation ein Zirkelschluss nicht fern: Denn nur derjenige blickt auf Gott, der zuvor auf das irdische Glück verzichtet hat. Nur dem – nennen wir ihn den Antistoiker und Anhänger von Augustinus – erscheint das irdische Glück als unzureichend, streng genommen sogar als falsch, der schon folgende zwei Voraussetzungen gemacht hat: Er muss zur irdischen Welt eine Alternative, die himmlische Welt, angenommen haben. Zusätzlich muss er die alternative Welt für die bessere, sogar für die allerwichtigste halten. Ein lediglich in dieser Welt und in eigener Verantwortung anzustrebendes, ein bloß irdisches Glück erkennen Augustinus und seine Anhänger von vornherein nicht an. Sie brauchen es auch nicht, da ihrer Ansicht nach das wahre Glück »nicht von dieser Welt« ist.

Dieser Argumentation liegt ein für »säkulare« Philosophen wie Aristoteles unnötiger, zudem wirklichkeitsfremder Dualismus zugrunde. Entweder, heißt es im Buch XVI, Kapitel 28 des Werkes »De civitate die« (»Vom Gottesstaat«), liebe man Gott und seine Nächsten. Oder man liebe, von Lastern beseelt, in christlicher Sprache: von Sünden wie Eifersucht, Zorn, Zwietracht und Neid, generell von einer Herrschsucht über andere, von einer *libido dominandi* beherrscht, lediglich sich selbst. In Aristoteles' einschlägiger Lebensform hingegen, im sittlich-politischen Leben, taucht eine Liebe zu Gott nicht auf. Sie ist argumentativ gesehen auch überflüssig, da man dank der einschlägigen Tugenden wie Besonnenheit, Freigebigkeit und Gerechtigkeit sowie der höchst wichtigen Quasitugend, der Freundschaft, kein moralischer Egoist in Augustinus' Verständnis ist.

Dem, der lediglich im Diesseits lebt und sich trotzdem nicht den von Augustinus gebrandmarkten Lastern hingibt, verbleiben zwei erfolgversprechende Optionen: Aristoteles' sittlich-politische Moral und das Ideal des stoischen Weisen. Beide können sich übrigens ergänzen. Im Normal- und Regelfall des Lebens pflege man die von Aristoteles untersuchten Tugenden. Wird man jedoch wie König Priamos von einem übermenschlichen Unglück heimgesucht, dann pflege man die heitere Gelassenheit des stoischen Weisen.

Bei Augustinus kommt ein weiteres Problem hinzu. Nach Ansicht des Kirchenvaters verdankt der Mensch sein Glück letztlich einem freien Geschenk Gottes, dessen unverfügbarer und unvorhersehbarer Gnade. Augustinus schwächt also die Eigenverantwortung und Eigenleistung des Menschen. Denn er macht ihn von einer äußeren Instanz abhängig, was die Frage aufdrängt, warum man sich auf diese Abhängigkeit einlassen soll.

Außerdem stellt sich ein begründungstheoretisches Problem. Gemäß einem philosophischen Sparsamkeitsprinzip, dem sogenannten Ockham'schen Rasiermesser, erhöht eine Vereinfachung der Argumentation nicht bloß die Eleganz der Beweisführung. Man stärkt auch deren Überzeugungskraft. Im Fall der Moralbegründung erschweren nun religiöse Zusatzannahmen die Zustimmungsfähigkeit. Im Fall der Lehre der göttlichen Gnade kommt hinzu, dass sie nicht nur zwischen Anhängern und Gegnern von Religion, sondern auch zwischen den verschiedenen Religionen, im Christentum selbst zwischen den Konfessionen, umstritten ist. Die argumentative Konsequenz, die sich hier aufdrängt, ist offenkundig: Da die Moral, zumal die Sozialmoral, für das Zusammenleben unverzichtbar ist, gebe man möglichst viele, am besten alle Annahmen auf, die die Zustimmungsfähigkeit gefährden.

Augustinus' kompromisslose Gegenposition beläuft sich auf nichts weniger als eine seitens des Christentums vorgenommene Entmachtung der menschlichen Verantwortung. Dabei überschätzt sie, wenn man probeweise einen säkularen Blick auf Augustinus' Position wirft, den Gegensatz von Fremd- und Eigenliebe.

Das sieht man am besten anhand der Theorie der Freundschaft (*phi-*

lia), die Aristoteles in zwei Büchern seiner »Nikomachischen Ethik« entwickelt. In den wegen des weiten Begriffs- und Erfahrungshorizontes bis heute aktuellen Überlegungen von Buch VIII bis IX stellt Aristoteles unter anderem die Frage, wen man am meisten lieben soll, sich selbst oder einen anderen. Nach der Antwort soll der moralisch gute Mensch sich selbst lieben, der schlechte darf es nicht. Augustinus könnte nun dem zweiten Teil der Antwort zustimmen, dem ersten hingegen nicht. Denn der nach seiner Ansicht wahrhaft tugendhafte Mensch liebt über alles weder sich noch seinen Freund, sondern lediglich Gott, der lasterhafte hingegen liebt über alles bloß sich selbst.

Ein zweites für diesen Essay wichtiges Themenfeld, Augustinus' Rechts- und Staatsphilosophie, ist ebenfalls religiös geprägt, dabei christlich eingefärbt. Die schon genannte einschlägige Schrift, das zu Staat, Gerechtigkeit und Frieden überhaupt wirkungsmächtigste Werk seitens des Christentums, handelt allerdings nicht über politische Gemeinwesen, sondern, so der Titel »De civitate die«, über einen Gottesstaat. Darin klingt ein grundlegend neuartiger, sowohl in Altchina als auch in der griechischen Antike, in gewisser Weise selbst für Altisrael unbekannter Gegensatz. Er besteht wieder in einem Dualismus, hier in dem in philosophischer Hinsicht erneut bedenklichen Gegensatz eines jenseitigen, himmlischen und eines diesseitigen, irdischen Staates.

Das Themenfeld von Augustinus' Schrift reicht zwar über diesen Gegensatz hinaus. Er bleibt aber wesentlich, sei deshalb kurz erläutert: Das letzte Buch des Neuen Testamentes und dessen einzige prophetische Schrift, die Apokalypse oder Offenbarung des Johannes, schildert in eindrucksstarken, jedoch nicht leicht zu deutenden Bildern jenen angeblich bald zu erwartenden Zusammenbruch dieser Welt, bei dem die Herrschaft des Satans und Antichristen überwunden und das Reich Gottes vollendet werde.

Nach diesem Vorbild ist Augustinus' Gottesstaat, himmlisches Jerusalem genannt, allem weltlichen Staat unendlich überlegen. Diese Überlegenheit ist freilich sachlicher, nicht zeitlicher Natur; sie ist spirituell, nicht empirisch zu verstehen. Die Gemeinschaft der von Gott Erwählten, der Gottesstaat, sei nämlich mit dem irdischen Staat »in dieser

Weltzeit gewissermaßen verflochten und vermischt«. Paradoxerweise und in gewisser Abmilderung des Gegensatzes kann also das Jenseits, die ewige Seligkeit, schon im Diesseits anfangen.

Aus dieser Verflechtung folgt aber kein Ineinandergreifen von Politik und Religion. Im Gegenteil wird es von Augustinus uneingeschränkt verworfen: Während der Mensch auf Erden bloß ein Pilger ist, der seiner Heimat bei Gott entgegenwandert, wird der weltliche Staat, weil im Irdischen befangen, im Jüngsten Gericht in die Gemeinschaft der Teufel verstoßen.

Bei Augustinus tritt also an die Stelle der politischen Philosophie eine politische Theologie, für die die üblichen Themen des Politischen belanglos sind. Für die Grundfrage der politischen Anthropologie, welche Wesensmerkmale die Menschen drängen, sich rechts- und staatsförmig zu organisieren, und die Anschlussfrage einer normativen politischen Theorie, nach welcher Verfassungsform und welchen Gesetzen das (irdische) Gemeinwesen sich gestalten soll, fehlt Augustinus beinahe jedes Interesse. Da es letztlich auf den Gottesstaat, eine moralische Gemeinschaft der Erwählten, ankommt, hat das gewöhnliche politische Gemeinwesen, die irdische Rechts- und Staatsordnung, so gut wie keine Bedeutung.

Sieht man darin lediglich eine Themenverschiebung, so bräuchte es keine Kritik. Die annähernde Bedeutungslosigkeit einer Theorie des irdischen Gemeinwesens hat jedoch gravierende politische Folgen. Sie ist nämlich mitverantwortlich, ideengeschichtlich vielleicht sogar hauptverantwortlich dafür, dass das christliche Denken des Mittelalters lange Zeit die Fragen vernachlässigt, die für die Theorie der politischen Praxis doch unverzichtbar ist, nämlich Überlegungen zu den Grundinstitutionen von Recht und Staat. Vermutlich liegt hier die Mitverantwortung für ein Phänomen, das wir gegen Ende dieses Essays erwähnen: die nach eigener protestantischer Ansicht in der Nachkriegszeit lange vorherrschende »Demokratieunfähigkeit des deutschen Protestantismus«.

Laut Augustinus kann das Gemeinwesen selbst im Fall eines gerechten Herrschers, eines »wahren Christen«, der Gott liebt, nicht einmal das unvollkommene Abbild dessen werden, worauf es letztlich allein ankommt. In sozialer Hinsicht zählt wesentlich bloß der Gottesstaat und persönlich das eigene Seelenheil. Weil der reale Staat bestenfalls die krasse Habgier der Menschen und die überschießende Gewalt der Institutionen verhindert, ist er gemäß Augustinus' Fixierung auf das schlechthin »sündige« Gemeinwesen, das »(irdische) Babylon«, in guten Fällen »bloß weithin«, häufig aber rundum verwerflich.

Augustinus ist aber nicht so wirklichkeitsresistent, dass er Überlegungen zu einem vorbildlichen Herrscher für überflüssig hält. Nach seinem sogenannten Fürstenspiegel regiert ein Fürst, also Herrscher, dann gerecht, wenn er seine Macht in den Dienst Gottes stellt, seine Strafgewalt zum Nutzen des Staates ausübt und möglichst wenige Kriege führt. Mit diesem Thema steht Augustinus eher Platons »Politeia« als Aristoteles' »Politik« nahe. Hier kommt es nämlich auf die Vortrefflichkeit einer Person, des Herrschers, an, nicht auf die der Institutionen und ihres Zusammenhangs, der Staatsverfassung.

Abu Nasr al-Farabi

Dem Islam stellt sich dieselbe Frage und Aufgabe wie dem Christentum, auch dem Judentum: Wie lässt sich das damals führende geistige Denken, die heidnische Philosophie, mit der eigenen, religiösen Welt vermitteln? Nach dem ersten islamischen Denker von Rang, Abu Ya'qub al-Kindi, besteht zwischen den griechischen Denkern, insbesondere Platon und Aristoteles, und der den Muslimen heiligen Schrift, dem Koran, kein Widerspruch. Sollte er sich aber doch einmal finden, so sei der Koran vorzuziehen, denn seine Offenbarung sei die höchste Form des Wissens.

Al-Kindi ist kein politischer Philosoph. Beim nächsten herausragenden Denker erscheint der fehlende Themenbereich schon im Titel seiner bedeutendsten Schrift »Die Prinzipien der Ansichten der Bewohner der vortrefflichen Stadt« (942 bis 943 n. Chr.). Die üblichen Kurztitel dieses im klassischen islamischen Denken wohl einzigen großen Werkes politischer Philosophie, »Die vortreffliche Stadt« oder »Die Musterstadt« sind irreführend. Denn das umfangreiche Werk entfaltet so etwas wie eine Enzyklopädie der philosophischen Wissenschaften, nämlich ein

Gesamtbild der göttlichen und der menschlichen Welt, was als eine philosophische, zugleich politische Aussage zu verstehen ist.

Im Gegensatz zu Aristoteles, aber in Nähe zu Platon hat die vorbildliche Stadt ihren Ort in einer metaphysisch begründeten Gesamtstruktur des Seins. Wie es zu Beginn des Kapitels 17 heißt, sollen nicht etwa bloß die Herrscher, sondern alle Bewohner eine Kenntnis von den »ersten Ursachen und ihren Eigenschaften« haben, »von den himmlischen Substanzen und ihrer jeweiligen Qualitäten« und »wie die Seelenvermögen entstehen, wie der aktive Intellekt ihnen das Licht zuteilwerden lässt, sodass die ersten Denkobjekte, der Wille und die Wahl, entstehen können«.

Wie al-Kindi, so ist auch al-Farabi überzeugt, Philosophie und Religion verträten dieselbe Wahrheit. Gemäß einer Aristoteles entnommenen Hierarchie von Wissensformen behauptet al-Farabi allerdings, nur die Philosophie verfüge über ein allgemeingültiges, zudem beweisbares Wissen. Die Theologie sei hingegen nur zu wahrscheinlichen Aussagen fähig, während der religiöse Ritus bloß in Bezug auf einen gewissen Kulturraum wahr sei. Im Gegensatz zu al-Kindi, ebenso zu – dem für das islamische Denken dieser Zeit freilich unbekannten – Augustinus wird in Konfliktfällen von der Philosophie nicht gefordert, sich der Offenbarung zu unterwerfen. Drei Jahrhunderte vor Thomas von Aquin räumt also ein islamischer Denker der Philosophie gegenüber der Theologie eine wissenstheoretische Eigenständigkeit ein und verbindet diese epistemische Autonomie mit einem geistigen Vorrang. Denn die Offenbarung benötige ein in intellektueller Hinsicht sekundäres Vermögen, die Einbildungskraft, also Fantasie, die die Philosophie nicht brauche.

Nach dem Kapitel 17.2 der »Vortrefflichen Stadt«, in dem al-Farabi das Verhältnis von Philosophie und Religion erläutert, können lediglich Philosophen die »Dinge, wie sie wirklich sind«, ihre Wahrheit, unverhüllt erkennen. Den Religionen dagegen obliegt es, dieselbe Wahrheit den gewöhnlichen Menschen in Gleichnissen und Symbolen nahezubringen. Dafür billigt al-Farabi jeder politischen Gemeinschaft (*umma*) eine eigene Tradition zu, was eine bemerkenswerte Toleranz zur Folge hat: Wegen ihrer kulturellen Unterschiede hat jede Gemeinschaft eigene

Gleichnisse und Symbole, sodass es berechtigterweise unterschiedliche Religionen gibt. Infolgedessen kann es verschiedenartige, trotzdem gleichermaßen vortreffliche Gemeinwesen geben, die in den unterschiedlichen Religionen das im Wesentlichen selbe Gemeinwohl anstreben.

Hier nimmt al-Farabi eine bemerkenswerte Zwischenposition zwischen Aristoteles' säkularem und Augustinus' religiösem politischen Denken ein: Auch wenn das vollkommene Glück, das Heil, Augustinus ähnlich, allein im Jenseits zu erreichen ist, hat die vortreffliche Stadt, wie diese Bezeichnung schon sagt, nicht wie bei Augustinus den negativen Rang eines verachtenswerten Babylons. Vielmehr steht, damit Aristoteles nahe und im Vorgriff auf Thomas von Aquin, schon dem irdischen Staat ein erhebliches Maß an irdischem Glück offen. Umso bedauerlicher ist, dass al-Farabis politisches Denken weder auf die politische Theorie des westlichen Mittelalters einen Einfluss nimmt noch für das heutige islamische Denken von Bedeutung ist.

Thomas von Aquin

Löst man sich von Augustinus' strenger Alternative »entweder himmlisches Jerusalem oder irdisches Babylon«, dann wird man für die schon bei al-Farabi sich abzeichnende mittlere Option einer irdischen und trotzdem erstrebenswerten Rechts- und Staatsordnung offen. Diese verspricht dem Menschen kein vollkommenes, dann bloß von außen, von göttlicher Gnade abhängiges Glück. Sie gibt sich vielmehr mit einer irdischen Gerechtigkeit und deren Beitrag zu jenem weltlichen Glück zufrieden, für das die Menschen, sowohl die Herrscher als auch die Staatsbürger, die volle Verantwortung tragen. Der große Neoaristoteliker des Mittelalters, der zweite überragende Kirchenlehrer der Christenheit, Thomas von Aquin, wird diese Position vertreten. Damit erweist sich die angedeutete mittlere Position aus christlicher Sicht als zulässig. Nicht zuletzt dürfte sie politisch gesehen weit klüger sein.

Einschlägig sind drei Schriften von Thomas. In einem (unvollendeten) Kommentar zu Aristoteles' »Politik« – diese Schrift war erst vor Kurzem ins Lateinische übersetzt worden – paraphrasiert und interpretiert Thomas mit deutlich zustimmendem Unterton den Grundgedanken von Aristoteles' politischer Anthropologie, die politische Natur des Menschen. Im Einleitungskapitel der Schrift »De regimine principum« (»Über die Herrschaft der Fürsten«) übernimmt er dann ausdrücklich, allerdings ein wenig abgewandelt Aristoteles' Theorie der politischen Natur des Menschen. Der Mensch, erklärt Thomas, lebt seiner natürlichen Bestimmung nach in Gemeinschaft mit vielen. Insofern ist er ein Sozialwesen und benötigt dafür eine Leitung, mithin Herrschaft, womit er zu einem politischen Lebewesen wird. Thomas begründet hier die weltliche Macht nicht etwa von der Religion, Theologie oder Kirche her, sondern religionsfrei, insofern rein säkular, aus der Natur des Menschen.

Einschlägig ist drittens der *lex* (Gesetzes-)Traktat aus dem nach Themenfeld und Umfang riesigen Werk, einer eminent philosophischen, nicht bloß theologischen Enzyklopädie, der »Summa Theologicae« (»Summe der Theologie«). In den »Quaestionen« 90–108 des ersten Teils im zweiten Teil (I^a II^{ae}) unterscheidet Thomas vier nicht einander nebengeordnete, sondern hierarchisch aufgebaute Arten des Gesetzes. An der Spitze steht das »ewige Gesetz«, die *lex aeterna,* unter der Thomas zwar den Inbegriff der Prinzipien versteht, nach denen Gott über die Welt herrscht. Es sind aber keine spezifisch christlichen oder jüdisch-christlichen Grundsätze. Denn der Philosoph und Theologe beruft sich nicht auf das Neue oder das Alte Testament, sondern allein auf die natürliche Vernunft der Menschen.

Generell argumentiert Thomas mit der rein natürlichen Vernunft, womit er eine Vermischung seines Philosophierens mit Theologie radikal ablehnt. Damit erweist sich sein Denken, obwohl es, wie damals selbstverständlich, in einem christlichen Horizont steht, als in einem strengen Sinn säkular, nämlich von Religion und Theologie radikal unabhängig. Dieser Befund ist folgenreich: Im Gegensatz zum heute vorherrschenden Narrativ beginnt die Emanzipation des abendländischen Denkens im Allgemeinen und die der Theorien von Moral, Recht und Politik im Besonderen nicht erst in der Neuzeit. Sie hat auch nicht bloß antike Vorläufer, die dann im Christentum, nach dem Muster von Augustinus, ihre geistige Eigenmacht verlieren. Die Unabhängigkeit, mithin Säkularität setzt vielmehr weit vorher und bei einem zweifellos christlichen Denker, bei Thomas von Aquin, an.

Man kann sich fragen, ob, hätte es in der frühen Neuzeit kreative Thomisten gegeben, der dort anhebende Emanzipationsprozess nicht intelligenter und umsichtiger verlaufen wäre. Zu dieser Vermutung passt als Fußnote, dass Hans Blumenbergs von stupender Gelehrsamkeit erfülltes Werk »Die Legitimität der Neuzeit« sich laut Namenregister auf Augustinus »in Hülle und Fülle« bezieht, während es einen so überragenden Denker wie Thomas von Aquin kein einziges Mal erwähnt.

Setzen wir den Blick auf Thomas' vierstufige Gesetzeshierarchie fort: Den zweiten Rang nimmt das positive, aber natürliche Gesetz, die *lex naturalis*, ein, die in dem mittels natürlicher Vernunft erkennbaren Weltplan besteht. Thomas' natürliches Gesetz bzw. Naturrecht ist erneut ein klarerweise säkulares Vernunftrecht. In ihm finden sich unter anderem die in jedem Strafgesetz enthaltenen Verbote von Raub und Beleidigung.

Erst an dritter Stelle steht das im Alten und Neuen Testament niedergelegte göttliche Gesetz, die *lex divina*. Darauf folgt schließlich das von einem bestimmten Gemeinwesen erlassene zwangsbefugte menschliche Gesetz, die *lex humana*. Sie hat das hochgenerelle Naturgesetz auf die jeweilige geschichtliche Situation hin zu konkretisieren, dabei dem Gemeinwohl zu dienen und mit Hilfe von Verboten etwa von Mord und Diebstahl vom Volk Schaden abzuwenden. Das dabei verfolgte Leitziel, der Friede, ist fraglos sehr weltlich, säkular. Augustinus' Geringschätzung der irdischen Rechts- und Staatsordnung als Babylon ist Thomas zutiefst fremd. (zum Themenfeld einer christlichen Säkularität siehe Hans Maier 2022a).

Niccolò Machiavelli, Thomas Hobbes, Jean-Jacques Rousseau

Die Moral- und Staatstheorien des Mittelalters enden nicht bei Thomas von Aquin. Im Bereich des politischen Denkens ragen zunächst zwei Nichttheologen heraus: Dante Alighieri mit dem Entwurf einer Weltmonarchie und Marsilius von Padua mit einer säkularen Friedenstheorie. Nicht minder bedeutsam ist ein philosophisch hochgebildeter Theologe, Wilhelm von Ockham, für den alle legitime weltliche Herrschaft auf einer freien Übereinstimmung der Menschen zu gründen habe. Mit dieser für damals revolutionären These greift Ockham der neuzeitlichen Theorie des Gesellschaftsvertrages vor, die wir bei Hobbes und Rousseau, auch Kant kennenlernen werden.

Der Essay überspringt die Autoren Dante, Marsilius und Ockham und geht zu jeweils einer Hauptschrift von drei weiteren Denkern über. Die Werke entstehen zwar in politisch, einschließlich religionspolitisch unterschiedlichen Situationen. Gemeinsam ist ihnen jedoch, dass die Religion, sofern sie überhaupt eine Bedeutung erhält, für die Moral-, Rechts- und Staatsbegründung nur im Hintergrund auftaucht. Erneut erweist sich die heute vorherrschende Große Erzählung als falsch. Von einem erst später einsetzenden, dann langwierigen und mühseligen Prozess der Emanzipation von Religion kann keine Rede sein. Schon in den politischen Theorien von Machiavellis »Fürst«, Hobbes' »Leviathan« und Rousseaus »Gesellschaftsvertrag« versteht sich die in systematischer Hinsicht gegebene Unabhängigkeit von Religion wie von selbst.

Provisorische Amoral

Der politische Beamte und Theoretiker der Politik, zudem Historiker seiner Heimatstadt Florenz und Verfasser von zwei Komödien, Niccolò Machiavelli, wirkt in der Übergangszeit vom Spätmittelalter zur Neuzeit, im Humanismus, und vor der Reformation, die ohnehin für sein Heimatland noch lange Zeit bedeutungslos bleibt. Auch deshalb spielt eine andere Spaltung, nicht die der Christenheit, sondern die Italiens, in Machiavellis politischem Denken eine Rolle.

Machiavelli entstammt einer republikanisch gesinnten Bürgerfamilie. Als typischer Vertreter des Humanismus ist er in den antiken, besonders den lateinischen Klassikern hochgebildet. Sein von Religion unabhängiges Denken zeigt sich schon darin, dass es sich lieber auf römische Autoren als auf die Bibel oder auf christliche Kirchenväter beruft. Nicht zuletzt führt Machiavelli als ein typischer Humanist eine elegante Feder. Mit seinem Hauptwerk »Il principe« (»Der Fürst«) geht er in die Weltliteratur ein.

Berühmt, zugleich berüchtigt ist der Autor als wortgewaltiger Anwalt einer skrupellosen Machtpolitik. Eine zweite Schrift, der republikanisch gesinnte Kommentar zum römischen Historiker Livius, die »Discorsi« (»Erörterungen«), bleiben in diesem Essay zwar außer Betracht. Um ein einseitiges Bild Machiavellis zu verhindern, seien jedoch zwei Hauptgedanken der »Discorsi« erwähnt. Die Schrift verpflichtet das als Republik einzurichtende Gemeinwesen auf drei Zwecke: auf Freiheit (*libertà*) der Bürger, auf Größe (*grandezza*) und auf das Gemeinwohl (*bene commune*). Als Vorbild dafür empfiehlt sie das republikanische und vorchristliche Rom und von ihm drei Elemente: die Ausübung der Religion (nur in Machiavellis »Discorsi« spielt sie eine Rolle), die Wahrung der Bürgertugend und eine periodische Erneuerung der Republik durch Rückbesinnung auf ihre Anfänge.

Dem »Fürst« hingegen geht es bei seinem Thema, dem Herrscher, der durch eigene Leistung (*virtù* – Tüchtigkeit) an die Macht gekommen ist, um eine einzige Aufgabe. Diese ist allerdings in sich zweigeteilt: Es gilt, die nicht ererbte Macht überhaupt zu erringen und sie, einmal errungen, langfristig zu erhalten.

Die Lösung, die Machiavelli dafür vorzuschlagen scheint, die rücksichtslose Leugnung aller moralischen Verpflichtungen, sieht nach einem Zynismus von Macht aus. In Wahrheit stimmt der »Fürst« nicht das pure Lob einer amoralischen Machtpolitik an. Die Moral verliert aber ihre traditionelle normative Rolle. Sie gilt nicht länger als eine Instanz, um ungerechte Staatsformen und ungerechtes Handeln zu kritisieren. Vielmehr nimmt der »Fürst« eine politische Grundsituation als schlicht gegeben an, nämlich dass politische Macht erobert und verteidigt sein will. Weiterhin setzt die Schrift voraus, dass es – noch – nicht gibt, was heute in konstitutionellen Demokratien vorherrscht: sowohl eine verbindliche Verfassungsordnung, die den politischen Konkurrenzkampf in einen verlässlichen Rahmen einbindet, als auch Rechtssicherheit.

Nicht grundsätzlich, aber solange ein verlässlicher Rechtsrahmen fehlt – daher ist von einer nur provisorischen, vorläufigen Amoral zu sprechen –, empfiehlt sich, so eine weitere Voraussetzung im »Fürst«, auf die Menschen einen pessimistischen Blick zu werfen. Auch wenn es nicht grundsätzlich zutreffen sollte, ist es zumindest gegenüber den Machtkonkurrenten klug, anzunehmen, die Menschen seien, wie Machiavelli sagt, »undankbar, wankelmütig, verlogen, heuchlerisch und raffgierig«.

Nur unter diesen Bedingungen ist es nach Machiavelli dem Herrscher erlaubt, eigentlich sogar geboten, auf die »Gewalt der Tiere« zurückzugreifen. Nach den Kapiteln XVII bis XVIII ist es klug, die Kraft des Löwen, dessen Grausamkeit statt Milde, mit der List der Fuchses zu verbinden, der, wo er es als nötig ansieht, sein Wort lieber bricht als hält.

Offensichtlich bringt Machiavelli hier ein Verhalten auf den Begriff, das die Mächtigen – wer wird es leugnen – schon immer gepflegt haben. Bisher, lautet Machiavellis Botschaft im »Fürst«, wurde dieser Politikstil zwar stillschweigend praktiziert, aber unter Propaganda und Ideologie versteckt. Jetzt trete es als ein erfahrungsgesättigtes, zudem vernünftiges Prinzip ans Licht. Machiavelli ist also ein politischer Aufklärer: Allein derjenige kann mit nachhaltigem politischem Erfolg rechnen, der sich nicht aus Grundsatz, aber dort, wo es die Situation erfordert, von moralischen Skrupeln frei macht.

Machiavellis Herrscher ist nämlich in zwei Hinsichten nicht vollständig skrupellos. Zum einen soll er als moralisch integer, sogar vorbildlich, nämlich als »von Milde, Treue, Aufrichtigkeit, Menschlichkeit und Frömmigkeit« erfüllt, zumindest erscheinen. Der Begriff der Frömmigkeit spielt zwar, freilich an dieser einzigen Stelle, doch auf Religion an, wobei es weniger auf eine Verehrung Gottes als auf Rechtschaffenheit ankommt. Sie übernimmt zudem keinerlei Begründungsfunktion. Eine rein weltliche, säkulare Politikmoral nimmt lediglich zur Kenntnis, dass ein Herrscher rein aus machtpolitischen Gründen besser nicht als Despot auftritt. Denn mit der Verachtung und dem Hass, die er dann provozierte, verschafft er sich unnötige Feinde. Um das zu verhindern, ist es klüger, moralisches Verhalten wenigstens vorzuspielen. Dazu gehört, solange es den Bürgern wichtig ist, der Anschein von Frömmigkeit. Ein Glaube an Gott, der aus dem Herzen kommt und gewisse Dogmen einschließt, spielt dabei fraglos keine Rolle.

Zum anderen verabschiedet Machiavelli die Moral nicht vollständig. Er hebt nicht die gesamte Moral auf, sondern nur den Teil, der eine rechtschaffene Person auszeichnet, also lediglich die personale Moral. Nun hat der gute Herrscher eine Aufgabe, der man den moralischen Rang schwerlich absprechen kann, die deshalb in der philosophischen Tradition von Platon und Aristoteles über Cicero und Augustinus bis Thomas von Aquin immer wieder betont wird: Er hat für die Sicherung und Blüte seines Gemeinwesens zu sorgen, bei Machiavelli freilich zusätzlich für sein eigenes Wohl zu sorgen.

Für einen guten Herrscher gibt es jedenfalls zwei Leitzwecke: das Wohl des Gemeinwesens und das eigene Herrscherwohl. Die Geschichte lehrt jedoch, was der »Fürst« aber nicht in den Blick nimmt: dass beide Zwecke einander widersprechen können. In dieser Hinsicht erliegt Machiavelli einem Optimismus. Im Gegensatz zu dem bei ihm sonst vorherrschenden, mit Pessimismus gewürzten Realismus nimmt er eine Koinzidenz, ein Zusammenfallen von Gemeinwohl und Herrscherwohl an. Nur unter diesen Voraussetzungen kann er nämlich im vorletzten Kapitel seiner Schrift beide Ziele in einem Atemzug nennen, als ob es zwischen ihnen keinen Konflikt geben könnte: »ihm (nämlich dem Herrscher) zur Ehre und der gesamten Bevölkerung Italiens zum Wohl« zu wirken. Diese wirklichkeitsferne Annahme eines konfliktfreien oder auch nur konfliktarmen Zusammenspiels von Gemeinwohl und Herrscherwohl beeinträchtigt aber nicht den religions- und theologiefreien Grundcharakter von Machiavellis »Fürst«.

Staatsmoral

Der für diesen Essay nächste Philosoph, der überragende Rechts- und Staatsphilosoph der frühen Neuzeit, scheint das religionsfreie, säkulare Denken zugunsten einer engen Verbindung zu Religion und Kirche aufzugeben. Für diesen Eindruck spricht schon der Titel, der Thomas Hobbes seinem politischen Hauptwerk gibt: »Leviathan« ist nämlich eine Figur aus dem Alten Testament, dort der Name eines Landungeheuers.

Das Titelkupfer dieser monumentalen Schrift, das wohl berühmteste Bild der abendländischen Philosophie- und Geistesgeschichte, bekräftigt diesen Eindruck. Als Symbol des Leviathans stellt es nämlich in der oberen Hälfte einen riesigen Menschen dar, der sich über einer friedlichen Landschaft erhebt. Ausgestattet ist es mit zwei Machtinsignien, mit der Zeichen der weltlichen Macht, dem Schwert, und mit dem Symbol kirchlicher Macht, dem Bischofsstab. Zudem werden in der unteren Hälfte des Titelkupfers außer vier Aspekten weltlicher ebenso viele Aspekte religiöser Streitigkeiten ins Bild gesetzt.

Hobbes' Verquickung seiner politischen Theorie mit Religion und Kirche geht noch weiter. Der »Leviathan« kündigt sich im Untertitel als ein Werk sowohl über einen »bürgerlichen« als auch einen »kirchlichen Staat« an. In der Tat erfüllt das Werk diese Ankündigung, denn von den vier Teilen erörtern zwei den kirchlichen Staat, dabei das weit umfangreichste Buch III den legitimen, »christlichen Staat«, danach das überhaupt kürzeste Buch IV das Gegenbild, das »Reich der Finsternis«.

Weiterhin finden sich schon im Personenverzeichnis zahllose Namen des Alten und des Neuen Testaments, wobei sich die meisten Stellen auf Christus, die nächst vielen auf Moses, Paulus, Petrus und Johannes den Täufer beziehen. Nicht zuletzt tritt in Hobbes' Lebensweg eine enge Verbindung zu Religion und Kirche zutage, allerdings in negativer Hinsicht.

Der Philosoph, Historiker und Übersetzer bedeutsamer griechischer Autoren flieht aus seinem Exil in Paris, weil ihm dort die von der französischen Geistlichkeit betriebene Verfolgung seitens der Justiz droht. Im Heimatland, in das er zurückkehrt, wird er als Atheist angefeindet. Und seit der Restauration in England, seit dem Jahr 1660, erscheinen aus der Feder von Geistlichen zahllose Pamphlete gegen den »Erzatheisten und Materialisten«. Hobbes wird zwar nach anglikanischem Ritus beerdigt, wegen seines (vorgeblichen) Atheismus und Materialismus werden aber seine Bücher an der Oxforder Universität verbrannt und von der katholischen Kirche, die er freilich fast maßlos beschimpft hatte, auf den Index der verbotenen Bücher gesetzt.

Hängt also Hobbes' politische Theorie, deutlich von persönlichen und philosophischen Beziehungen durchdrungen, von Religion und Kirche ab? Nimmt sie Machiavellis fast vollständige, selbst Thomas' deutliche Säkularität der Rechts- und Staatsbegründung, wieder zurück? Ist sie insofern ideengeschichtlich und begründungstheoretisch restaurativ statt modern?

Hobbes' politisches Denken antwortet auf drei Herausforderungen der Zeit. Methodisch ist es die Mathematik als Vorbild strenger Wissenschaft: »Vernunft ist Rechnen.« Politisch ist es die blutige Wirklichkeit von konfessionell mitgeprägten Bürgerkriegen: Die Vertreter der englischen Staatskirche, die Anglikaner, kämpften mit den Katholiken und den Presbyterianern. Zum Teil damit verbunden besteht die dritte, moralische Herausforderung im Schwinden gemeinsamer Verbindlichkeiten. Hobbes' Antwort auf diese drei Herausforderungen besteht im das nächst Machiavellis »Fürst« zweiten revolutionär neuen Muster der modernen politischen Philosophie. Auf Machiavellis provisorische Amoral folgt die Theorie des Gesellschaftsvertrages, die Vertragstheorie.

Auch Hobbes ist wie Machiavelli hochgebildet und zitiert gern antike Autoren. Von ihnen zieht er aber häufiger griechische als lateinische Autoren heran. Vor allem beruft er sich, was seine bibelkundige, sogar bibelwütige Zeit auch erwartet, auf zahlreiche Stellen aus dem Neuen, auf den ersten Blick überraschenderweise aber mehr aus dem Alten Testament.

Hobbes' systematische Begründung von Recht, Staat und Politik setzt allerdings nicht dort, sondern bei einer religionsunabhängigen Anthropologie an, die ihrerseits auf einer ebenfalls religionsunabhängigen Erkenntnistheorie aufbaut. Sowohl in der ersten einschlägigen Schrift »Grundlagen des Natur- und Staatsrechts« als auch im Hauptwerk »Leviathan«, ferner im dreiteiligen System der Philosophie – *De corpore (Vom Körper), De homine (Vom Menschen)* und *De cive (Vom Bürger)* – baut die Staatsphilosophie auf einer Theorie des Menschen auf.

In ihr erhält die Religion durchaus einen Platz, zwar nicht in den »Grundlagen«, aber im »Leviathan« und in *De homine*. Die Religion wird dort aber nicht zur Begründung, nicht einmal zur Bestätigung herangezogen. Im einschlägigen Kapitel zwölf des »Leviathans« fragt Hobbes lediglich, warum es beim Menschen die Religion gibt. Die Antwort, die er in vier Schritten entwickelt, fällt für die Religion gewiss nicht vorteilhaft aus: Es gibt Religion (1) wegen des Glaubens an Geister, (2) wegen der Unkenntnis der im Verhältnis zur (angeblichen) Erstursache, Gott, sekundären, natürlichen Ursachen, (3) wegen der Verehrung dessen, was man fürchtet, schließlich (4) wegen des Umstandes, zufällige Dinge für Vorzeichen zu halten.

Die im nächsten Kapitel folgende politische Anthropologie nimmt auf diese Überlegungen zur Religion keinen Bezug. Sie setzt vielmehr mit dem Gedankenexperiment eines rechts- und – Naturzustand – genannten Zusammenlebens an: Die Menschen, erklärt Hobbes, sind von Natur aus in ihren körperlichen und geistigen Fähigkeiten so weit gleich geschaffen, dass selbst der Schwächste stark genug ist, den Stärksten »entweder durch Hinterlist oder durch ein Bündnis mit anderen« zu töten.

Nach diesem Gleichheitsaxiom ist jeder Mensch sowohl potenzieller Täter als auch potenzielles Opfer tödlicher Gewalt. Die lateinische Fassung des »Leviathans« bringt diese Doppelrolle in das viel zitierte Wort *homo homini lupus* (der Mensch ist seinen Mitmenschen wie ein Wolf). Diese in der menschlichen Natur liegende Möglichkeit kann nun aus drei Gründen in Wirklichkeit umschlagen, weshalb Hobbes den entsprechenden Naturzustand für einen Kriegszustand hält: Teils aus Konkurrenz (Übergriffe des Gewinnes wegen), teils aus Misstrauen (um der Sicherheit willen), teils aus Ruhmsucht (um des Ansehens wegen) werden Menschen gegeneinander gewalttätig.

Glücklicherweise liegen in der menschlichen Natur außer diesen drei destruktiven noch drei konstruktive, nach Frieden verlangende Leidenschaften: die Todesfurcht, das Verlangen nach Dingen für ein angenehmes Leben und die Hoffnung, sie nicht etwa durch göttliche Gnade, vielmehr durch eigene Anstrengung zu erreichen. Diese Motivationskräfte allein vermögen den Kriegszustand aber noch nicht zu überwinden. Zusätzlich braucht es eine Vernunft, die den erforderlichen Weg weist. Hobbes fasst die nötigen Mittel in 19 nicht naturwissenschaftlichen, sondern rechtsmoralischen Naturgesetzen zusammen.

Deren Ursprung liegt erneut nicht in göttlichen, mittels heiliger Schriften geoffenbarten Weisungen. Selbst deren Minimalform, der zwar von Gott verkündete, aber nicht religiös, sondern säkular begründete zweite Teil der Zehn Gebote spielt keine Rolle. Nach Hobbes rechtfertigt sich ein zwangsbefugtes Gemeinwesen allein von den Betroffenen, und zwar nicht kollektiv, von der Gesamtheit, sondern distributiv, von allen einzelnen Betroffenen her: Legitim ist der Staat nur dann, wenn und weil er seine Zwangsbefugnis im Interesse jedes Einzelnen ausübt. Hier vertritt Hobbes einen legitimatorischen Individualismus. Seinetwegen setzt er beim natürlichen Interesse jedes Menschen an Selbsterhaltung an, präzisiert es zum ersten Naturgesetz, dem Gebot, Frieden zu suchen und ihn einzuhalten, und leitet daraus die sich anschließenden 18, allesamt friedensfunktionalen Naturgesetze ab.

Für deren Beginn, so das zweite Naturgesetz, eine wechselseitige Freiheitseinschränkung und Freiheitssicherung, verweist Hobbes zwar auf die Goldene Regel und auf die Heilige Schrift. Zu denken ist an Lukas 6,31, Matthäus 7,12 und Tobias 4,15. Der Hinweis hat aber keinerlei Rechtfertigungskraft. Verantwortlich sind allein das allgemeinmenschliche Selbstinteresse und die mittels erneut allgemeinmenschlicher, natürlicher Vernunft zu entdeckenden, allseits zustimmungsfähigen, universalen Bedingungen. Entscheidend für die Zustimmungsfähigkeit ist nicht ein empirisches Faktum, die tatsächliche Übereinstimmung der Menschen, sondern ein Gebot der Vernunft. Die Erinnerung an die Bibel soll den bibelkundigen, wie gesagt sogar bibelsüchtigen Zeitgenossen lediglich darauf aufmerksam machen, dass bei einem so grundlegenden Argumentationsschritt wie der Aufstellung des zweiten Naturgesetzes die natürliche Vernunft mit der göttlichen Offenbarung – glücklicherweise – übereinstimmt.

An die vollständig religionsunabhängige Begründung der Staatsgewalt schließt sich die Rechtstheorie von Kapitel 26 des »Leviathans« nahtlos an. Zutage tritt die um des nachhaltigen Friedens willen unverzichtbare Staatsgewalt in den als Befehle begriffenen, vom staatlichen Souverän positiv erlassenen Gesetzen. Die erwähnten Naturgesetze sind nämlich im Naturzustand noch »keine eigentlichen Gesetze«, »sondern Eigenschaften, die die Menschen zu Frieden und Gehorsam hinleiten«. Erst im Staatszustand werden sie zu den Gehorsam einfordernden Befehlen und dadurch zu wirklichen Gesetzen.

Überblickt man diese Argumente, so zeigt sich, dass an den entscheidenden Stellen weder die Religion noch eine Religionsgemeinschaft – für Hobbes die englische Staatskirche – eine Rolle spielen. Sie tauchen nicht einmal auf. Daraus folgt allerdings nicht, Hobbes vertrete einen philosophischen Atheismus, sei es auf eine ausdrückliche oder wie bei Machiavelli auf die unausdrückliche Weise des Schweigens. Im Gegenteil finden sich zahlreiche Passagen, die einem Atheismus deutlich genug widersprechen.

Für Hobbes bleibt Gott die unsichtbare Macht, die jedermann »verehrt und als Rächer seiner unrechten Handlungen fürchtet«. Nur »Narren sagen sich insgeheim, es gebe keinen Gott«. Der als Leviathan bezeichneten souveränen Staatsgewalt räumt Hobbes zwar den Rang einer Gottheit, jedoch lediglich den eines sterblichen Gottes ein, dem wir erst unter dem unsterblichen Gott »unseren Frieden und Schutz« verdanken. Weiterhin empfängt der Souverän seine Gewalt *Dei gratia* – »durch die Gnade keines Geringeren als Gott«. Auch gelten alle natürlichen Gesetze als göttliche Gesetze und schuldet der Souverän dem Schöpfer der natürlichen Gesetze Rechenschaft. Nicht zuletzt endet dort die Gehorsamspflicht der Untertanen, wo staatliche Befehle gegen göttliche Gesetze verstoßen.

Trotz dieser vielen Aussagen muss man sich fragen, ob sie auf den Kern der Rechts- und Staatsbegründung durchschlagen: Würde bei einer Argumentation, die die genannten Hinweise außer Acht lässt, würde bei einer streng religionsunabhängigen Begründung Hobbes' Theorie ihre Legitimationskraft einbüßen? Weil sich die positive Antwort aufdrängt – dass die Begründungskraft nicht geschmälert wird –, legt sich die folgende Einschätzung nahe: Eine politische Philosophie, die ihrer Zeit, der Epoche der Konfessionskriege, gerecht werden will, kann sich weder der Frage nach der Stellung der Religion im öffentlichen Raum entziehen noch der Zusatzfrage, wie sich die öffentliche Macht, der Staat, zur Religion zu verhalten habe. Sie muss der Religion aber keine Begründungskraft einräumen. Genau dies ist Hobbes' Position.

Hobbes lässt der Religion zwar ein öffentliches Recht und billigt für den öffentlich sichtbaren Teil der Religion, für das Glaubensbekenntnis und den Ritus, dem Staat alle Befugnisse, also die volle Entscheidungsgewalt zu. Die persönliche Seite hingegen, das Gewissen, wird zu einer streng privaten, mithin dem Öffentlichen entzogenen Instanz erklärt, sodass in diesem Bereich der Einzelne alles Recht behält. Auf diese Weise wird das Gewissen in einem übertragenen Sinn zu einem Heim (»home«), das nach der bekannten englischen Formel *my home is my castle* den Rang jener Burg erhält, in die keine Staatsgewalt eindringen darf.

Diese zweiteilige Position entspricht zwar nicht in ihrem ersten, aber doch im zweiten Teil dem modernen liberalen Staatsverständnis. Überdies beruft sich der erste Teil, obwohl er nicht der liberalen Moderne entspricht, in der Begründung nicht auf religiöse oder theologische Argumente. Insofern ist Hobbes' Rechts- und Staatsbegründung auch in dieser Hinsicht doch rundum religionsunabhängig, säkular.

Bürgerreligion

Der für unsere Skizze des Weges zur Moderne nächst wichtige Denker ist ein »Bürger aus Genf«, der aber von Frankreich aus in Europa einen wahren Furor auslöst: Jean-Jacques Rousseau. Der Beginn dieser ins Schwärmerische gesteigerten Begeisterung, die in der »Ersten Abhandlung« vorgetragene schneidende Kritik am Vernunftstolz der Zeit, sei hier übergangen. Ebenfalls beiseite bleibe die »Zweite Abhandlung« mit ihrer Rechtfertigung des natürlichen, von den Sünden der Zivilisation noch freien Menschen. Wichtiger für diesen Essay ist die spätere Schrift »Vom Gesellschaftsvertrag oder Grundsätze des Staatsrechts«.

Nach diesem Werk ist der Mensch frei geboren, liegt aber trotzdem überall in Ketten. Diese anstößige Situation wird durch eine gemeinsam getroffene Vereinbarung, wie bei Hobbes durch einen Gesellschaftsvertrag, überwunden. Der aus diesem »freiesten Akt der Welt« hervorgehende Staat wird von Anfang an von Religion und Kirche vollständig unabhängig, insofern rein säkular begründet. Im Kapitel sieben des zweiten Buches erklärt Rousseau zwar, um Zustimmung zu finden, seien die Gründer der Staaten, die »Väter der Nationen«, gezwungen gewesen, »ihre Zuflucht zum Himmel als Mittler« zu nehmen. Die entsprechenden Berufungen – auf Steintafeln, Orakeln, Vogelflug und dergleichen – gelten aber als eitle Blendwerke, weshalb sie in Rousseaus Argumentationsgang nirgendwo eine Rolle spielen.

Trotzdem endet der »Gesellschaftsvertrag«, für heutige Leser irritierend, mit einem religiösen bzw. theologischen Begriff: der Bürgerreligion. Freilich handelt es sich dabei nicht um eine Religion im üblichen Verständnis, sondern um eine rein staatsfunktionale Religion. Wie schon bei einem früheren Vertragstheoretiker, Spinoza, kommt es auf den moralischen Kern einer »natürlichen« Religion an, in Rousseaus Staatsreligion vornehmlich auf die Verpflichtung auf das Gemeinwohl, das bei Rousseau von jeder religiösen Offenbarung unabhängig gedacht wird.

Rousseau zufolge ist es »für den Staat sehr wohl wichtig, dass jeder Bürger eine Religion hat«. Nötig ist sie allerdings bloß zum rein innerweltlichen Zweck. Sie soll einem tendenziellen Egoismus widerstehen, die staatsbürgerlichen Pflichten lieben und sich mit Dogmen zufriedengeben, die, wie in der europäischen Aufklärung Gemeingut, sich auf die Moral beziehen. Infolgedessen besteht der inhaltliche Kern von Rousseaus Bürgerreligion in »einem rein (staats-)bürgerlichen Glaubensbekenntnis«. Folgerichtig wird es von keiner religiösen Instanz festlegt, weder von einem Bischof oder höchsten Bischof, einem Papst, noch von einer Versammlung von Bischöfen, einem Konzil. Allein zuständig ist die (staats-)bürgerliche Autorität, der Souverän. Dieser erlässt auch keine typisch religiösen Dogmen, sondern lediglich jene Quasiglaubenssätze einer staatsbürgerlichen Gesinnung, ohne die es, erneut irritierend, laut Rousseau unmöglich ist, »ein guter Bürger und ein treuer Untertan zu sein«.

Auf diesen Glauben darf auch niemand verpflichtet werden. Wer das Glaubensbekenntnis verweigert, wird jedoch aus der Gemeinschaft ausgeschlossen. Es findet also die aus den üblichen Religionsgemeinschaften bekannte Exkommunikation, der Ausschluss (*ex* ...) aus der Gemeinschaft (... *communio*), statt. Ausgeschlossen wird man laut Rousseau allerdings nicht, weil man gottlos ist, sondern weil man »sich dem Miteinander widersetzt« und unfähig ist, die Gesetze und die Gerechtigkeit zu lieben und sein Leben im Notfall der Pflicht zu opfern. Wer hingegen die Dogmen des bürgerlichen Glaubensbekenntnisses öffentlich anerkennt, sie dann aber verletzt, verdient die Todesstrafe. Denn er hat »das größte aller Verbrechen begangen, er hat vor den Gesetzen gelogen«.

Bei den auf Gesellschaft bezogenen Religionen unterscheidet Rousseau zwei Arten. Die erste allgemeine Art, die des Menschen, kommt »ohne Tempel, Altäre und Riten« aus. Sie beschränkt sich »auf den rein inneren Kult des obersten Gottes und die ewigen Pflichten der Moral« und entspricht der »reinen und einfachen Religion des Evangeliums« und dem, »was man das göttliche Naturrecht nennen kann«. Die zweite besondere Art, die des (Staats-)Bürgers, ist nur für ein gewisses Land gültig, »das seine Götter, seine eigenen Schutzherren, Dogmen, Riten« hat.

Trotz der bloßen Staatsfunktionalität fällt Rousseaus Glaubensbekenntnis so anspruchsvoll aus, dass es von säkularen Bürgern schwerlich anzuerkennen ist. Obwohl die Dogmen »einfach, gering an Zahl und klar ausgedrückt« sein sollen, hat man, was der ersten Religionsart zugehört, an eine allmächtige, allwissende, wohltätige Gottheit, an das zukünftige Leben nach dem Tod und an die »Bestrafung der Bösen« zu glauben. Zu diesen im traditionellen Sinn religiösen, einer Staatstheorie ohne Zweifel äußeren Dogmen kommt ein staatstheorieinternes Dogma hinzu: Man muss dem Gesellschaftsvertrag und die aus ihm fließenden Gesetze für heilighalten.

Vielleicht sollte man diese Heiligkeit, die von der Gottes verschieden ist, nicht wörtlich, sondern metaphorisch verstehen. Dann könnte man sie den wahrhaft elementaren Gesetzen, jenem im Prinzip unveräußerlichen Kern einer Verfassung zusprechen. Die unantastbare Würde des Menschen beansprucht in der Tat zusammen mit den daraus folgenden unverletzlichen Menschenrechten eine gewisse Heiligkeit für sich. Kant, werden wir sehen, wird noch weitergehen und die Staatsverfassung, allerdings keine empirisch gegebene Verfassung, sondern nur die in der reinen praktischen Vernunft gründende Idee, als »heilig und unwiderstehlich« erklären.

Rousseaus Staatsbürgerreligion hat jedenfalls zwei politische Seiten. In negativer Hinsicht soll sie jeden theologischen Alleinvertretungsanspruch ausschließen, da dieser ein hohes Konfliktpotenzial berge. Aus diesem Grund verzichtet sie auf eine göttliche Offenbarung und deren autoritative Interpretation seitens einer Religionsgemeinschaft. Und ihre positive Aufgabe besteht in der Stiftung politischer Einheit. Die Bürgerreligion soll also lediglich den inneren Zusammenhang eines Gemeinwesens schaffen, ihn zumindest stärken, damit erhalten.

Von diesem Zweck her drängen sich aber Bedenken auf: Muss man tatsächlich an Gott glauben, um ein guter Staatsbürger zu sein? Rousseaus Bürgerreligion toleriert nämlich keine Atheisten, denen schon Locke die Fähigkeit zum guten Staatsbürger absprach. Ebenso bedenklich ist, dass Rousseau den in der Aufklärungszeit verbreiteten, etwa von Voltaire vertretenen Deismus ablehnt, demzufolge die Gottheit, die es durchaus gebe, in den Lauf der Natur nicht eingreife.

Endlich schließt Rousseau jene bescheidenere, pragmatische oder funktionale Legitimation des Gemeinwillens aus, die diesen nicht für so heilig hält, dass jede konkrete Gestalt allen Protest verbietet. Rousseau zieht jenen Gedanken eines religionsneutralen Staates nicht in Erwägung, den Spinoza schon knapp ein Jahrhundert vorher im »Theologisch-politischen Traktat« vertreten hatte. Aus diesem Grund erweist sich aus heutiger politischer Perspektive der frühere Niederländer Philosoph als klüger und weitsichtiger denn der spätere Bürger aus Genf.

Immanuel Kant

Die Epoche der Aufklärung, nach Immanuel Kant »das eigentliche Zeitalter der Kritik«, nimmt trotz deren Heiligkeit weder die Religion noch ihre autoritativen Schriften, die Offenbarung, von der Kritik aus. Nachdem schon Vor- und Frühaufklärer wie Hobbes und Spinoza zahlreiche religiöse Ansichten als Aberglauben entlarvten, machen sich jetzt vier Kritikmodelle breit: Voltaire verdammt die in Frankreich mächtige katholische Kirche. Nach David Hume hat die Religion keinen anthropologischen Rang. Nach Paul-Henry Thiry d'Holbachs »System der Natur« haben so wichtige religiöse Dogmen wie die Existenz Gottes und die Unsterblichkeit der Seele den Charakter von Illusionen. Rousseau schließlich verwirft zwar die Offenbarungsreligion und hält lediglich jene natürliche Religion für vertretbar, allerdings auch für notwendig, die er in »Emile oder Über die Erziehung« als »Stimme des Herzens« vorstellt.

In pointiertem Gegensatz zu diesen vier Modellen verleiht Kant der Religion wieder Gewicht. Andeutungsweise geschieht dies in seinen Haupttexten zur praktischen Philosophie, deutlicher und ausführlicher in der Schrift »Die Religion innerhalb der Grenzen der bloßen Vernunft«.

In seiner Moralphilosophie lehnt Kant sowohl das antike Prinzip der Eudaimonie, der Glückseligkeit, als auch das von Theologen vertretene Prinzip der Theonomie, der von Gott gesetzten Gebote, ab. Für Recht und Staat entwickelt er ebenfalls ein reines, von Religion und Religionsgemeinschaften unabhängiges Vernunftrecht. Folgerichtig sind die entsprechenden moralischen Pflichten und juridischen Rechte sowie die staatsrechtlichen Institutionen für jedermann verbindlich, für Anhänger einer Religion nicht mehr als für deren Leugner. Dieser streng religionsunabhängige und universalistische Charakter macht Kants Moral- und Rechtsphilosophie zum wohl wichtigsten Gesprächspartner der heutigen Diskurse. Allerdings taucht in der »Kritik der praktischen Vernunft« der Gottesbegriff auf. Ob die Moralbegründung dadurch ihren rein säkularen Charakter verliert, wird zu prüfen sein.

Staat und Recht

In Kants System der praktischen Philosophie, der »Metaphysik der Sitten«, beginnt der erste Teil, Metaphysische Anfangsgründe der Rechtslehre, kürzer: Rechtslehre oder RL, mit einer rein säkularen Bestimmung: »Das Recht ist also der Inbegriff der Bedingungen, unter denen die Willkür des einen mit der Willkür des andern nach einem allgemeinen Gesetze der Freiheit zusammen vereinigt werden kann« (§ B). Dazu gehören laut Kant rein begrifflich eine Zwangsbefugnis und das einzige angeborene Recht hinzu, nämlich die Freiheit, »sofern sie mit jedes anderen Freiheit nach einem allgemeinen Gesetz zusammen bestehen kann«.

Dieses »innere Mein und Dein«, das kraft Vernunftnatur jedem Menschen zustehende Recht, enthält Kants Gedanken eines unveräußerlichen Menschenrechts, aus dem sich unter anderem das Verbot aller Sonderrechte und Benachteiligungen, aller Privilegien und Diskriminierungen, ergibt. Auf das »innere Mein und Dein« folgt dann das »Privatrecht vom äußeren Mein und Dein«, in dem Kant so grundlegende Institutionen erörtert wie das Eigentum, das Vertragswesen und die Ehe und Familie.

Die sich daran anschließende Staatsbegründung führt das von Hobbes über Spinoza, Pufendorf und Locke bis Rousseau vertretene Denkmuster der Vertragstheorie zu größerer methodischer Klarheit. Ihr zufolge handelt es sich beim Gesellschaftsvertrag nicht um ein frühgeschichtliches Ereignis, vielmehr um die letzte Legitimationsgrundlage und den höchsten Maßstab aller Rechtsgesetze. Der Gesetzgeber darf seine Gesetze, heißt es im zweiten, staatstheoretischen Teil der Schrift »Über den Gemeinspruch: Das mag in der Theorie richtig sein, taugt aber nicht für die Praxis« nur so geben, »als sie aus dem vereinigten Willen eines ganzen Volkes haben entspringen können«.

Dieser Wille, nichts anderes als das »Vernunftprinzip der Beurteilung aller öffentlichen rechtlichen Verfassung überhaupt«, fordert nun den Staat auf, seine Grundordnung, heißt es im »Streit der Fakultäten«, dem zweiten Abschnitt, so zu gestalten, »wie ein Volk mit reifer Vernunft sie sich selbst vorschreiben würde«. Modern gesprochen sind die Grundsätze von Recht und Staat einem Prinzip der universalen Konsensfähigkeit verpflichtet. Laut Kant ergeben sich daraus die Forderungen nach Meinungsfreiheit und Freiheit der Künste und Wissenschaften, weiterhin die Ablehnung des Adelsprivilegs und der Erbuntertänigkeit samt Leibeigenschaft und Sklaverei, ferner das Verbot einer despotischen Regierung und eines staatlich verordneten Kirchenglaubens sowie das Verbot von allem Kolonialismus.

Kant begründet zwei Quasimenschenrechte, beide selbstverständlich religionsunabhängig. Danach hat jeder Mensch das Recht, in einer privates Eigentum erlaubenden Rechtsordnung zu leben, ferner das Recht auf einen öffentlichen Rechtszustand in dessen drei Dimensionen, dem

Staatsrecht, dem Völkerrecht und dem Weltbürgerrecht. Bei der Rechtfertigung verzichtet Kant sowohl in der »Rechtslehre« als auch im »philosophischen Entwurf« »Zum Ewigen Frieden« auf religiöse Motive. Seine Philosophie von Recht, Staat und Politik bleibt rein säkular. Überdies fällt sie betont nüchtern aus. Weder erwartet Kant, ein Grundelement der Politik, der Konflikt, könne aus der Welt verschwinden, noch rechnet er mit einem baldigen Ende der Kriege.

Im zweiten Teil der Friedensschrift, ihrem ersten Definitivartikel, reichert er den Friedensgedanken um die politische Innovation seiner Epoche, die Republik, an. Durch drei Prinzipien definiert – die Freiheit der Mitglieder, die Abhängigkeit von einer gemeinsamen Gesetzgebung und die Gleichheit aller Staatsbürger –, entspricht sie weitgehend der modernen freiheitlich-rechtsstaatlichen Demokratie. Da »die Vernunft vom Throne der höchsten moralischen gesetzgebenden Gewalt herab den Krieg als Rechtsgang schlechterdings verdammt, den Friedenszustand dagegen zur unmittelbaren Pflicht macht«, ist nach dem zweiten Definitivartikel, dem zum Völkerrecht, eine globale Friedensgemeinschaft geboten.

Kants Schrift schließt, jetzt im dritten Definitivartikel, mit einem neuartigen Weltbürgerrecht. Es besteht in einem wohlbestimmten Kooperationsrecht, keinem Gastrecht, wohl aber einem Besuchsrecht. Ob Individuen, Gruppen und Unternehmen oder Staaten, auch Religionsgemeinschaften – sie alle dürfen andernorts anklopfen, um ihre Güter, Dienstleistungen und Ansichten anzubieten. Sie haben aber kein Recht auf Einlass. Insbesondere dürfen weder die Ankömmlinge getötet, versklavt oder ausgeraubt noch umgekehrt die Einheimischen unterworfen, ausgebeutet oder versklavt werden.

Laut dem ersten Definitivartikel wird der globale Friedensbund durch zwei religionsunabhängige Antriebskräfte befördert: durch die Erfahrung mit dem Schrecken des Krieges und durch die Errichtung jener Staatsform, der Republik, in der die Bürger gefragt werden, ob sie die Lasten eines Krieges tragen wollen, wogegen sie sich jedoch aus Selbstinteresse wehren würden.

Im ersten Zusatz erweitert Kant diese rechtssoziologische Friedenstheorie um eine Sozialgeschichte der Menschheit, die, erneut ohne Religion, lediglich von der Natur der Menschen und vom Frieden als Endzweck bestimmt ist. Dabei spielt nach Kants Geschichtsphilosophie, der Idee zu einer allgemeinen Geschichte in weltbürgerlicher Absicht, ihrem siebten Satz, ein »Antagonismus« (Widerstreit) eine heilsame Rolle. Bestimmt als ungesellige Geselligkeit, sorgt er nämlich mit seinen Kräften der Zwietracht, der Ehrsucht, Herrschsucht und Habsucht dafür, dass das Potenzial der Menschen statt zu verkümmern zur Entwicklung einer vielfältigen Kultur entfaltet wird und schließlich die Menschen nötigt, »in mehr oder weniger gesetzliche« Beziehungen, also Rechts- und Staatsverhältnisse, »zu treten«.

Nach einer dritten, jetzt wirtschaftssoziologischen und wieder religionsunabhängigen These liegt im »Handelsgeist«, allgemeiner gesagt: in den Vorteilen einer nicht nur wirtschaftlichen, sondern ebenso wissenschaftlichen, kulturellen und sportlichen Kooperation eine weitere Antriebskraft zur friedlichen Weltgesellschaft.

Im zweiteiligen Anhang der Friedensschrift stellt Kant für die Politik der vielerorts vorherrschenden machiavellistischen Gestalt eine moralische Politik entgegen. Diese dürfe durchaus klug wie die Schlange agieren, müsse sich aber durch die Moral einschränken lassen, was die erfreuliche Nebenwirkung habe, dass der Politik »die Wohltat des ewigen Friedens« von allein zufallen werde.

Moral

Für den zweiten Themenbereich von Kants praktischer Philosophie sind vier Schriften entscheidend. Im ersten Text, der »Grundlegung zur Metaphysik der Sitten«, ist bei ihrer Suche nach einer reinen, von aller Empirie unabhängigen Moralphilosophie die Unabhängigkeit von Religion so selbstverständlich, dass die das Vorhaben erläuternde »Vorrede« sie nicht einmal erwähnt.

In der Tat kommen die entscheidenden Begriffe und Argumente ohne jeden Bezug auf Religion und Theologie aus: der Begriff der Pflicht, der der Maxime und das Kriterium moralischer Maximen, die Tauglichkeit für ein streng allgemeines Gesetz, schließlich der dafür zuständige Begriff des schlechthin gebietenden, kategorischen Imperativs. Selbst die vier Beispiele von Pflichten, die mit Hilfe dieses Kriteriums gefunden werden, erläutert Kant religionsunabhängig: die Verbote eines falschen Versprechens, das Verkümmern seiner Talente und die Gleichgültigkeit gegen fremde Not, schließlich das Suizidverbot.

Im zweiten Abschnitt der »Grundlegung« unterscheidet Kant die Autonomie, die Selbstgesetzgebung des Willens von der Heteronomie, der Fremdgesetzgebung. Unter deren Prinzipien erwähnt er zwar den »Willen Gottes« als »bestimmende Ursache unseres Willens«, lehnt aber die entsprechende Theonomie, die Berufung auf Gott als den für die Moralität entscheidenden Gesetzgeber, ab.

In der »Kritik der praktischen Vernunft« finden sich dieselben religionsunabhängigen Grundelemente wieder. Auch bei einem denn doch neuen Lehrstück, dem Faktum der Vernunft, demzufolge man »selbst unter Androhung des Todes ein falsches Zeugnis verweigern« könne, kommt Kant ohne jede Anspielung auf göttliche Hilfe oder Strafandrohung aus. Ebenso wenig religionsabhängig ist die moralische Triebfeder, »die Achtung fürs moralische Gesetz«.

In der dritten Schrift, der »Tugendlehre« (TL), verhält es sich nicht anders. Weder beim Begriff eines Zweckes, der zugleich Pflicht ist, noch bei den beiden Zwecken, der eigenen Vollkommenheit und der fremden Glückseligkeit, spielt die Religion eine Rolle. In der Erläuterung des Gewissens ist zwar von dem »über alles machthabenden moralischen Wesen«, Gott, die Rede. Allerdings sei man nicht »berechtigt, noch weniger« verpflichtet, »ein solches höchstes Wesen außer sich als wirklich anzunehmen«. Es handle sich nämlich nicht um einen objektiven Gedanken der theoretischen, sondern bloß um einen subjektiven Gedanken der praktischen Vernunft.

Führt die Moral unumgänglich zur Religion?

Erst im zweiten Buch der »Kritik der praktischen Vernunft« droht die Gefahr einer Rückkehr Kants zum Prinzip der Theonomie. Sollte tatsächlich eine Retheologisierung stattfinden, würde die bislang streng religionsunabhängige Moral durch religiöse Elemente »verunreinigt«.

Dem betreffenden Buch, der »Dialektik«, geht es um ein in den heutigen Ethikdebatten weithin verdrängtes Thema: um den Gedanken eines höchsten Gutes. Nach Kant sind dafür zwei Aspekte miteinander zu verbinden, die in zwei Schulen der antiken Ethik bei ihrem Begriff des höchsten Gutes, der Eudaimonie, getrennt gewesen seien. Die eine Schule, die Epikureer, sähen das höchste Gut nur in der eigenen Glückseligkeit, die Stoiker hingegen bloß in der Tugend, in Kants Begriffen in der Glückswürdigkeit. Soll die autonome Moral sinnvoll sein, dann, so erklärt Kant, darf die im Leben tatsächlich erfahrbare Glückseligkeit nicht das letzte Wort sein, dass es nämlich manch bösem Menschen »auf Erden« gut, manch rechtschaffenem hingegen schlecht ergeht.

Um diese weder zu leugnende noch im Diesseits zu ändernde Wirklichkeit zu korrigieren, bringt Kant als neues Lehrstück die Postulatenlehre ein. In ihr sind Gottesglaube und Vernunft eng miteinander verknüpft, wobei freilich die Vernunft den Vorrang genießt. Sie erkennt zwar Gott als höchste Autorität an, nimmt sich aber das Recht, über deren wissenstheoretischen, epistemologischen und moralischen Status zu entscheiden: Da Gott widerspruchsfrei gedacht, aber nicht objektiv erkannt werden kann, gehört die Gottesfrage in erster Linie nicht zur theoretischen, sondern zur reinen praktischen moralischen Vernunft. Auf diese Weise gibt Kant einer einflussreichen Position seiner Epoche, der des genannten französischen Philosophen d'Holbach, allerdings ohne ihn zu erwähnen, zur Hälfte recht und zur Hälfte unrecht. In Übereinstimmung mit d'Holbach streitet er für Gott und die unsterbliche Seele den Charakter einer objektiven Erkenntnis ab, hält sie aber im Gegensatz zu d'Holbach trotzdem nicht für Illusionen, sondern für Gegenstände eines vernunftgestützten Hoffens.

Schon die »Kritik der reinen Vernunft«, ihre »Dialektik«, hatte die drei Gegenstände der traditionellen Metaphysik, die Unsterblichkeit der Seele, die Freiheit und das Dasein Gottes, für zwar denknotwendig, aber nicht objektiv erkennbar erklärt. Weil allerdings auch das Gegenteil sich der objektiven Erkenntnis versperre, schlägt Kant als neue, mittlere Möglichkeit für die drei Gegenstände einen neuen wissenstheoretischen Status vor, sie nämlich als Postulate der reinen praktischen Vernunft zu begreifen. Nun beweist aber das oben erwähnte Faktum der Vernunft die Wirklichkeit der Freiheit, sodass nur die beiden anderen Postulate noch zu erläutern sind.

Um nicht am Sinn eines moralischen Lebens zu verzweifeln, empfiehlt sich laut Kant, eine »ins Unendliche fortdauernde Existenz« der Persönlichkeit anzunehmen, »welche man die Unsterblichkeit der Seele nennt« (V 122). In dieser Form einer fortdauernden, ewigen soll die unsterbliche Seele eine zur Glückswürdigkeit proportionale Glückseligkeit erfahren. Damit diese Aufgabe erfüllt wird, muss man aber, so das dritte Postulat, ein allwissendes, allgerechtes und allmächtiges Wesen, also einen Gott, annehmen.

Nach Kant vereinigt sich alles Interesse »meiner« (!) Vernunft in drei berühmten Fragen: Was kann ich wissen? Was soll ich tun? Was darf ich hoffen? Nun fällt das Moralprinzip der Autonomie hinsichtlich der Denkbarkeit von (Willens-)Freiheit unter die erste (Wissen) und hinsichtlich der Wirklichkeit der Freiheit mit dem erwähnten Faktum der Vernunft unter die zweite Frage (Sollen). Die Postulatenlehre gehört nun zur dritten Frage, der nach einem vernunftgestützten Hoffen. Weil diese Frage nicht das Prinzip der Moral betrifft, sondern den Sinn unserer Welt, wird die Religions- und Theologieunabhängigkeit des für die Moral zuständigen Autonomieprinzips nicht beeinträchtigt. Insofern verliert Kants Moralphilosophie nichts von ihrem rein säkularen Charakter.

Nach der ersten Vorrede zu einer vierten Schrift, »Die Religion innerhalb der bloßen Vernunft«, kürzer: Religion, führt Moral »unumgänglich zur Religion, wodurch sie sich zur Idee eines machthabenden moralischen Gesetzgebers außer dem Menschen erweitert«. Mit dieser Behauptung scheint Kant selbst, mittlerweile in fortgeschrittenem Alter, seine säkulare Moralphilosophie aufzugeben und in eine entsäkularisierte, eine wieder religions- und theologieabhängige Position zurückzufallen.

Im Zitat ist jedoch das Wort »erweitert« zu beachten. Kant ändert nichts an der zuvor, in der Analytik der »Kritik der praktischen Vernunft«, begründeten, von aller Religion und Theologie freien Autonomie. Die neue, von der Idee des höchsten Gutes motivierte Sinnfrage nimmt weder die Autonomie zurück noch verunreinigt sie sie durch ein Moment der Theonomie. Kant sagt lediglich, aber auch immerhin, dass man beim neuen Thema, der Sinnfrage, die Gottesfrage nicht ausblenden kann. Ob er damit recht hat, kann hier dahingestellt bleiben, wichtig ist allein dies: Wer wie die heutige Moralphilosophie die Sinnfrage gar nicht stellt, braucht sich nicht zu überlegen, ob sich die Gottesfrage hier aufdrängt oder nicht. Ihm genügt zu sehen, dass bei der davon unabhängigen Sollensfrage der Autonomiegedanke in keiner Weise abgeschwächt oder sogar zurückgenommen wird.

Eine Neuinterpretation biblischer Themen

Selbst die Religionsschrift gibt Kants streng moralische Interpretation der Religion nicht auf. Sie ergänzt aber diesen »allgemeinen Teil« einer Religionsphilosophie um einen »besonderen Teil«, um eine Theorie des Christentums mit dessen vier Grundbausteinen, mit der Erbsünde, mit Jesus als dem Christus (Erlöser), mit dem Jüngsten Gericht und mit der Doppelgestalt der Religionsgemeinschaft als einer unsichtbaren und einer sichtbaren Kirche.

Bei keinem dieser jüdisch-christlichen Themen verlässt Kant den Standpunkt der natürlichen, von aller Offenbarung freien Theologie. Er nimmt lediglich eine raffinierte Erweiterung vor: Eine rein philosophische Theologie wirft einen Blick über ihre Grenzen, um sich von einer nicht philosophischen Quelle, hier der Offenbarung, belehren zu lassen, mit welchen weiteren Themen eine Philosophie der Religion sich sinnvollerweise befasse. Daraus folgt nicht, dass ohne diesen grenzüberschreitenden Blick Kants Moralphilosophie anders ausgefallen wäre. Allenfalls hätte der Anstoß gefehlt, einige vom jüdisch-christlichen Denken her bekannte Elemente auf ihre (moral-)philosophische Bedeutung hin zu untersuchen.

Da bei den genannten vier Themen gemäß Kant allgemeinmenschliche Grundfragen erörtert werden, verwirft er hier unausgesprochen Humes These vom nicht anthropologischen Rang der Religion. Hinsichtlich der Religion, zeigt Kant, gibt es anthropologische Elemente, sogar anthropologische Konstanten. Jedenfalls wird nicht das Christentum als solches untersucht, schon gar nicht ein für Kant selbstverständlicher sozialer Hintergrund zur autonomen Moral.

Spätestens in Zeiten der Globalisierung ist auch für die Religion ein interkultureller Diskurs unverzichtbar. Dieser sollte sich für die Frage interessieren, ob sich in anderen Religionen analoge Elemente finden. Da Kant die von ihm diskutierte menschliche Grunderfahrung, einen Hang zum Bösen, nicht an die jüdisch-christliche Welt bindet, sollte man sie auch außerhalb dieser Welt finden können. Falls dies nicht gelingt, drängen sich zwei »unschöne« Optionen auf. Entweder müsste Kant den Titel seiner Schrift auf die Grenzen innerhalb der »bloß christlichen Vernunft« einschränken. Oder er müsste den nicht christlichen Religionen Mängel, gravierende Defizite vorwerfen, was den Vorwurf einer kulturellen Überheblichkeit unvermeidbar machte. Jedenfalls handelte es sich nicht um die sinnvolle Ergänzung einer universalistischen Moral der Autonomie.

Kant setzt bei einer Eigentümlichkeit an, der zwar die alttestamentarische Geschichte vom Sündenfall zugrunde liegt, die man aber auch für ein Wesenselement des Menschen, für eine elementare anthropologische Einsicht halten kann: »die menschliche, teils mit guten, teils bösen Anlagen behaftete Natur«. Dieser Ansatz hebt den üblichen Widerspruch von natürlicher und geoffenbarter Religion auf. Denn als eine Religion, auf deren Grundaussagen »die Menschen durch den bloßen Gebrauch ihrer Vernunft ... von selbst hätten kommen können und sollen«, erscheint die jüdisch-christliche Religion paradoxerweise als eine natürliche, gleichwohl geoffenbarte Religion.

Mitlaufend setzt Kant die von der vorkantischen Aufklärung arg zerrupfte Religion wieder in ihr Recht, dies allerdings nicht pauschal, in jeder Gestalt, sondern allein als Religion der reinen praktischen, also moralischen Vernunft. Die religiösen Grundgedanken werden dabei von einer biblischen, zugleich menschlichen Grundsituation her verstanden, von jener Konkurrenz des Bösen mit dem Guten, deretwegen die Moral der Autonomie die Gestalt einer Sollenstheorie annimmt: Weil das Gute nicht von allein befolgt wird, sondern gegen die Versuchungen des

Bösen abgerungen werden muss, wird die Moralphilosophie zu einer Theorie von nicht selbstverständlich befolgten, sondern im Status von Geboten und Verboten auftretenden moralischen Gesetzen. Im Verlauf seiner Überlegungen wird das jüdisch-christliche Denken nicht unbesehen rehabilitiert. Im Gegenteil nimmt Kant tiefgreifende Veränderungen vor. Aus dem jüdisch-christlichen Dogma der Erbsünde, einem substantialistischen Verständnis des Bösen als einer ererbten Eigenschaft der Gattung Mensch, wird ein Hang zum Bösen. Aus dem Dogma von Jesus als Sohn Gottes wird ein regulatives Vorbild: »die Menschheit (das vernünftige Wesen überhaupt) in ihrer moralischen ganzen Vollkommenheit«. Dadurch werde das Böse zwar nicht ausgerottet, aber in seiner Gewalt gebrochen. Hier erscheint ein Punkt als besonders provokativ: Bei Kant verliert das Element des Christentums, Jesus als der Christus, das Vorrecht einer historischen Einmaligkeit, zugleich das Privileg einer Exklusivität. Berechtigt bleibt nur ein enthistorisierter Kern, die moralische Vollkommenheit, die auch in anderen Personen realisiert sein könnte. Weiterhin fordert Kant jede Kirche, qua sichtbare Religionsgemeinschaft, auf, sich »vom Blödsinn des Aberglaubens und dem Wahnsinn der Schwärmerei« zu reinigen.

Schließlich kommt er insofern einem interkulturellen Religionsdiskurs entgegen, als er gegen Ende der Schrift erklärt, »die enge, eigenliebige und unverträgsame Denkungsart der Menschen, vornehmlich in Religionssachen« habe in Hinsicht der Kirchengemeinschaft das Potenzial zu »einer weltbürgerlichen moralischen Gemeinschaft«.

Da es Kant in seiner Religionsphilosophie allein auf die moralische Vernunft ankommt, spielen alle historischen oder quasihistorischen Elemente keine Rolle. Im Alten Testament gehören dazu so wichtige Teile wie die Noahgeschichte, die Josephsgeschichte und der Auszug aus Ägypten, die Zeit der Richter und der Könige, die Ruth-, die Esra-, die Judith- und die Esthergeschichte. Vor allem wird ein Grundelement bedeutungslos, der Bund einer Gottheit mit *seinem* Volk, also die außergewöhnliche Beziehung von Jahwe zu Israel. Vor der Vernunft findet also nur ein Bruchteil der biblischen Offenbarung Gnade.

Um eine Zwischenbilanz zu ziehen: In der Aufklärung herrscht eine

Art von transitiver Kritik vor – dass eine Instanz, die Vernunft, eine andere, die Religion, der Kritik unterwirft. Bei Voltaire verschärft sich die Kritik zum erbosten Kampf gegen die Kirche. Nach d'Holbach haben alle religiösen Dogmen illusorischen Charakter. Nach dem Spätaufklärer Karl Marx, hier mit Friedrich Engels, schafft der Kommunismus, werden wir sehen, die Religion ab: Denn »die Religion ist der Seufzer der bedrängten Kreatur … Sie ist das Opium des Volks.«

Kant überwindet all diese Gestalten von Transitivität durch eine wechselseitige, gewissermaßen dialogische Kritik: Die Religion macht Vorgaben; die Vernunft trifft nach Maßgabe ihrer eigenen Vorgabe eine scharfe Auswahl unter den Vorgaben der Religion und nimmt für das Ausgewählte eine philosophische Interpretation vor. Diese gipfelt in der Einsicht, dass die (moralische) Vernunft der Religion bedarf, allerdings nur darin, »dass wir Gott für alle unsere (moralischen) Pflichten als den allgemein zu verehrenden Gesetzgeber ansehen«.

Neuere Verteidiger der Religion

Der oberflächliche Blick auf die Philosophiegeschichte sieht im Anschluss an Kant zunächst eine noch gesteigerte Wertschätzung der Religion, vorgenommen in einem Höhepunkt der abendländischen Philosophie, im Deutschen Idealismus von Johann Gottlieb Fichte, Friedrich Wilhelm Joseph Schelling und Georg Wilhelm Friedrich Hegel. Daran anschließend, insbesondere in der philosophischen Avantgarde der Hegel-Schüler, bei den sogenannten Jung- oder Linkshegelianern, setzte sich jedoch eine Kritik an aller Religion durch.

In der Tat sucht der Linkshegelianer Ludwig Feuerbach in seinem epochalen Werk »Das Wesen des Christentums«, die vermeintlich übernatürlichen Mysterien der Religion als schlichte natürliche Wahrheiten zu entlarven. Die Theologie hält er für eine versteckte Anthropologie, weil das angeblich göttliche Wesen in Wahrheit das Wesen des Menschen, seine eigene Unendlichkeit, sei. In der Folge bildet Karl Marx Feuerbachs Religionskritik wortmächtig fort. Weltberühmt wird das schon zitierte Wort, Religion sei Opium des Volks. Nicht minder berühmt wird eine Sentenz von Friedrich Nietzsche: »Gott ist tot.«

Trotz dieser fraglos wirkungsmächtigen Stimmen ist die weitere Geschichte der Religionstheorien nicht schlicht eine Geschichte der Religionskritik, was die beliebte Diagnose infrage stellt, wir lebten in einem postsäkularen Zeitalter. Dagegen sprechen zahlreiche, keineswegs wirkungsarme Stimmen, von denen dieser Essay einige Beispiele herausgreift: den Existenzphilosophen Søren Kierkegaard, als Vertreter des amerikanischen Pragmatismus und als Psychologen William James, als Soziologen Niklas Luhmann, als Mentalitätshistoriker Charles Taylor und als Sozialphilosoph den Religionstheoretiker Hans Joas.

Nicht postsäkular

Wer die neueren, gegenüber der Religion affirmativen Denker nicht ernst nimmt, hält die Lage für klar und einfach: Seit der Aufklärungsepoche hat sich die europäische Gesellschaft mehr und mehr von den Religionsgemeinschaften, den Kirchen, bald auch der Religion selbst abgewandt. Dies geschah teils schleichend, teils mit Nachdruck, nicht selten sogar mit einer deutlich antikirchlichen und antireligiösen Spitze. Man kann diesen Vorgang Säkularisierung nennen, diese Entwicklung als Modernisierung einschätzen und behaupten, mit ihnen sei Religion überflüssig geworden.

Religionskritiker könnten sogar einen Zusammenhang behaupten und erklären: Die Modernität einer Gesellschaft verhalte sich umgekehrt proportional zu ihrer Religiosität. Also: Je moderner eine Gesellschaft sei, desto weniger Religion enthalte sie. Umgekehrt sei starke Religiosität ein Zeichen von Modernisierungshemmnis und Fortschrittsfeindlichkeit. Gelegentlich spitzt sich die intellektuelle Skepsis sogar in zwei plakativen Thesen zu: Die Religion verspricht das Paradies und bringt die Hölle; die Religion verkündet Liebe und fördert Gewalt.

Gewiss, sozialgeschichtlich gesehen sind es zunächst intellektuelle Wortführer, die sich in Europa vom Religiösen abwenden. Später sind es immer größere Bevölkerungsschichten, in denen die Religion mehr und mehr an Bedeutung verliert, mancherorts sogar verschwindet. Infolgedessen ist das heutige Europa auf diesen ersten Blick denn doch als deutlich säkular zu qualifizieren.

Schon auf den zweiten Blick erscheint die Lage aber alles anderes als klar und einfach. Wer vorurteilsfrei in die Wirklichkeit schaut, nimmt sowohl in der Geschichte als auch der Gegenwart konträre Bewegungen wahr: Er entdeckt die Entstehung neuer Formen von Religion und Religiosität, ferner unter vielen Zuwanderern eine starke Religionsprägung, weiterhin bei etlichen Religionsanhängern, aber auch manchem Gegner einen Anstieg von gewaltbereitem Fanatismus. Nicht zuletzt nimmt er die eine Religion bejahenden Denker ernst, von denen im Folgenden etliche Beispiele skizziert werden. Jedenfalls ist die gegenwärtige Situation weit eher als unklar denn klar und als komplex denn einfach zu charakterisieren.

Wie in vielen anderen Lebensbereichen, so ist auch hier die Welt derart irritierend unübersichtlich geworden, dass Habermas' viel zitiertes Stichwort »postsäkular« die Lage nicht trifft. Richtig ist, dass wegen der angedeuteten Phänomene nicht einmal die westliche Welt einen exklusiv säkularen Charakter hat. Gleichwohl bleibt die westliche Staatsform, die Demokratie, wegen ihrer religiösen und weltanschaulichen Neutralität wesentlich säkular. Selbst die Gesellschaft hat in vielen Bereichen ihren überwiegend säkularen Charakter behalten. Gemäß Überlegungen von Höffe/Kablitz ist nicht nur der Weg zur Moderne, sondern auch das gegenwärtige Problemfeld als vielschichtig, mithin wahrhaft komplex zu diagnostizieren.

Zuvor eine Bemerkung, die manche Leser schon vermisst haben dürften: Religionswissenschaftler, Religionsphilosophen und Theologen lieben den uferlosen Streit. In einem Punkt sind sie sich aber einig, der schon deshalb von Unklarheit und Komplexität zu reden erlaubt: Ob man wie neuerdings von Religion oder wie früher von Glauben spricht – es gibt hier keinen allgemein verbindlichen Begriff. Weder religionsinterne Versuche, die Religion bzw. den Glauben durch gemeinsame innere Merkmale zu bestimmen, noch religionsexterne Versuche haben sich als umfassend phänomengerecht erwiesen. Trotzdem lassen sich einige Hypothesen vertreten, die diesem Essay zugrunde liegen.

Als Erstes empfiehlt sich, die Religion (jetzt einschließlich früherer Ausdrücke wie Glauben) von beiden Seiten zu betrachten, sowohl von innen als auch von außen. Dieses intellektuelle »Kunststück«, die Religion zugleich von außen und innen zu betrachten, gelingt wenigen, vermutlich singulär dem japanischen Denker Keiji Nishitani. Dieser wohl bedeutendste japanische Philosoph des 20. Jahrhunderts setzt sich nämlich, aus der »offenen Weite« des Zenbuddhismus kommend, unter der Leitfrage »Was ist Religion?« mit den religiösen und philosophischen Traditionen des Westens auseinander.

Bei der gewöhnlichen, dann selbstverständlich interdisziplinär vorzunehmenden Außenbetrachtung sind etwa folgende Gesichtspunkte zu erörtern: Die Religionen bieten sich als eine wichtige Autorität für das Ausbilden und Vermitteln von jenen Werten und Normen an, auf die alle politischen Gemeinwesen, auch konstitutionelle Demokratien, zwar angewiesen sind, die sie jedoch angeblich, so die prominente Böckenförde-These, aus sich selbst nicht hervorbringen können. Danach vermögen Religionen eine personale und eine öffentliche, politische Moral zu schaffen und zu erhalten, allerdings, ist zu ergänzen, auch zu gefährden. Zusätzlich bringen Religionen Gemeinschaften zustande und sind für viele Menschen ein wichtiger Baustein ihrer Identität.

Gleichwohl darf man die religiösen Bindekräfte nicht überschätzen, zumal sie sich fast nirgendwo auf eine die verschiedenen Religionen übergreifende Weise entfalten. Statt dessen neigen die Religionen und Konfessionen zu einem Wettstreit untereinander, der immer noch nicht allerorten stets friedlich ausgetragen wird. Deshalb sollte man nicht aufhören, im folgenden Tatbestand ein Ärgernis zu sehen: So gut wie in allen bedeutenden Religionen sind Verpflichtungen auf Frieden und Gerechtigkeit, auf Barmherzigkeit und Nächstenliebe wichtig. Trotzdem bieten ihre Gemeinschaften in vielfacher Form Anlass zum Unfrieden. Und zu so wesentlichen Elementen der Demokratie wie der Rechtsgleichheit aller Bürger und dem Gedanken der Menschenrechte haben sie, wenn überhaupt schon, dann erst spät gefunden.

Es gibt ein weiteres Argument, die Weltlage hinsichtlich der Religionen als komplex zu diagnostizieren: In der modernen Gesellschaft breitet sich mehr und mehr eine Frömmigkeit aus, die kirchenfrei ist, folglich nicht mehr die von den Seiten der Religionsgemeinschaften erwarteten oder auch nur erhofften Bindekräfte bereitstellen. Ferner gibt es heute im Vergleich zu früher weit mehr sogenannte Deisten, also Menschen, die an keinen persönlichen Gott glauben. Und vor allem findet der Atheismus in seinen verschiedenen Gestalten mehr und mehr Anhänger.

In dieser Situation wird eine Aufgabe dringender, die sich jedoch im Prinzip schon immer gestellt hat: Ein Gemeinwesen braucht Bindekräfte, die für alle, für gläubige wie nicht gläubige Personen, wirksam sind. Offensichtlich ist die Philosophie für diese Aufgabe nicht allein-, aber doch mitzuständig. Denn sie beruft sich auf nichts anderes als eine Gemeinsamkeit aller zurechnungsfähigen Wesen, auf jene allgemeine Menschenvernunft, die sich zwar nicht notwendig mit einer Stimme, aber in einem einheitlichen und seinem Wesen nach gewaltfreien Diskurs äußert. Für die Religionsgemeinschaft zwar, muss man einräumen, ist es kein Ruhmesblatt, dass selbst Grundelemente der modernen Gesellschaft, die einen rechtsmoralischen Rang haben, dass die Prinzipien wie Toleranz, Demokratie und Menschenrechte weit weniger auf Ansichten von Religionsanhängern als auf Vertreter der philosophiegeprägten Aufklärung zurückgehen. Und dort, wo wie in der Frühzeit der USA Mitglieder der Religionen ihre Stimme erheben, stammen sie in der Regel von verfolgten Minderheiten.

Weil Gedankengut der Aufklärung vielerorts wirksam geworden ist, sind moderne Gesellschaften an Bindekräften nicht so arm, wie manche Zeitgenossen befürchten. Freilich sind sie auch nicht so reich, dass sie das Angebot der Religionen ausschlagen sollten. Das Angebot muss freilich zwei Bedingungen erfüllen. Es darf weder bloß verbal, ein »trockenes Versichern«, bleiben, noch darf es sich mit der Zustimmung einiger statt aller Betroffenen zufriedengeben. Wer wagt, beides für die nahe Zukunft zu erwarten? Eher ist damit zu rechnen, dass Religionen und Konfession, weil sie im Plural auftreten, noch lange Zeit zu Konkurrenz, dabei zu einem keinesfalls immer friedlichen Wettstreit neigen.

Über diesem Problem sollte man aber nicht alle Leistungen der Religionen verdrängen, etwa dass sie, säkular gesprochen, der Kontingenzbewältigung dienen, zusätzlich der Kompensation von Verlusten.

Insbesondere lehren sie den Menschen, Grenzen einzusehen und vor dem, was ihnen, wie die Natur vorgegeben, »geschenkt« ist, Ehrfurcht zu empfinden. Nicht minder wichtig ist das Vorbild, das viele Religionsstifter und Heilige abgeben, nicht zuletzt das Muster einer sozialen Institution, zugleich einer Modellgemeinschaft wie der »Heiligen Familie«, bestehend aus Josef, Maria und Jesus.

Ebenso wenig vergessen darf man das Sinn- und Intensivierungspotenzial, das Religionen enthalten, wobei sie Optionen einer »Heil« genannten Vollkommenheit und Fülle bieten. Dazu gehören spirituelle Angebote, die die gewöhnliche, »säkulare« Moral übersteigen und eine Befreiung versprechen, die allerdings in den verschiedenen Religionen auf unterschiedliche Weise vorgestellt, gesucht und praktiziert wird.

Zudem darf man auch hier manche Kehrseite nicht unterschlagen, auch wenn sie hoffentlich in »humanen« Religionen seltener geworden ist: eine Sinnen- und Leibfeindlichkeit, ferner eine gelegentlich strenge, da und dort sogar mitleidlose Selbst- und Fremdkontrolle.

Søren Kierkegaard

Kommen wir zu einigen bedeutenden Anwälten der Religion. Denn nur ein oberflächlicher Blick nimmt nach dem Deutschen Idealismus lediglich die Religionskritik der Linkshegelianer und die von Friedrich Nietzsche wahr. Als erstes Beispiel bietet sich ein älterer Zeitgenosse von Karl Marx an. Er ist zwar kein Linkshegelianer, trotzdem ein nicht minder scharfer und ebenfalls sprachmächtiger Kritiker Hegels.

Søren Kierkegaard wirft Hegels spekulativem Idealismus vor, der Welt der Begriffe verhaftet zu bleiben. Infolgedessen werde bei dem, was für den Menschen ausschlaggebend ist, der Existenz, zwar dessen Wesen, die Essenz oder der Begriff, erfasst, aber nicht der unendlich wichtigere tatsächliche Vollzug. Durch dieses Defizit werde die entscheidende, von jedem Einzelnen selbst zu leistende Aufgabe verfehlt. Hegels spekulativer Idealismus sei wie das Schild in einem Schaufenster, dessen Aufschrift »Wäscherei« glauben macht, man könne seine Schmutzwäsche dort hinbringen. In Wahrheit könne man dort nur das Schild kaufen.

Ähnlich wie antike Philosophen, beispielsweise Aristoteles, unterscheidet Kierkegaard Lebensformen von unterschiedlichem Rang. Die in einer seiner Hauptschriften »Entweder – Oder« angeführten drei Stufen setzen bei der »ästhetischen Existenz« an. Deren Leitprinzip, der Genuss, muss nicht bloß sinnlicher, er kann auch künstlerischer, selbst philosophischer Natur sein. Gemeinsam ist diesen Lebensweisen, dass der Mensch, was er ist, unmittelbar ist, diesseits von Freiheit mit der für die Moral wesentlichen Alternative von Gut und Böse. Wer sich mit dieser ersten Existenzform begnügt, leidet gemäß Kierkegaard unvermeidbar an Langeweile, Lebensüberdruss und Einsamkeit.

Auf der zweiten Stufe, der ethischen oder moralischen Existenz, gibt man die ästhetische Lebensform nicht etwa auf. Mit Sokrates als Muster relativiert man sie aber. Weil man dabei zu wechselseitigem Nehmen und Geben bereit ist, wird man gemeinschaftsfähig. Man erkennt sich gegenseitig als frei und gleich an, laut Kierkegaard sichtbar in Lebensverhältnissen wie Ehe, Beruf und Freundschaft.

Danach erklärt er mit einer zweifellos bis heute gültigen Provokation, dass diese damals wie heute doch als vorbildlich angesehene Existenzform immer noch nicht letzterstrebenswert ist. Die vollkommene Gestalt des Lebensvollzugs erreiche man nämlich erst auf einer höheren, dritten Stufe, der religiösen Existenz. Für den im dänischen Luthertum aufgewachsenen Denker besteht diese genau in derjenigen Lebensform, die Nietzsche schon eine Generation später als nicht mehr glaubwürdig erklärt, in einer christlichen Existenz.

Während man die ethische Existenz aus eigener Leistung verwirklichen kann, ist dies bei der christlichen Existenz nicht etwa bloß faktisch, sondern grundsätzlich ausgeschlossen. Denn sie hat nicht nur wie die ethische Existenz ein Vorbild, dort Sokrates. Sie hat vielmehr zusätzlich eine der menschlichen Verfügung wesentlich entzogene Voraussetzung: dass Christus, zu verstehen als Heiland, Befreier und Erlöser, der zu einer bestimmten Zeit Mensch gewordene Gott ist.

In diesem ebenso historischen wie systematischen Umstand sieht Kierkegaard den Angelpunkt des Christentums. Nicht der Gott der Philosophen, ein übergeschichtliches, ewig gegenwärtiges, etwa mit

Kant allwissendes, allmächtiges und allgerechtes Wesen zählt. Gemäß der skizzierten Lehre der Inkarnation kommt es vielmehr auf eine Gottheit an, die in der »Fleischwerdung« Menschengestalt angenommen hat.

Die für den Menschen höchste Lebensform, eine christliche Existenz, ist nach Kierkegaard nicht etwa um der Religion, sondern um des Menschseins willen anzustreben. Allerdings zeichnet sie sich durch zwei Zumutungen aus, die beide Kant de facto ablehnt. Deshalb ist zu bedauern, dass Kierkegaard sich mit der Religionsphilosophie des Königsberger Philosophen nicht näher auseinandersetzt. Kierkegaard hält Kant zwar zugute, dass er in der berühmten Kritik aller Gottesbeweise zwischen einer bloßen Gedankenexistenz und der Realexistenz unterscheidet. Ansonsten wird Kant von Kierkegaard vermutlich deshalb nicht sonderlich geschätzt, weil er nach Wahrnehmung des dänischen Philosophen lediglich einen ahistorischen, metaphysischen Gottesbegriff vertritt. Dass Kant in der Religionsschrift darüber hinausgeht, beachtet er nicht.

Nach Kierkegaard mutet das Christentum erstens dem Verstand zu, das Absolute und Ewige, Gott, in einer zeitlichen und menschlichen, folglich individuellen Gestalt anzuerkennen. Und die bislang als autonom begriffene Moral müsse sich zweitens die Kränkung gefallen lassen, nicht mehr vom eigenen Inneren, der Selbstgesetzgebung des Willens, sondern »von außen«, von Gott, abhängig zu sein.

William James

Das nächste Beispiel einer positiven Religionstheorie nach dem Linkshegelianismus, mittlerweile auch nach Nietzsche, ist ein Philosoph und Psychologe: William James. Als Vertreter des amerikanischen Pragmatismus würde er vermutlich Kierkegaards raffinierte Kritik an Hegels spekulativem Idealismus als ihrerseits zu spekulativ einschätzen. Auch für James ist eine lebenspraktische, »existenzielle« Welteinstellung unverzichtbar. Sie habe sich jedoch mit der in seiner Zeit längst herrschenden wissenschaftlichen Weltsicht zu verbinden. Die einschlägige Aufgabe nennt er schon im Titel einer Vorlesungsreihe: »Pragmatism – A

New Name for Some Old Ways of Thinking« (»Der Pragmatismus – Ein neuer Name für alte Denkmethoden«).

Zum geistesgeschichtlichen Hintergrund dieser Aufgabe gehört, dass in der zweiten Hälfte des 19. Jahrhunderts der amerikanische Protestantismus sich weitgehend säkularisiert hat. James führt diese Entwicklung zu einem Humanismus fort, der eine wissenschaftliche Welteinstellung mit Offenheit für die Religion verbindet. Im genannten Spätwerk »Pragmatismus« will er sogar die Notwendigkeit des religiösen Glaubens nachweisen.

In einer früheren religionstheoretischen Schrift, der Sammlung von Aufsätzen unter dem Titel »The Will to Believe and Other Essays in Popular Philosophy« (»Der Wille zum Glauben und andere populärphilosophische Essays«) war James noch bescheidener. Im Rahmen einer Freiheitstheorie billigte er dem Menschen bloß das Recht zu zu glauben, Gott existiere und von ihm hänge die moralische Ordnung des Universums ab.

Ein zweites, sowohl religionsphilosophisches als auch religionspsychologisches Werk »The Varieties of Religious Experience« (»Die Vielfalt religiöser Erfahrung«) kündigt sich mit dem Untertitel »A Study in Human Nature« (»Eine Studie über die menschliche Natur«) als Beitrag zu einer Anthropologie an. Die religiöse Erfahrung beruhe nämlich weder auf einer Selbsttäuschung, einer Illusion, noch sei sie ein unerklärliches Geheimnis, ein Mysterium. Vielmehr handele es sich um eine der psychologischen Erklärung zugängliche Wirklichkeit, die zudem kein geringeres Gewicht habe, als zur Grundausstattung des Menschen zu gehören.

James räumt in dieser anthropologischen Studie zwar ein, dass manche Zeitgenossen mit kirchlichen Organisationen »so viel Heuchelei, Tyrannei, Gemeinheit und hartnäckigen Aberglauben« verbinden, dass sie sich »in einer pauschalen, unterschiedslosen Weise der Feststellung rühmen, sie seien mit der ganzen Religion ›fertig‹«. Damit täuschten sie sich freilich, denn: »Die Niedrigkeiten, die gemeinhin der Religion in Rechnung gestellt werden, sind somit fast alle nicht der Religion im eigentlichen Sinne zuzurechnen, sondern eher dem verdorbenen prak-

tischen Partner der Religion, dem Geist korporativer Herrschaft. Und die Bigotterien sind meist dem verdorbenen intellektuellen Partner der Religion zuzurechnen, dem Geist dogmatischer Herrschaft.«
Unser Philosoph entwirft für die religiösen Gefühle eine Entwicklungsgeschichte. Ihr zufolge hebt die religiöse Erfahrung mit einer Bewunderung der Totalität der Welt an, gelangt dann zur Überzeugung, nur ein Gott könne ihr Schöpfer sein, und steigt schließlich zum vollendeten, reinsten Stadium der Heiligkeit auf.

Nach James sind religiöse Wahrheiten Gegenstand einer Erkenntnis, die der menschlichen Seele Frieden, Glück und Harmonie schenkt, nämlich ein Gefühl der Nähe zu Gott, getragen von der Überzeugung der Güte des Menschen und der Sinnhaftigkeit der Welt. Der Mensch, der sich Gott unterwerfe, entwickele moralische Eigenschaften wie Demut, Askese, Gehorsam und freiwillige Armut. Diese vorbildlichen Eigenschaften wiederum seien für jene ideale menschliche Gemeinschaft unabdingbar, in der die gesellschaftlichen Haltungen des Respektes, der Liebe und der Toleranz vorherrschten. Damit erscheinen religiöse Menschen als die besseren Staatsbürger. Die da und dort doch nicht nur den Religionsgemeinschaften, sondern selbst religiösen Menschen drohenden Gefahren von Intoleranz und Fanatismus werden von James nicht etwa geleugnet, sie kommen bei ihm nicht einmal als Gefahren zur Sprache.

Im »Pragmatismus« bekräftigt James den für die Praxis des eigenen Lebens und die der Wissenschaft unaufgebbare religiöse Bedeutung des Universums. Nicht etwa im Widerspruch zum wissenschaftlichen Verständnis mit seinen Gegenständen »endlicher Erfahrung«, wohl aber in dem vom religiösen Glauben vorgenommenen Übersteigen dieses Standpunktes gewinne man der Welt das für die menschliche Existenz Beste ab: einen Charakter von Ewigkeit, Einheit und Absolutheit.

Niklas Luhmann

Nach dem Soziologen und Systemtheoretiker Niklas Luhmann besteht die Gesellschaft aus relativ selbstständigen Systemen wie Wissenschaft, Wirtschaft und Recht, wie Erziehung, Kunst, Politik und Religion. Für all diese Gegenstände komme es nicht mehr wie angeblich in der überlieferten Metaphysik darauf an, Wesensbestimmungen vorzunehmen, sondern die soziale Funktion in Bezug auf die Gesellschaft als Ganze zu ermitteln.

Nach der Selbstbeschreibung des Systems Religion – ob sie von Luhmann spöttisch oder ernst gemeint ist, sei hier dahingestellt, annähernd sachgerecht ist sie kaum – gehe jeder Priester, jeder Gläubige von der Wirkung seiner Gebete aus, so als könne eine Fürbitte beispielsweise den Verlauf einer Krankheit ändern. Obwohl doch kaum ein Kranker auf den Einsatz neuer Medikamente verzichte, beharre die Religion auf der sprichwörtlichen Ansicht, der Glaube könne Berge versetzen.

Gemäß einer aus Luhmanns Nachlass publizierten Schrift »Die Religion der Gesellschaft« hat die Religion durchaus eine positive Funktion, die zudem von keinem anderen Funktionssystem der Gesellschaft übernommenen werden könne. Sie stelle nämlich eine »Erlösung von der Gesellschaft« in Aussicht, indem sie »alles, was immanent erfahrbar ist, auf Transzendenz« beziehe. Nach Luhmann macht Religion das »Angebot einer Möglichkeit, der Welt und dem eigenen Leben Sinn zu geben; und das Wissen, daß die Gesellschaft arm dran wäre, wenn es auch diese Möglichkeit gar nicht mehr gäbe«. Damit trägt die Religion zur Stabilisierung der Gesellschaft bei. Denn sie hilft, Bedürfnisse nach Heilsgewissheit zu befriedigen, womit sie sich nicht auf die Erhaltung eines Teils der Gesellschaft, eines einzelnen Systems, beschränke. Vielmehr stehe mit der Religion die Gesellschaft als Ganze auf dem Spiel.

Für die Religionstheorie ist ein weiterer Gesichtspunkt wichtig. Nach Luhmanns Ansicht sind alle Funktionssysteme der Gesellschaft von binären, also aus zwei Einheiten bestehenden Codes strukturiert. In der Wissenschaft beispielsweise geht es um wahr und falsch, im Recht um recht und unrecht und in der Moral um gut und böse. Auf die dann nahe liegende Frage nach dem Grund dieser Unterscheidungen können nun, erklärt Luhmann, die Systeme keine Antworten geben. Was nun allen anderen Funktionssystemen unmöglich sei, vermöge allein die Religion. Ihre Antwort heißt: »Gott ist die Antwort der Differenz.«

Während die anderen Sozialsysteme sich in der Regel um die Antwort drücken, weiche die Religion nicht aus. Für ihre Antwort gibt es allerdings keine andere Instanz als den Glauben. Findet er statt, so gibt es, da er eine rein religionsinterne Instanz ist, keine Widerlegung durch eine externe Kritik. Weder durch Logik oder technische Meisterleistungen noch durch Naturforschung lässt sich der religiöse Glaube beschneiden. Selbst gegen historische Forschung, etwa gegen den Kern des christlichen Glaubens, das Erscheinen Christi zu einer bestimmten Zeit an einem gewissen Ort, sei Religion vollkommen immun. Neutral formuliert entspricht diese Situation in methodischer Hinsicht einem hermeneutischen Zirkel.

Charles Taylor

Unter westlichen Intellektuellen herrscht heute ein säkulares Denken vor, dem im Unterschied zu dem für konkurrierende Erfahrungen offenen Luhmann selbst die Frage als fremd erscheint, welchen Sinn und Wert eine Religion noch habe. Dieser auf Säkularität fixierten Haltung tritt nun ein Sozialphilosoph und politischer Theoretiker aus Kanada, Charles Taylor, entgegen.

Das Leitmotiv seines Denkens besteht in Erkundungen zur Identitätskrise der Moderne, zu der er so grundlegende Werke veröffentlicht hat wie die Studien zu den »Quellen des Selbst – Die Entstehung der neuzeitlichen Identität«, wie »Das Unbehagen an der Moderne« und »Multikulturalismus und die Politik der Anerkennung«, auch »Das sprachbegabte Tier – Grundzüge des menschlichen Sprachvermögens«.

In einem neueren Werk, einem nach Umfang, geistesgeschichtlichen Horizont und gedanklicher Tiefe wahren Opus magnum, in »A Secular Age«, zu Deutsch »Ein säkulares Zeitalter«, erörtert Taylor, ein Denker, der bewundernswerterweise sowohl im englischen und französischen als auch deutschen Denken beheimatet ist, die Frage, wie angesichts der heute vorherrschenden Säkularität ein intelligenter Mensch noch religiös sein könne.

Die Antwort, eine Verbindung von Sozialphilosophie mit Geistes- und Mentalitätsgeschichte, erfolgt in fünf ineinandergreifenden Erzählungen zu einer »Säkularisierung« genannten Entwicklung. Mit einem geradezu verschwenderischen Kenntnis- und Detailreichtum erarbeitet Taylor für sich und für uns die Antwort auf die Frage, warum es im Jahr 1500 praktisch unmöglich war, nicht an Gott zu glauben, und heute, 500 Jahre später, der Nichtglaube den meisten Zeitgenossen als geradezu unumgänglich erscheint.

Zuvor klärt er das entscheidende Phänomen, die Religion. Dass sie sich jeder Definition sperrt, räumt er ebenso ein wie die Möglichkeit, von gewissen Glaubensinhalten auszugehen. Er zieht aber klugerweise, weil damit für ein größeres Phänomenfeld offen, den Zugang vom Erleben her vor. Damit leugnet Taylor nicht den Zusammenhang der Religion mit Moral. Er erweitert aber diesen seit der Aufklärung vorherrschenden Gesichtspunkt um eine spirituelle Dimension, um ein als (Grenz-)Erlebnis zu verstehendes Gefühl der Fülle.

Diese fraglos positive Seite habe freilich eine negative Kehrseite, mit der Taylor über den von ihm hochgeschätzten William James weit hinausgeht. Zur Religion rechnet Taylor, vermutlich sachgerecht, ein Gefühl der Ohnmacht und des Ausgestoßenseins. Und zwischen beiden Gefühlen, dem der Fülle und dem der Ohnmacht, befinde sich der von vielen Zeitgenossen angestrebte mittlere Zustand. Er bestehe im »normalen Glück«, wo man mit Ehepartner und Kindern glücklich zusammenlebe und einer als befriedigend empfundenen, überdies zum Wohlergehen der Menschen beitragenden Tätigkeit nachgehe.

Zur genannten Kehrseite der Religion kommt laut Taylor eine zweite Provokation hinzu. Sie besteht in einer Erfahrung, die beide, sowohl den säkularen als auch den religiösen Zeitgenossen, herausfordert: Anders als die meisten säkularen Zeitgenossen streben nicht wenige Menschen nach mehr als dem normalen Glück. Zum gesuchten Erlebnis der Fülle können sie aber, was Religionstheoretiker wie Augustinus und James bestreiten, Taylor hingegen wirklichkeitsoffen anerkennt, auch ohne Religion gelangen. Er nennt diese Option einen selbstgenügsamen, weil aller Transzendenz abholden Humanismus. Dieser habe sich zwar – noch? – nicht überall durchgesetzt, sei aber »zum ersten Mal in der Geschichte zu einer in vielen Kreisen wählbaren Option« geworden.

Nur in Klammern: Weil sich Taylor bei der klassischen Antike mehr auf Platon bezieht und Aristoteles, sofern er ihn überhaupt heranzieht, zu platonisierend versteht, entgeht ihm, dass schon wie oben erwähnt der Platon-»Schüler« Aristoteles eine säkulare, nämlich von Religion und Theologie freie Ethik entwickelt.

Um zu Taylor selbst zurückzukehren: Gegen Ende seiner Studie plädiert der kanadische Denker, ein gläubiger Katholik, für eine Alternative zu dem die Religion ausgrenzenden Humanismus. Sie verbindet drei Annahmen miteinander: (1) Es gibt eine transhumane Vollkommenheit, im Christentum Agape (eine geschwisterliche, vornehmlich schenkende Liebe) genannt; (2) es gibt einen transzendenten Gott; (3) das menschliche Leben reicht über »dieses Leben« hinaus.

Taylors Werk ist für eine zeitgemäß sachgerechte Verteidigung der Religion so bedeutsam, dass sie hier näher skizziert sei: Der erste der fünf Teile, »Reformwerk« überschrieben, beginnt unter dem Titel »Bollwerke des Glaubens« mit drei Merkmalen, die vor fünf Jahrhunderten im Abendland für den Glauben sprachen: (1) die natürliche Welt mit ihren bald Dürrezeiten und Pestepidemien, bald ertragreichen Jahren wurden als Handlungen einer höheren Gewalt angesehen; (2) über Kirchengemeinden, Riten und Zeremonien vermittelt hing die bloße Existenz der Gesellschaft mit Gott zusammen; (3) die Menschen lebten in einer »verzauberten«, weil noch nicht durch Wissenschaft und andere Rationalität entzauberten Welt.

Mit dieser Mehrzahl von Faktoren will Taylor einer verbreiteten »Substraktionsgeschichte« widersprechen, die alles auf die wissenschaftlich-technische Entzauberung der Welt zurückführt, also nur das dritte Merkmal anerkennt. In Wahrheit haben laut Taylor um das Jahr 1500 Gott und Religion ihren festen Platz in allen drei Welten: im natur-»wissenschaftlichen« Kosmos, im gesellschaftlichen und politischen Gefüge und im Alltag der Menschen. Folgerichtig hält er es für nötig, außer dem Siegeszug von Naturwissenschaften, Medizin und Technik sowie der sie beflügelnden materialistischen Philosophie auch weitere Faktoren zu untersuchen, namentlich Sozial-, Rechts- und Staatstheorien sowie die Künste, nicht zuletzt, dann unter Rückgriff auf Historiker,

Soziologen und Philosophen sowie zahllose europäische Schriftsteller, die Mentalitätsveränderungen, die seit der Zeit um 1500 stattgefunden haben.

Selbst beim Stichwort der Entzauberung widerspricht Taylor eingeschliffenen Deutungen, dieses Mal der Annahme, die neuzeitliche Wende zum Subjekt sei eine bloße Gewinn-, nicht ebenso eine Verlustgeschichte. Dazu gehört nämlich auch das Aufgeben von zwei Grundannahmen: Die zuvor in einem vielgestaltigen Kontext fließende Zeit weicht einer homogenen und leeren Zeit. Und die frühere Vorstellung vom Kosmos als eines sinnvoll geordneten Ganzen wird durch den modernen Begriff eines sinnneutralen, ausnahmslos von Naturgesetzen bestimmten Universums abgelöst.

Dazu drängen sich freilich zwei Gegenbeobachtungen auf. Zum einen bleibt, wie noch zu betonen ist, die Woche durch den Sonntag bzw. Sabbat und der Jahresverlauf zusätzlich zu den natürlichen Jahreszeiten auch von kirchlichen Hochfesten wie Weihnachten oder Ostern, im Judentum etwa Passah- und Laubhüttenfest, im Islam vom Ramadan geprägt. Zum anderen gibt es trotz Taylors Ablehnung einer Hierarchie des Seienden doch die seit Aristoteles als *scala naturae* bekannte Gliederung: dass das Lebendige gegenüber dem Unlebendigen, dass empfindungsfähige gegenüber empfindungslosen, dass schließlich sprach- und zurechnungsfähige gegenüber sprachunfähigen Wesen zumindest in der jeweils genannten Hinsicht überlegen sind.

Ein drittes, allerdings kleineres Bedenken kommt hinzu: Zu den Gründen der von Taylor »Reform« genannten Veränderungen gehöre eine tiefe Verdrossenheit über die Hierarchie der zu Verzichten berufenen Priester gegenüber den Laien. Die kreative Gegenbewegung beginnt aber schon deutlich vor 1500: im Zeitalter der Renaissance und des Humanismus. Sie bringt etwa mit Dante und Marsilius von Padua jene selbstbewussten Laienphilosophen hervor, die ab Ende des 13. Jahrhunderts in ihren Schriften und ihrem Leben ein neues Selbstbewusstsein praktizieren.

Teil zwei, »Der Wendepunkt«, ist von dem französischen Historiker, Philosophen und Soziologen Marcel Gauchet, von dessen Gedanken der *sortie de la religion*, des Ausstiegs aus der Religion, inspiriert: Taylor zeigt, wie der ausgrenzende Humanismus zunächst für große Teile der Eliten, später für alle Schichten zu einer tragfähigen Option wird. Seitdem gilt als maßgeblicher Träger ein neuartiges Subjekt, der »desengagierte, disziplinierte Akteur, der das Selbst umzugestalten vermag und in seinem Inneren die imponierende Kraft zur Selbstbeherrschung entdeckt und somit freigesetzt hat«. Freilich drängt sich auch hier ein Einwand auf: Die Besonnenheit (*sôphrosynê*), die die Selbstbeherrschung einschließt, ist doch seit der Antike als eine der vier Kardinaltugenden bekannt. In Überlegungen dieses Essays zum Verzicht wird sie eine Rolle spielen.

Teil drei, »Der Nova-Effekt«, erörtert unter anderem nationalistische und faschistische Reaktionen gegen die Moderne, die zu einer Vermehrung sowohl der religiösen als auch der areligiösen Positionen führten. Am Ende dieses Teils heißt es – ein wenig optimistisch? – lapidar: »Das moderne Ideal hat triumphiert. Wir alle sind Verfechter der Menschenrechte.«

In Teil vier, »Erzählungen von der Säkularisierung«, untersucht Taylor die enorm komplizierten Abläufe des 19. und 20. Jahrhunderts, dies vor allem anhand von Großbritannien und Frankreich, manchmal den USA, nur gelegentlich auch weiterer Länder. Taylor erkennt die Standardthese an, dass Faktoren wie Urbanisierung, Industrialisierung, Migration und Zerfall traditioneller Gemeinschaften sich auf die zuvor herrschenden Formen der Religion negativ ausgewirkt haben. Aus seiner Perspektive als gläubiger Mensch nimmt er aber nicht bloß einen Niedergang wahr, sondern auch »eine neue Platzierung des Heiligen oder Spirituellen im Verhältnis zum individuellen und sozialen Leben«. Dazu gehöre, dass viele junge Menschen ein unmittelbares Erlebnis des Heiligen, dabei mehr Direktheit, Spontaneität und spirituelle Tiefe, suchten. Weil mitlaufend die Autoritätsansprüche von Kirchen häufig abgelehnt werden, bleibt die Antwort auf die Frage, wie es in Zukunft mit der Religion aussehe, laut Taylor unklar.

Unter den »Bedingungen des Glaubens«, dem Thema von Teil fünf, skizziert der Autor den christlichen Gedanken der Agape und stellt einige einflussreiche Konvertiten vor, etwa Schriftsteller wie den französischen Charles Péguy, der seinen anfänglichen Sozialismus aufgibt und zum gläubigen Katholiken wird. Des Weiteren kritisiert er den in der modernen Ethik vorherrschenden Fetischismus der Regeln und Normen, übersieht aber, dass beispielsweise Kant nicht ein »Regelwerk« aufstellt, sondern ein Kriterium für Handlungsgrundsätze, für Maximen, entwickelt. Bei ihnen geht es um Lebenshaltungen, die als solche weit offener als alle Regeln sind, mithin Taylors Intention entgegenkommen.

Hans Joas

Nicht anders als Taylor lässt sich auch der Soziologe Hans Joas von der Erfahrung nicht beirren, dass in der heutigen, weithin säkularisierten Gesellschaft die Verteidiger der Religion schwerer Gehör finden als Anwälte der Religionslosigkeit und des Atheismus. Seit Jahren trägt Joas immer wieder neu Argumente zugunsten der Religion vor und wendet sich zugleich gegen dominierende Entstehungsgeschichten wichtiger Begriffe der Moderne: Auf die Studie »Die Sakralität der Person – Eine neue Genealogie der Menschenrechte« ließ er »Die Macht des Heiligen – Eine Alternative zur Geschichte von der Entzauberung« folgen. Das neueste, ähnlich umfangreiche und hochgelehrte Werk trägt den Titel »Im Bannkreis der Freiheit – Religionstheorie nach Hegel und Nietzsche«.

Wie schon Charles Taylor, so ist auch Joas kein Theologe, sodass sich die Frage aufdrängt, ob die eigentlich zuständigen Fachwissenschaften, im katholischen Raum die Fundamentaltheologie, im Protestantismus die systematische Theologie, so weit an Selbstbewusstsein verloren haben, dass sie sich zwar fachintern noch zu Wort melden, es ihnen aber an medienwirksamer Sprachgewalt fehlt. Dieses Defizit, ein Mangel an größerer Wahrnehmung, der erhebliche Öffentlichkeitsverlust, scheint die akademische Theologie nicht einmal zu irritieren.

Joas' neues Opus beginnt mit einem Zitat des französischen Soziologen und Freiheitstheoretikers Alexis de Tocqueville. Es fasst, im Folgenden gestrafft, Joas' Programm in aphoristischer Prägnanz zusammen:

»Dass der Mensch, ist er frei, gläubig sein muss.« Dem Autor kommt es freilich nicht auf irgendein Gläubigsein an, er widerspricht nämlich der angeblich vorherrschenden intellektualistischen Verkürzung und eurozentrischen Verengung des Religionsverständnisses. Dafür seien nun die beiden im Untertitel genannten Denker, Hegel und Nietzsche, hauptverantwortlich. Wie schon in früheren Werken geht es Joas wieder um nichts weniger als eine neuartige Entstehungsgeschichte, um eine konkurrierende Genealogie.

Diese besteht im Wesentlichen aus vier Teilen: »Ein neues Verständnis von Religion am Anfang des zwanzigsten Jahrhunderts«, »Säkularisierung und moderne Freiheitsgeschichte«, »Die Suche nach einer anderen Freiheit« und »Das Projekt einer historischen Religionssoziologie«. Jeder Teil beginnt mit einer umfangreichen Einführung, worauf eine Interpretation von drei bis fünf bedeutsamen Religionstheoretikern des ausgehenden 19. und vor allem des 20. Jahrhunderts folgt.

Wie von Joas nicht anders zu erwarten, geschieht es höchst kenntnisreich, für das systematische Leitthema beinahe übergelehrt. Denn die 16 Religionstheoretiker werden nicht nur aus den einschlägigen Texten, sondern auch aus dem Reflex anderer Autoren vorgestellt. Das Panorama reicht von Ernst Troeltsch, Rudolf Otto und Max Scheler über John Dewey, Reinhart Koselleck und Charles Taylor über Ernst Cassirer, Paul Tillich und Reinhold Niebuhr bis zu den hierzulande weniger bekannten Robert Bellah und José Casanova. Diese Auswahl ist durchaus überzeugend, auch wenn man gern über andere Autoren, beispielsweise über William James, Émil Durkheim, Henri Bergson und Karl Rahner, mehr erfahren hätte.

Trotz der immer wieder erhobenen Forderung nach interdisziplinärer Arbeit herrschen heute immer noch die Studien vor, die sich auf eine einzige Disziplin, überdies häufig auf einen schmalen Gesichtspunkt konzentrieren. Alle von Joas ausgewählten Autoren hingegen argumentieren interdisziplinär, bewegen sich nämlich im Überlappungsbereich von Soziologie, Theologie, Philosophie und Geschichte. Vermutlich genau deshalb gelingen ihnen so weitreichende, häufig sogar bahnbrechende Werke.

Achtet man nur auf die vier genannten Teile, immerhin fast 90 Prozent, so erscheint das Buch als eine intelligente, in sachlicher Hinsicht schön gegliederte Aufsatzsammlung. Durch eine Einleitung und einen »Schluss« soll es aber, so der Autor, ein »Mittelding zwischen Monographie und Aufsatzsammlung« sein, gewissermaßen »ein Zyklus von Novellen«, die »ein ganzheitliches Bild entstehen lassen«.

Ein derartiges Ziel ist ohne Frage hochwillkommen. Das tatsächlich praktizierte Programm wird ihm jedoch nur begrenzt gerecht. Von den nahe liegenden Bedenken sei hier eines herausgegriffen. Es richtet sich gegen Joas' Hegel-Schelte. Dem übermächtigen Philosophen, erklärt der Autor, sei zwar eine grandiose Synthese von Christentum und politischer Freiheit gelungen, der zufolge aber, so die seitdem angeblich dominante »Meistererzählung«, die Geistesgeschichte einem Endziel entgegenstrebe, Hegels eigener Position: dem deutschen Neuprotestantismus des 19. Jahrhunderts. Diese »Meistergeschichte« sei jedoch von einigen seiner Schüler, vor allem von Marx, wirkungsvoll verweltlicht worden. Sie hätten das Endziel nämlich in einer Säkularität von hoher emanzipatorischer Bedeutung gesehen. Dadurch sei die weitere Geistesgeschichte in eine Sackgasse geführt worden, aus der nur der eigene, Joas' Blick auf die von ihm hervorgehobenen Autoren herausführe.

Selbst einen Philosophen, der wie der Verfasser dieses Essays mehr Kantianer als ein Hegelianer ist, überzeugt die Hegel-Kritik nicht. Von Nietzsche, dem zweiten der im Untertitel genannten Denker, auch vom Linkshegelianer Marx aus gesehen mag die seitherige Geistesgeschichte das beanstandete Endziel angestrebt haben. Schon die vielen Autoren, die Joas vorstellt, und Charles Taylor, der selbst ein bedeutender Hegel-Interpret ist, dementieren die behauptete Dominanz einer einzigen Meistererzählung.

Außerdem muss man Hegels Weltgeschichte nicht so eng wie Joas lesen. Es bleibt doch legitim, mit Hegel die Vernunft in der Weltgeschichte aufzusuchen und dann die politische Globalgeschichte nicht naiv als einen linearen, aber doch – jetzt eher mit Kant – als einen zu erhoffenden Fortschritt der Freiheit zu verstehen. Dieser dürfte, wie auch Taylor anerkennt, im Gedanken der Menschenrechte gipfeln, der jedem Menschen, bloß weil er Mensch ist, elementare Grundfreiheiten einräumt.

Joas wirft Hegel Eurozentrik vor. Dieser Vorwurf ist weder ganz falsch noch rundum richtig. Denn nach Hegels »Grundlinien der Philosophie des Rechts«, ihrem Paragrafen 209, ist der folgende Gedanke »unendlich wichtig«: »Der Mensch gilt so, weil er Mensch ist, nicht weil er Jude, Katholik, Protestant, Italiener usf. ist.« Ohne Zweifel würde man heute lieber sagen: »Nicht weil er Gläubiger oder Atheist, Europäer, Brasilianer, Chinese usf. ist.« An Hegels Grunddiagnose: »Der Mensch gilt so, weil er Mensch ist, nicht weil er …« ändert diese Ergänzung jedoch wenig.

Zudem empfiehlt sich, da Joas seine Schrift als Studie zur politischen Freiheit versteht, die Freiheit anzuerkennen, die der moderne Staat sich zum Prinzip gemacht hat. Mit der dafür notwendigen religiösen und weltanschaulichen Neutralität gibt die zeitgenössische Demokratie der monierten Meistererzählung nicht vollständig, aber doch in der rechts- und staatstheoretisch entscheidenden Hinsicht recht. Daher darf man Joas' gelehrte Studie als willkommenen Kontrapunkt zu einer allzu häufig pauschal behaupteten Entmachtung der Religion lesen. Die Frage hingegen, die nicht bloß dieser Essay, sondern auch Joas mit seiner Studie zur politischen Freiheit zu erörtern hat, nämlich wie sich Religion und freiheitlicher Staat am besten zueinander verhalten, wird weder sozial- noch religionstheoretisch zufriedenstellend beantwortet.

Zeitgenössische Probleme

Zu Beginn dieser zweiten Überlegungsreihe sei eine Leitdiagnose dieses Essays wiederholt: Die modernen Gesellschaften des Westens sind nicht vollständig, aber weithin säkularisiert, trotzdem spielen Religionen – innerhalb einer Kirche oder außerhalb – immer noch oder erneut eine erhebliche Rolle. Die rechtsstaatlichen Demokratien verstehen sich zwar als religiös und weltanschaulich neutral. Gleichwohl legen viele Verfassungen auf Stichworte, die die Religionen betreffen, Wert: von Religionsfreiheit über Religionsausübung bis zu Religionsgemeinschaften, gelegentlich sogar auf den Religionsunterricht an öffentlichen Schulen.

Unser zweiter Teil erörtert nun zeitgenössische Probleme, einem Essay gemäß aber exemplarisch: das Verhältnis von Staat und Religion mit den gegenseitigen Zumutungen und den im gewöhnlichen Leben immer noch, sogar in Vielfalt gegenwärtigen »Wert« von Religionen sowie ein Thema, das entgegen dem ersten Anschein nicht bloß religiöser, sondern auch säkularer Natur ist: den Verzicht. Weiterhin nehmen säkulare Zeitgenossen, die sich ihren Blick auf die gesellschaftliche Wirklichkeit nicht verengen lassen, eine facettenreiche soziale und politische Präsenz von Religion wahr. Anderseits darf auch derjenige, der zur Religion eine positive Einstellung hat, die Gefahren nicht verleugnen, die von der Geschichte bis zur Gegenwart seitens der Religion drohen.

Eine Schlussüberlegung versucht schließlich, zur unausgesprochenen Grundfrage dieses Essays eine Bilanz zu ziehen: Besteht zwischen

Demokratie und Religion ein Dilemma oder lassen sich unvermeidbare Streitpunkte in friedlicher Vernunft lösen?

Staat und Religion
Toleranz

Offenkundig war der Weg lang und beschwerlich, mittlerweile ist er aber durchschritten: Teils schon seit Jahrhunderten, teils erst seit Kurzem herrscht in den westlichen Gemeinwesen eine dreifache Fähigkeit, Unterschiede und daraus resultierende Konflikte auszuhalten, eine dreidimensionale Toleranz:

Die politische Toleranz, die Toleranz als Rechts- und Staatsprinzip, erhebt die Religionsfreiheit in den Rang eines Menschen- und Grundrechts. Nach der sozialen Toleranz, der Toleranz als Lebensprinzip einer Gesellschaft, darf man sich in beliebigen Lebensformen entfalten, dabei unterschiedlicher Religionsgemeinschaften oder keiner angehören. Aus personaler Toleranz schließlich, aus der Toleranz als Bürgertugend, tritt man den Menschen anderer Religionen, Konfessionen oder Weltanschauung mit Achtung entgegen.

Bevor wir näher darauf eingehen, lohnt es sich, daran zu erinnern, dass ursprünglich die Toleranz eine andere Bedeutung hatte. Sie bezeichnete jene Art von passiver Tapferkeit, die im Ideal des stoischen Weisen zur Vollkommenheit gelangt: das klaglose, sogar heitere Ertragen von Übeln wie Schmerzen, Folter oder Schicksalsschlägen. Erst später beinhaltet die Toleranz nicht mehr das geduldige Ertragen eigener Widerfahrnisse, sondern die Duldung fremder Religionen oder Bekenntnisse. Dieser Bedeutungswandel ist radikal: Aus einer Haltung der Lebensklugheit gegen sich wird eine moralische Haltung gegen andere.

In ihrer Vorstufe begnügt sich die neue, nicht mehr personal-, sondern sozialethische Tugend mit einer Duldung des anderen, die sich aber nicht selten mit dessen Verachtung paart. Die normative Steigerung einer Duldung des Fremden, die einzig wahre, die aktive und authentische Toleranz, lässt die Andersdenkenden und Anderslebenden nicht mehr unwillig gelten.

Sie ist allerdings auch kein Feigenblatt, hinter dem sich eine moralische Indifferenz verbirgt. Wer generell oder in den fraglichen Bereichen für sich selbst keine Überzeugungen hat oder Werte anerkennt, kann sich keiner Toleranz rühmen. Diese gründet vielmehr im Bewusstsein von eigenen Überzeugungen und Werten und dem Bewusstsein des all dem zugrunde liegenden Eigenwertes, also in Selbstschätzung, sogar Selbstachtung. Ob Individuen wie in der personalen Toleranz, ob Gesellschaften wie in der sozialen Toleranz oder Staatswesen wie in der politischen Toleranz – wer tolerant ist, ist nicht etwa überzeugungs- und wertindifferent. Er sieht aber in den davon abweichenden Personen und Institutionen keine Gegner oder gar Feinde, sucht vielmehr selbst bei tief reichenden Unterschieden ein Miteinander auf der Grundlage von Ebenbürtigkeit und Verständigung.

Nach Maßgabe dieses Begriffs kann man unter den Kulturen und Religionen eine Stufen- und Rangfolge von Toleranz aufstellen. Es versteht sich, dass dabei weder die Kulturen nach ihrer kulturellen noch die Religionen nach ihrer religiösen Qualität eingeschätzt werden. Die Rangfolge bemisst sich lediglich an der aus Toleranz gespeisten Bereitschaft zur interkulturellen und interreligiösen Koexistenz. Sie beginnt mit zwei Stufen, die atypisch sind und vermutlich deshalb in den interkulturellen und interreligiösen Debatten selten beachtet werden:

(1) Auf der in sachlicher Hinsicht ersten, in gedanklicher Hinsicht durchaus extremen Stufe stehen einige nach außen nicht etwa gewaltbereite, aber von außen hochgefährdete Kulturen. Sie sperren sich nicht etwa einer interkulturellen Koexistenz, vielmehr ist diese keine für sie ihr Überleben ermöglichende, insofern vernünftige Option. Die einschlägigen Kulturen wie die der Regenwaldbewohner und andere Ureinwohner sind nämlich den Einflüssen, auch Einflüsterungen der heute vorherrschenden Zivilisationsform derart extensiv und intensiv ausgesetzt, dass die für ein tolerantes Miteinander unverzichtbare Grundlage der Ebenbürtigkeit und Verständigung selbst in deren Schrumpfform, einer minimalen, nicht bloß physischen, sondern auch kulturellen Selbstbehauptung so gut wie ausgeschlossen ist. Die entsprechenden Kulturen sind folglich zur interkulturellen Koexistenz nur

zum Preis der kulturellen Selbstaufgabe fähig. Wer diese Kulturen nicht (beinahe) vollständig sich selbst überlässt, gibt sie dem Untergang preis. Er begeht, man muss es so scharf formulieren, einen kulturellen Völkermord, also Genozid.

(2) Andere, erneut gewaltfreie Kulturen, etwa die Mennoniten oder die Amish People, bilden innerhalb einer modernen Gesellschaft eine selbst gewählte Enklave, die sich nach außen defensiv verhält. Mit sich zufrieden, vermögen sie, vorausgesetzt, man lässt sie in Ruhe, sich nach innen einzukapseln und nach außen abzuschotten. Auch auf dieser Stufe kann von einer interkulturellen Koexistenz in Toleranz keine Rede sein. Die Gruppen sind aber nur in der Form intolerant, dass sie im Inneren innerhalb ihrer Gemeinschaft oder Gesellschaft eine andersartige Kultur ablehnen, vielleicht sogar verachten. Die Ablehnung praktizieren sie aber nicht im Außenverhältnis. Sie attackieren keine andersartige Kultur, begehen insofern gegen Außenstehende kein Unrecht.

(3) Eine gewisse Sondergestalt zur zweiten Stufe bilden Kulturen, die eine Ressentiment-Aggression pflegen, indem sie zwar ihre Eigenarten anderen nicht aufzwingen. Sie sperren sich aber gewaltsam ab und reagieren nicht selten auf die anderen und das andere mit einer Abneigung, die sich zu Verachtung, sogar Hass steigern kann. Dann herrscht im Inneren ein Zwang, der jedes Abweichen verbietet, zugleich Gefahr läuft, in Gewalt nach außen umzuschlagen.

(4) Reziproke Kulturen leben mit anderen Kulturen in einem wechselseitigen Nehmen und Geben, das sowohl wirtschaftliche als auch gesellschaftliche, technische und medizinische, nicht zuletzt im engeren Sinn kulturelle Bereiche wie die Literatur, Musik und Kunst umfassen kann.

(5) Expansive Kulturen, die jedoch friedlich bleiben, geben an andere Kulturen weit mehr ab, als sie von ihnen übernehmen, vielleicht auch zu übernehmen bereit sind. Bei einer Missionierung, die sie praktizieren und die nicht bloß eine Religion oder Weltanschauung betreffen muss, sondern sich auch in der Kultur und Lebensart zeigen kann, üben sie aber keinerlei Zwang aus. Gemäß der Maxime »Kommet und sehet« stützen sie sich auf eine ausschließlich friedliche Suggestion.

(6) Schließlich bilden das andere, nicht mehr gewaltfreie, sondern wahrhaft gewalttätige Extrem jene aggressiv-expansiven Kulturen, die zwar dort, wo es ihnen als tunlich erscheint, mit einem bloß subtilen Zwang auftreten. Dort, wo sie es für nötig, oft auch nur hilfreich halten, scheuen sie jedoch vor offensichtlichem Zwang nicht zurück. Entscheidend ist für sie, anderen ihre eigenen Elemente und Eigenheiten aufzwingen, nicht bloß wie früher die eigene Religion, sondern beispielsweise auch die Sprache, das Recht und die Sitten sowie die Wirtschafts- und Sozialform. Im Extremfall – man denke an die Bildung von Großreichen – zwingen sie den anderen sogar die Herrschaft auf. Hier haben Kolonialismus und Imperialismus und am Ende das Streben nach Weltherrschaft ihren systematischen Ort. Das Verlangen nach globaler Macht und Übermacht muss freilich nicht mit Waffengewalt agieren. Wie angedeutet können auch Wirtschaftsformen, Rechtsformen, Sprachen und weitere kulturelle Dinge beim Machtstreben eine Rolle spielen.

Rechtfertigungen

Seit die Toleranz das Erdulden von Andersartigkeit meint, hängt sie mit dem Faktum des Pluralismus zusammen. Gehören alle Menschen derselben Religion an, so braucht es keine religiöse, pflegen alle denselben Lebensstil, so braucht es keine soziale Toleranz. Ebenso wenig ist sie dort gefragt, wo Beliebigkeit vorherrscht: Gelten alle Ansichten und Überzeugungen, alle Haltungen und Lebensformen als gleicherweise gültig, so verliert die Toleranz ihren Anwendungsbereich; sie wird arbeitslos. Tolerant ist, wer im Gegensatz zur Gleichgültigkeit eigene Ansichten und Lebensweisen pflegt, die der anderen durchaus als Zumutung erfährt, diese aber im Gegensatz zur Intoleranz aushält. Tolerant ist, wer die anderen in ihrem Anderssein erträgt. Für diese Toleranz sind sowohl aus der Theorie als auch der Praxis unterschiedliche Rechtfertigungen bekannt.

Eine erste, individualpragmatische Rechtfertigung, die Legitimation dieser Toleranz vom eigenen Vorteil her, fällt leicht: Wer Vielfalt zulässt, vermeidet unnötige Reibungen, kann also mit anderen im Sinne des nachhaltigen Interesses besser zusammenleben. Hier dient die Toleranz dem vom Eigenwohl her aufgeklärten Selbstinteresse.

Eine zweite, sozialpragmatische oder utilitaristische, vom kollektiv verstandenen Gemeinwohl her erfolgende Rechtfertigung beruft sich klugerweise auf die große Palette von mehr oder weniger sinnvollen Lebensentwürfen, die es im Laufe der Geschichte und der Gegenwart gibt. Eine Kultur, die nun einen großen Reichtum an menschlicher Selbstverwirklichung zulässt, dient dem Wohlergehen ihrer Mitglieder. Sie steigert, worauf es der utilitaristischen Ethik ankommt, das Wohlergehen der Betroffenen, im Idealfall maximiert sie es sogar.

Die normativ anspruchsvollste, moralische Rechtfertigung baut darauf auf. Sie erkennt nämlich das empirische Faktum an, die tatsächlich gegebene Vielfalt der Ziele und Mittel, auf denen die Menschen ihr Lebensglück und ihre Selbstverwirklichung suchen. Auf diese erfahrbare Wirklichkeit wendet sie nun den hier zuständigen normativen Gedanken, die Idee der Gerechtigkeit, an. Ihr zufolge hat jeder Mensch das Recht, sein Lebensglück in eigener Verantwortung zu suchen, vorausgesetzt, dass er dabei nicht in dasselbe Recht anderer eingreift.

Nach einer weitverbreiteten, vermutlich sogar herrschenden Ansicht gilt die Toleranz als eine Erfindung der Neuzeit. Tatsächlich wird ein in systematischer Hinsicht wichtiger Gedanke schon eineinhalb Jahrtausende vorher vertreten. Im Gegensatz zu der im Alten Orient praktizierten engen Verquickung von Religion, Gesellschaft und Staat wird in der den Christen heiligen Schrift, dem Neuen Testament, an verschiedenen Stellen, etwa bei Matthäus (22,21), bei Lukas (20,25) und bei Markus (12,17) die Forderung erhoben:»Gebt dem Kaiser, was des Kaisers, und Gott, was Gottes ist.« Diese Forderung ist staatsphilosophisch und toleranztheoretisch von erheblicher Tragweite. Sie verlangt nämlich eine Entquickung, also im Gegensatz zur damals vorherrschenden Verflechtung eine Entflechtung von Staat und Religion.

Das von diesem Trennungsprinzip inspirierte Toleranzedikt von Mailand macht schon im Jahr 313 den entscheidenden Gedanken für die gesamte Welt um das Mittelmeer herum rechtsverbindlich: Allen Menschen, folglich auch den zuvor häufig verfolgten Christen, steht es frei zu glauben, was sie wollen. Folgerichtig werden für Religionsdelikte alle Formen weltlicher Strafen verboten. Ein Jahrhundert später aber jagt das rasche Aufkommen von Spaltungen und Abweichungen, Häresien, innerhalb der Christenheit dem Kirchenlehrer Augustinus einen derartigen Schrecken ein, dass er in gesellschaftstheoretischer Hinsicht in altorientalische Verhältnisse zurückfällt. Denn er bindet das politische Gemeinwesen wieder eng an eine Religion, hier nicht etwa nur an das Christentum, sondern darüber hinaus an eine bestimmte Gestalt von ihm. Seitdem lässt man in christlichen Ländern nicht selten die Personen und Gruppen, die vom herrschenden Verständnis des Christentums abfallen oder zu einem fremden Kult übertreten, wie Schwerverbrecher bestrafen.

Um der Toleranz erneut zum Sieg zu verhelfen, müssen Kirchenführer und christliche Theologen Einsichten wiedergewinnen, die in ihrer eigenen Religion enthalten sind. Dazu gehört der pragmatische Gedanke, dass man »verirrte Seelen« in der Regel eher in Milde als mit Gewalt zurückgewinnt. In theologischer Hinsicht weit wichtiger ist die Erinnerung an den Geist des Neuen Testamentes, der sich nämlich durch Liebe und Geduld, nicht in Unduldsamkeit und Zwang auszeichnet. Dazu zählt vor allem die Einsicht, dass der Glaube in einem Akt der Freiheit besteht, weshalb vom Standpunkt des Glaubens ein Zwang keinerlei Nutzen erbringt. Denn er führt nicht zum wirklichen, aus der eigenen Gewissensüberzeugung entspringenden Glauben, sondern bestenfalls zu einem vorgetäuschten, geheuchelten Glauben.

Schließlich kann es zwar ein irrendes Gewissen geben. Die persönlichen, insofern subjektiven Gewissensüberzeugungen müssen nicht aller objektiven Kritik enthoben sein. Dann verdient zwar nicht der Irrtum Achtung, wohl aber der Mensch als freie, verantwortliche Person. Die hier zuständige Toleranz zieht einen scharfen Schnitt zwischen der Person und ihren Überzeugungen.

Zum interkulturellen und interreligiösen Diskurs gehört ein Blick über unseren, immer noch mehrheitlich jüdisch-christlichen Kulturraum. Wer sich deshalb im Islam kundig macht, findet im Koran die Sure 2:256, die da lautet: »Es ist kein Zwang in der Religion.« Ein Leitgedanke des Korans ist die Toleranz zwar kaum. An manchen Stellen wird aber zur Toleranz aufgefordert, am deutlichsten in den Versen 44 bis 50 der Sure 5, die sich mit Nachdruck für einen »Wetteifer nach den guten Dingen« aussprechen.

Dass sich im Westen am Ende die Religionsfreiheit weithin durchsetzt, verdankt sich leider kaum den skizzierten theologischen Einsichten, sondern in der Regel erst der blutigen Erfahrung religiöser Kriege und Bürgerkriege. Weder die geistigen Wortführer noch Politiker müssen bestreiten, dass bei den zwischen den christlichen Konfessionen strittigen Fragen das Seelenheil und das Leben im Jenseits auf dem Spiel stehen können. Bei einer umsichtigen Betrachtung erscheinen aber der Blutzoll, der bei gewaltsam ausgetragenen Konflikten gezahlt wird, und die damit einhergehenden materiellen und kulturellen Zerstörungen mehr und mehr als ein Preis, der für das irdische, in der Gegenwart zu führende Leben zu hoch ist.

Wirtschaftliche, wissenschaftliche und kulturelle Erwägungen kommen hinzu. Denn Intoleranz gefährdet die freie Entfaltung von Handel und Gewerbe, auch von Wissenschaft und Kunst. Tolerante Staaten hingegen, damals etwa Brandenburg-Preußen und die Niederlande, blühen wirtschaftlich und kulturell auf. Einmal mehr spricht zugunsten von Toleranz das aufgeklärte, jetzt das nicht bloß personale, sondern auch gesellschaftliche und politische Selbstinteresse.

In normativer Hinsicht grundlegender ist freilich eine Rechtfertigung aus dem Argument der unantastbaren Menschenwürde. Das Judentum und Christentum können sich hier auf die eigene Tradition, nämlich den in der Schöpfungsgeschichte, der Genesis, vertretenen Gedanken der Gottesebenbildlichkeit des Menschen berufen.

Allerdings darf man dies nicht vergessen: Ob man die Toleranz säkular, mit der Menschenwürde, oder religiös, mit der Gottesebenbildlichkeit begründet – sie endet dort, wo die Freiheit und Würde anderer verletzt werden. Weil aus einem interkulturell anerkannten Moralprinzip, der Goldenen Regel (»Was du nicht willst, das man dir tu, das füg auch keinem anderen zu«), ein ähnliches Ergebnis folgt, kommt es zu einer Situation, die nur oberflächlich als paradox erscheint: Multikulturell gültige Argumente legen gegen eine schrankenlose, auch Intoleranz anerkennende Multikulturalität Einspruch und Widerspruch ein. Die Tragweite dieses Einspruchs und Widerspruchs liegt auf der Hand: Ein Gemeinwesen verdient nur in dem Maß Zustimmung, wie es über eine bloße Rechtssicherheit hinaus die Menschenrechte achtet.

Hier pflegt zwar der Einwand aufzutauchen, der Gedanke der Menschenrechte sei derart stark von jüdisch-christlichen, griechischen, römischen und germanischen, also westlichen Elementen geprägt, dass er anderen Kulturen fremd bleiben, von ihnen sogar als Kulturimperialismus wahrgenommen werden müsse. Richtig ist, dass die Toleranz zwar – mit der Quellensammlung von Schmidinger – als eine »europäische Idee« eingeschätzt werden darf. Das schließt aber die Möglichkeit nicht aus, auch außerhalb von Europa und dem Westen, beispielsweise im Konfuzianismus, Elemente von menschenrechtlichem Rang zu finden. Nach dem zweitwichtigsten Klassiker, Mong Dsi bzw. Mengzi oder Menzius, besitzt »jeder einzelne Mensch« eine ihm angeborene »Würde in sich selbst«. Diese kann durch die jeweiligen Machthaber weder gewährt noch genommen, sondern lediglich gewährleistet oder im Gegenteil verletzt werden.

Gegenseitige Zumutungen

Eine wahrhaft politische Philosophie versteht sich nicht als ein Elfenbeinturm-Denken, sondern lässt sich, auch wenn sie heikel sind, auf rechtspolitische Überlegungen ein.

Eine erste Überlegung betrifft das Verhältnis von Religion und politischem Gemeinwesen, in diesem Essay die Beziehung von Religion und Demokratie. Obwohl das für viele Religionen entscheidende Gemeinwesen, das Reich Gottes, nicht von dieser Welt ist, hegt eine Religionsgemeinschaft Erwartungen, sogar Zumutungen an den Staat. Zum Beispiel verlangt sie für sich, was sie aus Gerechtigkeitsgründen dann auch für alle anderen Religionsgemeinschaften einzufordern hat: die Religions-, Glaubens- und Gewissensfreiheit. Weiterhin verpflichtet sie häufig das Gemeinwesen, sowohl im Inneren als auch nach außen, Recht, Gerechtigkeit und Frieden zu pflegen.

In dieser Hinsicht pflegen Religionsgemeinschaften, wenn sie nur ein Minimum an Aufklärung anerkennen, eine besondere Affinität zu liberalen Gemeinwesen, des Näheren zur konstitutionellen Demokratie. Erfreulicherweise trifft dies für das Christentum seit Längerem zu. Für den Islam hingegen – das darf man weder übersehen noch verdrängen – kann man das vor allem in den von ihm beherrschten Staaten nicht behaupten. Nicht nur wird dort häufig nicht muslimischen Religionsgemeinschaften das Leben schwer gemacht. Vielmehr ist es, um ein klares Beispiel für mangelnde Religionsfreiheit herauszugreifen, häufig Frauen nicht nur innerreligiös, sondern sogar strafrechtlich verboten, die Zugehörigkeit zum Islam aufzugeben und zu einer anderen Religion, etwa zum Christentum, überzutreten.

In der letzten Bemerkung klingt schon die Kehrseite an, nämlich das, was das Gemeinwesen von den Religionsgemeinschaften erwartet, ihnen sogar zumutet: Soweit eine Religionsgemeinschaft Machtmittel einsetzt, hat sie diese auf die genuin religiösen, vornehmlich geistlichen und spirituellen Dinge zu beschränken. Auch sollte sie sich von einer Bestimmung frei machen, die angeblich, aber nicht unstrittig im Koran steht: dass ein Muslim eine Christin, aber keine Muslimin einen Christen heiraten darf. Vor allem müsse die Freiheit nicht nur des Eintritts in eine Religionsgemeinschaft, sondern auch die des Austritts aus ihr gewährt und tatsächlich gewährleistet werden. Weiterhin darf in den Religionsgemeinschaften weder Gewaltbereitschaft noch Hass, nicht einmal Intoleranz »gepredigt« werden.

Gering sind die wechselseitigen Erwartungen und Zumutungen also nicht. Entscheidend ist, dass beide Seiten etwas anerkennen und auch leben, das doch unstrittig sein sollte: Statt in andere Bereiche einzugreifen, müssen sie sich auf die ihnen eigentümlichen Bereiche und Aufgaben beschränken. Nach diesem Grundsatz hat der Staat auf religiöse Wahrheitsansprüche und die Religionsgemeinschaft auf jede weltliche Herrschaft zu verzichten. Kein religiöses Gesetz, weder das der Katholiken, der Lutheraner oder Reformierten noch die Scharia des Islams, dürfen sich in weltliche Angelegenheiten einmischen. Sofern Religionsgemeinschaften abweichende Ansichten, Häresien, mit Ausschluss ahnden, darf die Exkommunikation keinerlei weltlich-staatliche Folgen haben. Insbesondere dürfen sie kein weltliches Verbot, vom angestammten Glauben abzufallen, aufstellen und es dann mit weltlichen Strafen oder auch nur mit öffentlichen Nachteilen erzwingen.

Wie in früheren Epochen trotz der erwähnten Entquickung auch das Christentum die Religion zu eng an Gesellschaft und Staat gebunden hat, so zeichnet sich der traditionelle Islam noch heute durch eine Verquickung der Religion mit Staat und Gesellschaft aus. Zwei Faktoren könnten dafür verantwortlich sein. Der erste Faktor besteht in einem christlichen Vorbild, das der welterfahrene Großkaufmann Mohammed kannte. Es war das in der islamischen Frühzeit im Unterschied zum heutigen Istanbul christliche Byzanz, das die Religion von Staat und Gesellschaft nicht deutlich genug trennt. Der zweite Faktor dürfte in der von Mohammed vorgefundenen, noch weithin altorientalischen Gesellschaft bestehen. Bei dessen Polytheismus reichte das politische Gewaltmonopol fast zwangsläufig in die Religion hinein.

Nach beiden Faktoren gründet die Verquickung von Religion und Politik nicht in der religiösen Substanz. Nach dem schlechthin ersten Prinzip »Es gibt keinen Gott außer Allah« kommt es dem Islam auf einen reinen Monotheismus an. Denn der Ausdruck »Allah« bedeutet im Arabischen nichts anderes als »Gott«. Der Satz »Es gibt keinen Allah außer Allah« beläuft sich auf eine mit Emphase vorgetragene Tautologie, kann daher nicht nur von Muslimen, sondern auch von Juden und Christen vertreten werden: »Es gibt keinen Gott außer Gott.« Aus diesem Grund kann ein aus der Türkei stammender Theologe, der nicht dogmatische muslimische Hüseyin Atay, behaupten, auch der Buddhist im Himalaya glaube an den (mit Allah bezeichneten) Einen, der das Weltall lenkt.

Es ist kaum wirklichkeitsfremd, daher nicht unfair zu erklären, diese Ansicht habe sich noch nicht bei allen in Europa lebenden Muslimen durchgesetzt. Einige von ihnen, vermutlich, zumindest hoffentlich nicht die Mehrheit, machen da und dort etwa im Berufsleben Schwierigkeiten. Diese haben ein Imageproblem zur Folge, dessentwegen beispielsweise Personen mit türkischem Namen mitunter auf dem Arbeitsmarkt, auch bei manchen Behörden benachteiligt werden.

Gemeinsamkeit mit Unterschieden

Wie erwähnt zeichnen sich heute die meisten Staaten des Westens durch einen facettenreichen Pluralismus aus, durch eine Vielfalt von religiösen und nicht religiösen Bekenntnissen, Weltanschauungen und Lebensformen, von gesellschaftlichen Gruppen und politikbestimmenden Kräften. Diese Vielfalt wird mittlerweile »im Prinzip« anerkannt, gesellschaftlich zwar mancherorts noch widerstrebend, in der Regel ist sie jedoch in der Rechtsordnung verankert. Die Einschränkung »im Prinzip« weist freilich auf immer noch bestehende Restbestände von Intoleranz oder auf deren Wiederaufleben hin.

Die westlichen Demokratien oder, sofern noch Königshäuser eine politische Rolle spielen, Quasidemokratien sind jedenfalls ihrer geschriebenen oder ungeschriebenen Verfassung, ihrer Rechtsordnung nach religiös und weltanschaulich neutral, folglich in dieser politischen Hinsicht tolerant. Um Formulierungen des deutschen Grundgesetzes, hier Artikel 4, anzuführen: »(1) Die Freiheit des Glaubens, des Gewissens und die Freiheit des religiösen und weltanschaulichen Bekenntnisses sind unverletzlich. (2) Die ungestörte Religionsausübung wird gewährleistet.«

Beim Rechtsstatus der Religionsgemeinschaften allerdings unterscheiden sich die westlichen Länder erheblich. Frankreich beispielsweise drängt unter dem Titel *laïcité* (Laizismus) die Stellung der Religionsgemeinschaften und ihren Einfluss im öffentlichen Leben auf ein Minimum zurück. Die Rechtsgrundlage bildet das nach heftigen innenpolitischen Kämpfen im Jahr 1905 in Kraft getretene Gesetz zur Trennung von Kirchen und Staat: »Loi sur la séparation des Églises et de l'État«.

Der französische Laizismus variiert die drei Prinzipien der Französischen Revolution, *Liberté, Égalite et Fraternité,* jetzt zum Verfassungsprinzip *Liberté, Égalité et Laïcité*. Ihm zufolge ist die Religion ausschließlich eine Privatangelegenheit, hat daher keine öffentliche, ohnehin keine staatliche Funktion. Die vor dem Jahr 1905 errichteten Kirchen und Synagogen sind noch immer in staatlichem Besitz, dürfen freilich in den »dem Kult dienenden Teil« den Religionsgemeinschaften zur Nutzung überlassen werden. Diese werden als Organisatoren anerkannt, erhalten steuerliche Begünstigungen, aber keine staatlichen Zuschüsse. Der Laizismus Frankreichs verbietet kein privates Schul- und Hochschulwesen, das vor allem die katholische Kirche breit gefächert unterhält.

Die Verbindung von Thron und Altar, die Frankreich schon zu Beginn des 20. Jahrhunderts, Italien hingegen weit später für die katholische Kirche abschafft, besteht bemerkenswerterweise für nicht katholische Kirchen vielerorts verfassungsrechtlich gestützt in Europa fort. Beispielsweise gibt es in Dänemark, Irland, Norwegen und bis vor Kurzem auch in Schweden eine evangelisch-lutherische und in Großbritannien eine anglikanische *Staats*kirche.

In der Türkei hatte Mustafa Kemal, genannt Atatürk, »Vater der Türkei«, Religion und Staat streng voneinander getrennt und dabei unter anderen das ursprünglich christliche, später muslimische Gotteshaus, die Hagia Sophia – »Heilige Weisheit« – in ein Museum umgewandelt. Trotzdem gibt es, obwohl im Jahr 1928 die Erwähnung des Islams als Staatsreligion gestrichen und ein Laizismusprinzip im Jahr 1937 in die Verfassung aufgenommen wurde, ein staatliches Präsidium für Religionsangelegenheiten und weitere staatliche Aufsichten, zuständig für alle religiösen Amtsträger, für den staatlichen Religionsunterricht und für den Unterhalt der religiösen Bauwerke. Der ansonsten trotzdem herrschende Laizismus wird vom derzeitigen Staatsrepräsentanten, Recep Tayyip Erdoğan, in kleinen Schritten zurückgenommen. Zum Beispiel wurde der reine Museumscharakter der Hagia Sophia und das Schleierverbot für die politischen Amtsträger aufgeweicht.

In Deutschland wiederum herrscht ein sowohl vom Laizismus als auch vom Staatskirchentum abweichender Rechtsrahmen. Eine schon ältere, in Paragraf 147 der Paulskirchenverfassung manifest gewordene Entwicklung, das Staats- und Landeskirchentum abzuschaffen, wurde in einem Artikel der Weimarer Reichsverfassung, Artikel 137, endgültig vollzogen. Obwohl dieser Artikel mit einigen weiteren religionsbezogenen Artikeln der Weimarer Verfassung laut Artikel 140 des heute gültigen Grundgesetzes einen Bestandteil eben dieses Grundgesetzes bildet, haben die christlichen (Groß-)Kirchen trotzdem einen Sonderstatus behalten. Sie sind Körperschaften des öffentlichen Rechts, was freilich andere Religionsgemeinschaften ebenfalls sein dürfen. Nach einem Entscheid des Bundesverfassungsgerichts beläuft sich der Sonderstatus der christlichen Kirchen auf »die Zuerkennung der Fähigkeit, Träger öffentlicher Kompetenzen und Rechte zu sein, und die Anerkennung der öffentlichen Wirksamkeit einer Religionsgemeinschaft« (Bundesverfassungsgericht 19, 129 [133]).

Von den damit verbundenen Sonderrechten und Sonderleistungen fallen vier Bereiche auf: Die Kirchensteuer wird vom Staat (freilich gegen Gebühren!) eingezogen; die Kirchen betreiben ein weitreichendes Kindergarten-, Schul- und Hochschul-, auch Akademiewesen; vor allem als katholische Caritas und als protestantische Diakonie sind sie Träger zahlloser Krankenhäuser, Betreuungs- und Pflegeeinrichtungen. Schließlich steht sowohl in öffentlichen Landes- als auch in öffentlichen Bundesgremien wie beispielsweise den Ethik- und Rundfunkräten den (Groß-)Kirchen ein eigener Platz zu.

Von diesen und weiteren Unterschieden im staatlichen Rechtsrahmen bleiben freilich folgende Gemeinsamkeiten in liberalen Staaten unangetastet: Selbst in Staaten, die ihre weltanschauliche Neutralität streng laizistisch verstehen, dürfen Religionsgemeinschaften ihre Stimme erheben und dürfen Kindergärten, Schulen und Hochschulen, Krankenhäuser, Seniorenstifte und Pflegeheime betreiben.

Staat ohne Gott?

Für moderne Demokratien ist die Rechtslage unstrittig: Wenn religiöse Spannungen zunehmen, muss sich der Staat auf seine Verfassung besinnen und religiöse und weltanschauliche Neutralität praktizieren. Nur wenig zugespitzt hat er sich als ein »Staat ohne Gott« zu verhalten. Daher erklärt der Staatsrechtler Horst Dreier zu Recht, dass nur in einem derartigen Staat alle Bürger ihre Überzeugungen in Freiheit leben können. Während sein Buchtitel aber nur eine von Gott freie Staatstheorie ankündigt, verspricht der Untertitel »Religion in der säkularen Moderne« mehr, nämlich Überlegungen zur Frage, welche Funktion in einer wesentlich säkularen Epoche dem Staat noch verbleibt.

Der zitierte Artikel 4 Absatz 1 und 2 des Grundgesetzes ist seinem verfassungstheoretischen Gewicht nach eine Magna Charta der Religionsfreiheit. Ihm zufolge gewährt und gewährleistet der Staat den Religionen und ihrer Religionsausübung eine früher unbekannte Freiheit. Diese kommt den Individuen und den Religionsgemeinschaften selbst zu. Sie folgt nicht wie eine Generation nach der Reformation, im Augsburger Religionsfrieden von 1555, wie also vor mehr als 500 Jahren, einem Grundsatz *cuius regio eius religio* – wessen Gebet, dessen Religion, der die Religionsfreiheit den Fürsten und Reichsständen, aber nicht deren Untertanen gewährt.

Beim Grundgesetz hat man allerdings auf den genauen Wortlaut zu achten. Absatz 1 des Artikels 4 erklärt nicht die Religionsfreiheit als »unverletzlich«, sondern die »Freiheit des Glaubens, des Gewissens und die Freiheit des religiösen und weltanschaulichen Bekenntnisses«. In dieser Formulierung geschieht etwas, das eine Religion und ihre kirchlichen und theologischen Vertreter als eine Herabwürdigung ansehen müssten. Sie werden nämlich in einem Atemzug mit »Weltanschauung« genannt, worunter eine mehr oder weniger reflektierte philosophische oder nicht philosophische Gesamtauffassung von Wesen und Sinn der Welt und des menschlichen Lebens zu verstehen ist.

Diese verfassungsrechtliche Gleichstellung von Religion und Weltanschauung widerspricht, das darf man nicht verdrängen, dem ausdrücklichen oder stillschweigenden Selbstverständnis jeder Religion. Sogar Verfassungsrechtler spielen die vom Grundgesetz faktisch vorgenommene Relativierung der Religion herunter. Das zweibändige, beinahe 1500 Seiten umfassende »Handbuch des Verfassungsrechts« behandelt bezeichnenderweise ausführlich die Religionsfreiheit, während die Weltanschauung im umfangreichen Stichwortverzeichnis nicht einmal vorkommt.

Nach Dreiers zweifellos unstrittiger Grundthese hat »der Staat in der modernen, säkularen Grundrechtsdemokratie auf jede Form religiöser Legitimation zu verzichten«. Darin liegt, erläutert der Autor, kein Plädoyer »für einen kämpferischen Atheismus«, freilich auch nicht, ist zu ergänzen, für einen friedfertigen Atheismus. Der säkulare Staat befinde sich vielmehr »in Äquidistanz zu allen religiösen und weltanschaulichen Positionen, nicht in einer Oppositionshaltung zu ihnen«.

Als demokratisch legitimierte Verfassung bedarf das Grundrecht keine externe, weder religiöse noch weltanschauliche Beglaubigung. Die letztlich von den Betroffenen, dem Staatsvolk, her erfolgende Rechtfertigung verbietet freilich nicht, nach philosophischen Gründen zu suchen. Immerhin verdankt sich ein Leitgedanke der modernen Demokratie, der der Menschen- und Grundrechte, dem *siècle des lumières*, der nachdrücklich von Philosophen inspirierten europäischen Aufklärung.

In Dreiers eigener Argumentation fällt ein gewisser Verfassungs*positivismus* auf: Der Autor bezieht sich vornehmlich, gelegentlich sogar ausschließlich auf das deutsche Grundgesetz und dessen Vorgeschichte, die über die Verfassung von Weimar und die der Paulskirche (1848/49) bis zum Westfälischen Frieden (1648) und dem Augsburger Koalitionsfrieden (1555) zurückreicht. Er beruft sich immer wieder auf die Rechtsprechung des Bundesverfassungsgerichts und auf viele in der deutschen Staatsrechtslehre herrschende Meinungen. Der genannte Untertitel drängt aber einen Blick auf, der den Verfassungspositivismus überschreitet: dass der Staat, wie Dreier zu Recht betont, »Frieden stiften und Freiheit gewährleisten, Wohlfahrt und Ordnung garantieren und das Miteinander der Menschen auf eine allseits verträgliche Weise organisieren soll«. Diese Aufgabe verdankt sich nämlich philosophischen Theorien, die von Thomas Hobbes über Baruch de Spinoza und John Locke bis zu Immanuel Kant, Georg Wilhelm Friedrich Hegel und John Stuart Mill vertreten wurden und mindestens eine Erwähnung, angemessener sogar eine kleine Würdigung verdient hätten.

Überdies hätte sich Dreier auf die fraglos nicht einfache Frage einlassen sollen, ob sich die unstrittige formale Seite der konstitutionellen Demokratie, Volkssouveränität, an der ebenso wenig strittigen inhaltlichen Seite, der rechtsnormativen Vorgabe, den Menschen- und Grundrechten, brechen könnte. Immerhin spricht das Grundgesetz im Artikel 79, Absatz 3 der Menschenwürde und der Bindung staatlicher Gewalt an die Grundrechte (Artikel 1) sowie der Bundesrepublik als demokratischem und sozialem Bundesstaat die sogenannte Ewigkeitsgarantie zu.

Diese binde nämlich den demokratischen Souverän »auf alle Zeiten« an unverletzliche Vorgaben.

Der bei Dreier fehlende Blick über die deutsche Verfassungstradition hinaus drängt sich aus drei weiteren Gründen auf: zum Ersten, weil sich Deutschland in einen größeren Staatenverbund, die Europäische Union, eingegliedert hat, zum Zweiten, weil beide, Deutschland und die Union, unter Bedingungen der Globalisierung zu agieren haben. Schließlich verbietet das deutsche Grundgesetz nach einer Sentenz des Bundesverfassungsgerichts aus dem Jahr 1996 »die Einführung staatskirchlicher Rechtsformen«. Skandinavische Länder kennen aber solche Rechtsformen und sind trotzdem in hohem Maß moderne Rechtsstaaten. Weil die entsprechenden Verfassungen die bekannten Grund- und Menschenrechte enthalten, muss man anerkennen, dass Deutschland hier weder einen Sonderweg eingeschlagen hat noch ein allseits verbindliches Vorbild abgibt.

Ähnliches gilt für die Berufung der Präambel des Grundgesetzes auf die »Verantwortung vor Gott«. Dreier interpretiert, durchaus einleuchtend, diesen sogenannten Präambelgott als »Demutsformel«. Daraus folgt aber nicht zwingend, die Formel beziehe sich nicht auf eine zwar außerhalb der Verfassung stehende Instanz, die gleichwohl gegenüber der Verfassung eine gewisse, wenn auch nicht exklusive Rechtfertigungskraft habe. Denn zum einen hätte die mit der Demut gemeinte Absage an staatliche Hybris und an weitere Allmachtsfantasien anders ausgedrückt werden können. Zum anderen gibt es alternative, sogar noch anspruchsvollere Formeln. Die Schweizer Bundesverfassung beispielsweise beginnt mit den Worten: »Im Namen Gottes des Allmächtigen!« Trotzdem streitet niemand der Schweiz den Charakter eines modernen Verfassungsstaates ab. Die Europäische Union hingegen hat trotz bischöflicher Wünsche auf die Aufrufung Gottes in der Grundrechtscharta verzichtet.

So bekräftigt eine offen geführte Präambeldebatte die beiden Erfordernisse einer Theorie des modernen Verfassungsstaates: den nationalstaatlich fixierten Verfassungspositivismus zu überwinden und sich bei der dadurch ermöglichten Diskussion unterschiedlicher Verfassungen der Möglichkeit legitimer Unterschiede, einem Recht auf Differenz, nicht zu versperren. Beides wird durch den bei Dreier fehlenden, in diesem Essay aber zumindest exemplarisch vorgenommenen Blick in die neuzeitliche Staatsphilosophie erleichtert.

»Totale« Religionsfreiheit?

Im demokratischen Rechtsstaat kommt der Religionsfreiheit zwar eine hervorragende, jedoch keine allen anderen Freiheiten überragende Bedeutung zu. Nach dem Grundgesetz herrscht keine »totale« Religionsfreiheit, die jede Abwägung gegen andere der im Grundgesetz angeführten Grundfreiheiten wie dem Recht auf die freie Entfaltung der Persönlichkeit (Artikel 2, Absatz 1) und der Gleichberechtigung von Mann und Frau verböte.

Wegen des Zusatzes im Artikel 3, Absatz 2, »der Staat fördert die tatsächliche Durchsetzung der Gleichberechtigung von Frauen und Männern und wirkt auf die Beseitigung bestehender Nachteile hin«, drängt sich dazu ein religionspolitisch erheblicher Hinweis auf: Manche Zuwanderer, oft Muslime, pflegen eine patriarchalisch-autoritäre Familienstruktur, durch die die Gleichberechtigung von Mann und Frau deutlich verletzt wird. Hier und anderenorts muss der Gesetzgeber bereit sein, nicht jedes andere Rechtsgut auf dem Altar der vorgeblich »totalen« Religionsfreiheit zu opfern. Schon aus diesem Grund darf die höchstrichterliche Rechtsprechung nicht jede subjektive Äußerung eines Religionsanhängers zu den objektiv überprüfbaren Bestandteilen seiner Religion zählen und dann als von der Religionsfreiheit geschützt anerkennen. Sie sollte sich vielmehr die Mühe machen, die man nicht bei jeder Begründung einer Entscheidung entdecken kann, nämlich zu prüfen, ob sich in den einschlägigen heiligen Schriften und deren herrschenden Interpretationen relativ objektive Gründe finden lassen. Ist dies nicht der Fall, muss sie die Berufung auf die Religionsfreiheit als nicht einschlägig zurückweisen.

Politische Gerechtigkeit ohne Religion

Dem fraglos bedeutendsten politischen Denker der letzten Jahrzehnte, John Rawls, ist mit seinem monumentalen Werk »A Theory of Justice«

von 1971, zu Deutsch »Eine Theorie der Gerechtigkeit«, abgekürzt: Theorie, ein tiefgreifender Wandel des wissenschaftlichen, darüber hinaus des öffentlichen Diskurses gelungen. Dieser beläuft sich auf einen mehrfachen Paradigmenwechsel.

In der Moralphilosophie spielt nicht mehr wie zuvor die Metaethik mit ihrer Sprachanalyse moralischer Begriffe und Urteile die Hauptrolle, sondern wieder die für verbindliche Grundsätze zuständige normative Ethik.

Für sie ist zweitens nicht mehr die in der englischsprachigen Welt zuvor herrschende utilitaristische Ethik des »größten Glücks der größten Zahl« entscheidend. Statt dessen wird Kants Ethik der Autonomie des Willens und des kategorischen Imperativs zum Vorbild. Ihr zufolge besitzt, heißt es zu Beginn der »Theorie« (§ 1), jeder Mensch »eine aus der Gerechtigkeit entspringende Unverletzlichkeit, die auch im Namen des Wohles der ganzen Gesellschaft nicht aufgehoben werden kann«.

Die dafür entscheidenden Prinzipien gewinnt Rawls, drittens, mit Hilfe einer Theorie des Gesellschaftsvertrages im Geiste Kants. Wegen der Gründlichkeit, zugleich Modernität, mit der Rawls' seine Vertragstheorie entwickelt, wird, viertens, der von Sozial- und Wirtschafts-, auch Rechts- und Staatswissenschaftlern lange Zeit gemiedene Begriff der Gerechtigkeit wieder hochrespektabel.

Für ihn stellt Rawls mit Hilfe von zwei Methoden zwei Gerechtigkeitsprinzipien auf. Darüber hinaus erörtert er eine Fülle von damit zusammenhängenden Begriffen und Themen. Beispielsweise untersucht er die vier Stufen, mittels derer die Gerechtigkeitsprinzipien in einem demokratischen Gemeinwesen schließlich ihre konkrete Gestalt finden. Weiterhin spricht Rawls über gesellschaftliche Grundgüter, über Verteilung, über Gerechtigkeit zwischen den Generationen, über (staats-)bürgerlichen Ungehorsam, über den Gerechtigkeitssinn sowie über einen in den meisten heutigen Theorien verdrängten Gegenstand, das Böse.

In diesem doch überreichen Themenfeld kommt nun die Religion nicht vor. Dieses Defizit erstaunt umso mehr, als sie im Heimatland des Philosophen eine bedeutende Rolle spielt. Trotzdem entwickelt Rawls eine Gerechtigkeitstheorie mit einem (freilich unausgesprochenen) Nachdruck ohne jede Religion.

Zwei Jahrzehnte danach veröffentlicht er unter dem Titel »Politischer Liberalismus« ein zweites Hauptwerk. Blickt man in dessen Stichwortverzeichnis, so scheint die Religion jetzt ein Gewicht zu erhalten. Im Register findet man nämlich Stichwörter wie (mittelalterliches) Christentum, Glaube (allerdings nur den vernünftigen), ferner Inquisition, Reformation, (natürliche) Religion, (religiöse) Toleranz und (christliche) Tradition. Schaut man sich aber die dort vorgetragenen Argumente näher an, so zeigt sich, dass Rawls dem in der »Theorie« praktizierten Programm einer religions- und theologiefreien Philosophie der Gerechtigkeit treu bleibt.

Im ausdrücklichen Unterschied zur »Theorie« erkennt der »Politische Liberalismus« das in liberalen Gemeinwesen herrschende Faktum des Pluralismus an. Um dieser sowohl sozialen als auch politischen Wirklichkeit gerecht zu werden, hat die politische Philosophie laut Rawls auf alle sogenannten umfassenden Lehren zu verzichten. Dazu zählt er nicht nur Religionen und Weltanschauungen, sondern überraschenderweise auch Philosophien.

Für eine Theorie, deren Gerechtigkeitsgrundsätze wie bei Rawls mit dem Prinzip der größten gleichen Freiheit beginnen, versteht es sich von selbst, dass die Bürger ihren Religionen und Weltanschauungen anhängen und Mitglieder der zuständigen Gemeinschaften sein dürfen. Die ihnen entsprechenden, untereinander widerstreitenden Ansichten dürfen aber, so Rawls, nicht als solche in die öffentliche Debatte eintreten. Aus ihnen muss vielmehr der Anteil herausgefiltert werden, der mit dem entsprechenden Anteil anderer umfassender Lehren jene gemeinsame Schnittmenge bildet, die Rawls einen »überlappenden« bzw. »übergreifenden Konsens« nennt.

In beiden Hauptwerken entwickelt Rawls jedenfalls seine Theorie der konstitutionellen Demokratie so konsequent und radikal in religiöser und weltanschaulicher Hinsicht neutral, dass weder eine Religion oder Konfession noch eine Weltanschauung eine irgendwie privilegierte Stimme erhält. Darin folgt übrigens der Philosoph der Verfassung seines Heimatlandes, auf die er sich auch in anderer Hinsicht immer wieder beruft: Während andere demokratische Verfassungen wie erwähnt sich zu Beginn auf Gott berufen, ist der US-Verfassung eine Anrufung Gottes, eine *invocatio Dei*, fremd. Auch sie hebt zwar feierlich mit einer Präambel an. Diese ist aber rein demokratieinterner Natur. Ohne Berufung auf irgendein Außerhalb, auf eine dem Verfassungsgeber vor- und übergeordnete Instanz, erklärt sie ebenso selbstbewusst wie lapidar: »Wir, das Volk der Vereinigten Staaten ... setzen diese Verfassung für die Vereinigten Staaten von Amerika in Geltung.«

Vom diesseitigen Wert der Religionen

Intern, aus dem Inneren der Religion betrachtet, erscheint der Titelausdruck »Wert« ebenso wie dessen Negation, der Unwert, als fehl am Platz. Eine Religion pflegt nämlich, selbst wenn in ihrer Praxis diese Themen an Bedeutung verloren haben, über sie zwar nachzudenken, aber ohne ihren Wert oder Unwert zu beurteilen. Es sind Gegenstände wie der Grund der Welt, wie der Platz des Menschen in ihr und eine vorbildliche Lebensweise, etwa nach der neutestamentarischen Weise: »Seid vollkommen, wie mein Vater im Himmel vollkommen ist.« In der Regel noch wichtiger ist die Annahme einer den Menschen überragenden Macht, einer Gottheit, die Gehorsam, häufig auch Unterwerfung, ferner teils Anbeten und Verehren, teils Furcht erwartet. Zu vielen Religionen gehören außerdem so große Themenfelder wie Sakralität und Spiritualität, nicht zuletzt vorgeschriebene Formen von Praxis: ein Kultus und eine Liturgie.

Gegen die Frage, ob diesen Dingen und Themen ein Sinn und Wert zukommt, pflegen nun Religionen nicht bloß gleichgültig zu sein. Stillschweigend oder ausdrücklich halten sie die Frage für unpassend, weil ihrem eigenen Wesen fremd, vermutlich ihm sogar zuwider. Denn zweifellos trifft die Diagnose der beiden Religionssoziologen Gergely Rosta und Detlef Pollack zu: »Die absichtslose, nur um ihrer selbst willen erfolgende Verinnerlichung ihrer (religiösen) Sinnformel ... ist eine wichtige Voraussetzung ihrer Wirksamkeit.«

Gleichwohl ist der externe Blick erlaubt. Denn selbst wenn Religionen »nicht von dieser Welt« sind, da es ihnen um das Jenseits, nicht das Diesseits geht, leben doch ihre Anhänger in dieser Welt. Infolgedessen ist die Frage nach dem Sinn und Wert für diese Welt nicht bloß zulässig. Sie drängt sich auch in mehreren Facetten geradezu auf: Worin liegt der diesseitige Sinn und Wert von Religionen für die Person, worin für die Gesellschaft, weiterhin für die Politik, für die Wissenschaft und die Kultur, vielleicht sogar für die Wirtschaft

Fraglos haben in religiös und weltanschaulich neutralen Staaten beide Seiten ein Lebensrecht, sowohl die teils praktizierenden, teils nur noch formalen Anhänger einer Religionsgemeinschaft als auch die Nichtanhänger, einschließlich offensiver Gegner. Menschen allerdings, denen die Religion und ihre Gemeinschaften ein Dorn im Auge sind, werden weniger an einen Wert als an jenen Unwert denken, der später noch zur Sprache kommt.

Jeder der genannten Gesichtspunkte zum diesseitigen Sinn und Wert der Religion verdiente eine gründliche Fachdebatte. Um der teils bleibenden, teils erneuten Gegenwart von Religion in den religiös und weltanschaulich neutralen Staaten nachzuspüren, genügt es nicht wie oben, die Argumente der Verteidiger von Religion Revue passieren zu lassen. Vielmehr ist auch jene Wirklichkeit anzuerkennen, die trotz der Erosion volkskirchlicher Selbstverständlichkeiten noch vielerorts zu erfahren ist. Denn mittlerweile bezeichnet sich nur noch gut die Hälfte der deutschen Bevölkerung als Christen. Da der Anteil aber stetig schrumpft, werden in Kürze die Christen zu einer zahlenmäßig freilich noch starken Minderheit herabsinken. Trotzdem gehört nach Ansicht einer deutlichen Mehrheit das Christentum zu Deutschland, seien beispielsweise die Kirchen für das Land wichtig.

Die folgenden Hinweise und Überlegungen behandeln nicht ein in Meinungsumfragen zutage tretendes noch christliches oder nicht mehr christliches Selbstverständnis. Ihnen geht es vielmehr um eine der üblichen Betrachtung ungewohnte, trotzdem – diese Steigerung sei erlaubt – wirksamere, weil von der Zustimmung religiöser oder nicht religiöser Kreise weithin unabhängigen Wirklichkeit. Sie zeigt sich in Redensarten, die wir verwenden, im Orts- und Landschaftsbild, im Jahreskreis und Lebenslauf, in Sprache, Literatur und Musik, nicht zuletzt in der sichtbaren Gefühlswelt.

Eine Vorbemerkung darf hier nicht fehlen. Aus vielerlei Gründen treten in Europa, weniger in den USA und anderenorts, zahlreiche Mitglieder aus ihren Religionsgemeinschaften, insbesondere den christlichen Kirchen aus und ist öffentliche Kirchenschelte beliebt. Verschärft wurde die Debatte über Sinn und Nutzen der Kirchen durch die Pandemie, die als Virokratie, als Herrschaft des Virus Covid-19, den Gottesdienstbesuch erheblich erschwert hat. Eine frühere Praxis, nach Katastrophen der Opfer mit religions- und konfessionsübergreifenden Gottesdiensten oder Totenwachen zu gedenken, wäre freilich möglich geblieben. Sie wurde aber trotz der allein in Deutschland Zigtausenden an oder mit Corona Verstorbenen monatelang nicht mehr geübt.

Statt dass die Kirchen ihr Schweigen zunächst bedauert und danach überwunden hätten, rechtfertigte man es sogar mit dem Hinweis, verantwortlich für derartige Feiern seien doch andere Personen und Institutionen, namentlich Vertreter des Gesundheitswesens und des Staates. Schon eine seit Langem gepflegte Praxis, die Krankenhausseelsorge, spricht dagegen. Denn sie ergänzt medizinische Leistungen, ohne sie ersetzen zu wollen. Religionsgemeinschaften, die sich ihres religiösen Kerns noch sicher sind, entschuldigen sich jedenfalls nicht mit den Verantwortlichkeiten weltlicher Instanzen.

Redensarten

Die westlichen Gemeinwesen haben wie gesagt ihre religiöse und weltanschauliche Neutralität erst nach langen Auseinandersetzungen mühsam erreicht. Weil es zudem häufig recht spät erfolgte, erstaunt es nicht, dass sich noch zahlreiche Zeugnisse der vorangehenden Zeiten finden. Zu diesen oft wenig beachteten Überbleibseln oder Restbeständen gehören Redewendungen, die hierzulande meist einen jüdischen oder christlichen Hintergrund haben, von jedermann, von Gegnern der Religion kaum weniger als von ihren Befürwortern und Anhängern, verwendet werden.

Im Folgenden seien einige schlicht aufgelistet. Wer auf die Fülle von Beispielen und die unterschiedlichen Zusammenhänge achtet, in denen die Redensarten auftauchen, wird überrascht sein und das Themenfeld für einer eigenen Studie hinsichtlich Herkunft und Bedeutung Wert halten. Für sie steuern die folgenden Beobachtungen ein mengenmäßig nicht geringes Material bei. Eine bloße Materialsammlung pflegt zwar zu ermüden. Sie dient hier aber zwei bescheidenen Zielen, die auch erreichbar sein dürften: der Wahrnehmung einer doppelten Fülle. Sowohl die infrage kommenden Gesichtspunkte, hier so gut wie die gesamte Sozial- und Gefühlswelt, als auch die Belege für jeden der Gesichtspunkte sind überreich.

Beginnen wir mit Redeweisen, in der »Gott« eine Rolle spielt: »bei Gott«, »mein Gott« und »um Gottes willen«, »dein Wort in Gottes Ohr« oder »in Gottes Namen«, ferner »Gott behüte!«, »Gott bewahre!« und »der Mensch denkt und Gott lenkt« sowie »Gottes Wege sind unerforschlich«, ferner »den Herrgott einen guten Mann sein lassen«, »so Gott will«, »wir alle sind in Gottes Hand«, aber auch »geh mit Gott, aber geh«, »gottverlassen« und »gnade dir Gott«. Auch sagt man statt »lebe wohl« »adieu«, dies meistens allerdings, ohne daran zu denken, dass man sich auf *Dieu*, also Gott bezieht. Nicht zwingend, aber immer noch häufig endet die vor Gericht, im Parlament oder bei anderen offiziellen Anlässen gesprochene Eidesformel mit der Wendung: »So wahr mir Gott helfe.« Und in vielen europäischen Verfassungen gibt es den erwähnten »Präambelgott«.

Nicht alle einschlägigen Redensarten spielen auf den biblischen Gott an, so etwa nicht »nackt wie Gott geschaffen hat« oder »wie ein Gott in Frankreich« leben. Bei der Himmelfahrtsnase muss man nicht an Jesu Himmelfahrt denken. Und die Redensart »Deus ex Machina« spielt in keinem Fall auf ein biblisches Ereignis an. Sie erinnert an eine Tradition des antiken Theaters, an gewissen Stellen mit einer Maschine eine Gottheit (*deus*) auf die Bühne schweben zu lassen.

An die auf Gott bezogenen Redensarten lassen sich die kaum minder zahlreichen Beispiele mit dem Ausdruck »Himmel« anschließen: »dich schickt der Himmel«, »der Himmel verhüte!«, »das weiß der Himmel«, »es stinkt zum Himmel«, »Himmel und Hölle in Bewegung setzen«, »des Menschen Wille ist sein Himmelreich«, »Himmelsleiter«, auch

»Liebeshimmel«, »was vom Himmel fällt, schadet keinem«, »ihm hängt der Himmel voller Geigen«. Zu den zahllosen religiös inspirierten Redensarten gehören auch »Abbitte leisten«, »die Kirche im Dorf lassen« und »Schweinepriester«, auch »jemandem die Hölle heißmachen« sowie »der Weg zur Hölle ist mit guten Vorsätzen gepflastert«.

Manches Beispiel versteht man nur mit Hilfe einer religiösen oder theologischen Bildung. Wer denkt bei der Bezeichnung einer Brotzeit als »Vesper« an den Gottesdienst am frühen Abend, wer bei der Schelte gieriger Investoren als »Heuschrecken« an eine der zehn Plagen, mit denen der biblische Gott Ägypten bestrafte, weil es das Volk Israel knechtete?

In Fällen, in denen jemand auf unwahrscheinliche Weise vor einem Unglück bewahrt wurde, spricht man von einem Schutzengel, um dessen Schutz immer noch Eltern mit ihren Kindern vor dem Einschlafen bitten. Und wenn man von jemandem aus schier ausweglose Lage gerettet wird, so nennt man ihn »seinen Engel«.

Verhasste Person hingegen fordert man auf: »Scher dich zum Teufel!« oder brandmarkt sie als »Kinder des Teufels«. Einen bemitleidenswerten Menschen nennt man einen »armen Teufel«, einen besonders bösen hingegen einen »wahren Teufel«. Man sagt: »Wenn man vom Teufel spricht ...«, »der Teufel steckt im Detail« »mal den Teufel nicht an die Wand«, weiter hin »in der Not frißt der Teufel Fliegen«, etwas »auf Teufel komm raus tun«, »in Teufels Küche kommen«, »in drei Teufels Namen« oder fragt »was zum Teufel?« und »als hätte ihn der Teufel geritten«. Man »schickt jemanden zum Teufel« und spricht von einem »Teufelspakt«, einem »Teufelskraut«, einem »Feuerteufel« und einer »Teufelsbrücke«. Auch beim »advocatus diaboli« ist der Teufel im Spiel.

Bei der Redensart »jemandem etwas beichten« denkt man kaum noch an das einschlägige Sakrament und bei »jemanden abkanzeln« kaum noch an die Kanzel in der Kirche, von der herab Prediger schimpfen. Bei »alt wie Methusalem« klingt eine alttestamentarische Figur an, bei einem »Buch mit sieben Siegeln« eine Passage aus der neutestamentlichen Offenbarung des Johannes. Einen biblischen Hintergrund haben die Redensarten »paradiesähnliche Zustände«, »es geschehen noch Zeichen und Wunder«, »mit Engelszungen reden«, auch »der Geist ist willig, (aber) das Fleisch ist schwach«, »Sodom und Gomorrha«, »zur Salzsäule erstarren«. Weitere Beispiele bieten »ein ungläubiger Thomas«, »der Glaube kann Berge versetzen«, »wer's glaubt, wird selig« und »in alle Winde zerstreut«, ebenfalls »neuer Wein in alten Schläuchen«, »es herrscht Heulen und Zähneklappern«, »Prediger / Rufer in der Wüste«, »sich wie im siebten Himmel fühlen« und »über den Jordan gehen« sowie »das Goldene Kalb anbeten«.

Viele weitere Redensarten spielen auf alt- oder neutestamentliche Wendungen an: »wie ein Lamm zur Schlachtbank geführt werden«, »etwas läuten (gemeint sind Kirchenglocken) hören« und »der Mensch lebt nicht von Brot allein«, ferner »jemandem die Leviten lesen«, »etwas für ein Linsengericht hergeben« und »wie ein Ölgötze dastehen«, auch »geschmückt wie ein Pfingstochse« und »von Pontius zu Pilatus laufen«. Einen biblischen Hintergrund haben selbst »sancta simplicitas« (»heilige Einfalt«), »auf Sand gebaut«, »aus einem Saulus zum Paulus werden«, »schwarzes Schaf« und »sein Scherflein beitragen«.

Eine religiöse Herkunft hat der Ausdruck »Sakrileg«, er meint nämlich ein Vergehen gegen etwas, das bislang als heilig galt, beispielsweise die Entweihung eines heiligen Bodens oder Raumes oder die Schändung für heiliggehaltener Dinge oder den Angriff auf geweihte oder ähnlich höchstgestellte Personen.

Nicht mehr biblisch, sondern römisch-griechisch inspiriert ist die Mahnung *quod licet jovi, non licet bovi* – was Jupiter erlaubt ist, steht dem Ochsen nicht zu. Dieser Einspruch gegen eine Selbstüberschätzung spielt auf die lateinische Götterwelt an: Was der römische Götterkönig Jupiter, im Griechischen Zeus, sich herausnehmen darf – gemeint ist eine weit höher gestellte Person – ist dem gewöhnlichen Menschen, dem Ochsen bzw. Stier, in den sich Jupiter einmal verwandelt hatte, nicht erlaubt.

Schon diese Liste ist überlang und doch nicht annähernd vollständig. Ebenfalls einen religiösen Ursprung oder Zusammenhang haben die Wendungen »alle Jubeljahre«, »wie die Spreu im Wind«, weiterhin »leichter geht ein Kamel durch ein Nadelöhr als ...«, ferner »an jemanden geht der Kelch vorüber / nicht vorüber«, »arm wie eine Kirchenmaus«, »im Schweiße deines Angesichts«, »etwas ist nicht ganz koscher«, »nach uns die Sintflut« und Flüche wie »Fix Halleluja«, »Herrgott noch mal« und »Himmelherrgottsakrament«.

Viele Redensarten verwenden das christliche Grundsymbol, das Kreuz: »ein Kreuz sein«, »sein Kreuz tragen«, »ein Kreuz schlagen«, »drei Kreuze machen«, »zu Kreuze kriechen«. Letztere Wendung spielt auf die mittelalterliche Sitte an, am Karfreitag als strenge Buße auf den Knien zum Kreuz zu kriechen. Gegenwärtig, wenn auch, müsste man heute ergänzen, mit rassistischem Unterton ist das Kreuz in den Flüchen »Kruzitürken« und in der Chinavariante »Kruzinesen«.

Auf diese und viele weitere religionsgeprägte Redensarten kann man verzichten, gewiss. Um alle religiösen Anspielungen und Zusammenhänge zu vermeiden, müsste man bei seiner Wortwahl allerdings sehr aufmerksam sein, womit viel an Spontaneität und an Bildern und Metaphern, die eine Sprache würzen, verloren gingen.

Orts- und Landschaftsbild

Mit ähnlicher Selbstverständlichkeit wie in Redensarten sind Religionen in vielen Teilen des Orts- und Landschaftsbildes gegenwärtig. Hier sind sie sogar noch weit schwieriger aus unserer Welt zu verbannen. In den Innenstädten Europas, die den Kern ihrer früheren Gestalt noch bewahren, ragen an prominenter Stelle Gotteshäuser heraus, die sich überdies oft durch hohen architektonischen Rang auszeichnen. Eine quasidemokratische Eigenheit kommt hinzu: Kathedralen, also Kirchen von Bischofssitzen wie der Kölner oder der Salzburger Dom, wie das Straßburger Münster, Paris' Notre-Dame oder Venedigs Markuskirche, wurden so groß geplant, dass an Sonn- und Festtagen damals so gut wie die gesamte Bevölkerung Platz fand. Man saß ja nicht in Bänken oder auf Stühlen, sondern stand aufrecht, dicht gedrängt.

Ein weiterer, erneut architektonischer Gewinn kommt hinzu: Die Kirchtürme, die ursprünglich die anderen Gebäude überragten, sind weithin sichtbar und ziehen auf älteren Stadtansichten, zunächst meist Grafiken, später auch Gemälden, den Blick auf sich. Sofern die Umgebung nicht zugebaut wurde, bieten noch heute die Plätze vor den Kirchen die Möglichkeit öffentlicher Begegnungen. Betritt man die Kirchen selbst, so umfängt die Besucher, sofern es nicht zu viele sind, eine andächtige Stille, die von der draußen herrschenden Geschäftigkeit entlastet und sowohl Gläubige als auch säkulare Menschen zum Nachdenken, selbst zum Meditieren einlädt. Ein Fehlen öffentlicher Orte, die diese Stille bieten, wird vermutlich auch von Nichtgläubigen bedauert.

Der architektonische Rang der Kirchen setzt sich in zahlreichen Fällen im Inneren so nachdrücklich fort, etwa bei den Säulen, dem Altarbild, einem Deckengemälde und weiterem Schmuck sowie der Orgelempore, dass im Fall großartiger Kirchen zahllose Besucher dorthin strömen, was den umliegenden Cafés, Restaurants und Hotels einen Gewinn beschert, manchem Gläubigen hingegen ein Ärgernis bietet.

Neben der christlichen »Hauptkirche« findet sich in Großstädten des Westens – wir bleiben bei der älteren Stadtplanung – zahlreiche weitere Gotteshäuser, darunter Synagogen, später gelegentlich auch Moscheen. Nicht zuletzt darf man beim Orts- und Landschaftsbild die teils innerstädtischen, teils außerstädtischen Kapellen und Klöster nicht übersehen. Vielerorts gehören zum Landschaftsbild Kapellen und Klöster hinzu, ferner Wegkreuze, Wallfahrtsorte und Kreuzwege, in Süddeutschland und Österreich sogenannte Marterl, nämlich Gedenkbilder oder Gedenkinschriften an Orten eines Unglücks oder Verbrechens, schließlich auf Berg- oder Hügelspitzen Gipfelkreuze und an manchem Straßenrand ein Kreuz mit dem Namen des an dieser Stelle tödlich Verunglückten.

Jahreskreis und Lebenslauf

Früher bei sehr vielen Menschen, heute nur noch bei wenigen, ist schon der Tageslauf religiös geprägt. Bei frommen Christen beginnt er mit einem Morgengebet. Beim Angelus-(Engels-)läuten betet man am Morgen, Mittag und Abend: *Angelus domini nuntiavit Mariae...* – der Engel des Herrn brachte Maria die Botschaft... Gebetet wird auch vor und nach jeder Hauptmahlzeit. Und das Tagewerk beendete man vor dem Einschlafen mit einem Revue-passieren-Lassen des Tages, einschließlich einer Gewissensprüfung zur Frage, was hat man gut, was schlecht gemacht, an die sich ein Nachtgebet anschloss.

Für fromme Juden ist der Tag vom Aufstehen bis zum Schlafengehen ähnlich bis in Einzelheiten durch religiöse Handlungen strukturiert. Fromme Muslime wiederum beten, angefangen mit einem Morgengebet bereits vor Sonnenaufgang über das Mittags-, das Nachmittags- und das Abendgebet nach Sonnenuntergang bis zum Nachtgebet, insgesamt fünf Mal. Dort freilich, wo die Arbeitswelt diesen Tageslauf erschwert, dürfen Muslime die Gebete abends nachholen oder jeweils zwei Gebete miteinander verbinden.

Für praktizierende Christen, hier insbesondere Katholiken, kommen an Jahreszeiten gebundene Andachten wie Maiandachten oder die Rosenkranzgebete des Oktobers hinzu, ferner im Frühling Flurprozessionen und zehn Tage nach Pfingsten die Fronleichnamsprozession, mancherorts zusätzlich Wallfahrten und, von Taizé aus organisiert, europäische Jugendtreffen, die, weder an Konfessions- noch Sprachgrenzen gebunden, einen in religiöser und kultureller Hinsicht erfreulich ökumenischen Charakter haben. In diesem Zusammenhang ist auch an viele Jugendgruppen zu erinnern, die allerdings zu einem erheblichen Teil lange Zeit konfessionsgebunden waren und häufig immer noch sind. Schließlich darf man nicht die immer noch zahlreiche Mitarbeit an Gottesdiensten, an kirchenbezogenen Orchestern und Chören und andere ehrenamtliche Tätigkeiten übersehen.

Da ein religiös geprägter Tages- und Jahresablauf vor allem unter Christen oder ehemaligen Christen mittlerweile selten geworden ist, auch die anderen genannten Aktivitäten geringeren Zulauf erhalten – eine Ausnahme bilden Gospelchöre und die sogenannten evangelikalen Kirchen –, zeigen sich religiöse Elemente vornehmlich in Restbeständen. Am auffälligsten ist der Sonntag, der, gegen die Werktage abgesetzt, immer noch von Berufsarbeit und von lärmenden Privattätigkeiten weitgehend frei gehalten wird. Selbst kirchliche Hochfeste, vielerorts zu staatlichen Feiertagen erklärt, fallen im Jahreskreis auf: vor allem Ostern, Pfingsten und Weihnachten. Nicht ganz so prominent, aber auch wichtig ist Christi Himmelfahrt, in der Schweiz Auffahrt genannt, mancherorts Fronleichnam, ferner Allerheiligen und als Anlass für kleine Geschenke, das Nikolausfest.

Einige dieser Feste sind schon deshalb nicht unbedeutend geworden und sperren sich gegen ihr Abschaffen, weil die frühe Christenheit eine kluge »Medienpolitik« gepflegt hat, nämlich vorchristliche, teils heidnische, teils allgemeinmenschliche Fest- und Feiertage christlich umgedeutet hat, was eine über die »Christianisierung« hinausgehende Aktivierbarkeit erleichtert. Am prominentesten ist das als Geburt Christi gefeierte Weihnachten (gemeint ist »zu den geweihten, nämlich heiligen Nächten«). Die hier zuständige Vorstellung der alljährlichen Wiedergeburt einer Gottheit ist aus der ägyptischen und griechischen Mythologie bekannt und dort mit dem Jahreszeiten- und Vegetationszyklus verbunden. Ob es Parallelen zum germanischen Mittwinter- oder Julfest gibt, ist umstritten. Die Traditionen des Weihnachtsbaumes jedenfalls scheinen von dort zu kommen.

Das Weihnachtsfest, in vielen Staaten ein gesetzlicher Feiertag, hat sich seit Langem sogar in religionsfernen Kreisen zu einem der wichtigsten Familienereignisse entwickelt. Denn zu diesem Fest kommen Eltern, Kinder, Großeltern und weitere Verwandte auch über große Distanzen hinweg zusammen. Selbst ansonsten seltene Kirchgänger pflegen am Vorabend, dem Heiligen Abend, einen Gottesdienst zu besuchen, sich gegenseitig zu beschenken, miteinander Lieder zu singen und gemeinsam ein festliches Mahl einzunehmen. Mit seinen geschmückten Tannenbäumen, den reichen Gaben, dem Weihnachtsgebäck und vielen weiteren Elementen pflegt das Weihnachtsfest vor allem Kindern tief empfundene Erlebnisse zu schaffen, an die sie sich als Erwachsene gern erinnern.

Seit einiger Zeit allerdings hat sich das Weihnachtsfest und die ihm vorangehende Adventszeit – ähnlich das Osterfest, das die Fastenzeit ablöst – vom religiösen Zusammenhang frei gemacht. Die Zeit, da die Innenstädte sich mit Lichtern schmücken und die Geschäfte sich auf den »Geschenkrummel« einstellen, beginnt viele Wochen vorher; für viele Geschäftszweige ist das Weihnachtsfest *der* wirtschaftliche Höhepunkt.

Nicht nur der Lauf des Jahres, sondern auch der eines Lebens hat (quasi-)religiöse Züge. Zwar hat der vielfach auf christliche Heilige bezogene Namenstag gegenüber dem Geburtstag längst der Vorrang verloren. Aber nicht nur fromme Christen feiern die Taufe, die Erstkommunion und auf katholischer Seite Firmung, auf protestantischer Seite die Konfirmation. Ähnlich wichtig ist für Juden die Beschneidung, später die Bar- bzw. Bat-Mizwa. Und sowohl für die Hochzeit als auch die Beerdigung sind vielerorts religiöse Rituale immer noch weit verbreitet.

Kunst, Musik, Sprache und Literatur

Auch dies lässt sich von Gläubigen wie Nichtgläubigen schwerlich leugnen: Der Kirchenbau mitsamt den Kirchenfenstern und Altarbildern sowie die Gemälde und Skulpturen religiösen Inhalts sind ein nicht wegzudenkender Bestandteil der abendländischen Kunst. Wer an die riesigen Räume mancher gotischer Hallenkirche denkt, ahnt, dass hier zusätzlich die Ingenieurskunst eine enorme Rolle spielt.

Darstellungen von Gott, im Christentum in seinen drei Gestalten als Gottvater, Heiliger Geist und Gottessohn, ferner Jesu Leben, hier besonders die Geburt, die Kreuzigung, die Auferstehung und die Himmelfahrt, weiterhin Maria als Gottesgebärerin und zahllose Heilige, außerdem das Jüngste Gericht, Himmel, Fegefeuer und Hölle – all diese Themen und Gestalten erlauben es den Künstlern, so gut wie das gesamte Spektrum der menschlichen und einer übermenschlichen Gefühlswelt zu visualisieren: überragende Macht ebenso wie Demut, Freude, Schmerz und Trauer, wie Vertrauen, Misstrauen und Liebe, auch Rücksichtslosigkeit, nicht zuletzt Ehrsucht, Herrschsucht und Habsucht.

Überdies gehören in Europa Kirchen und Klöster zu den ältesten Museen. In ihnen wird nämlich Kunst öffentlich zugänglich, in der Regel ohne Eintrittspreise und ständiges Umhängen. Kirchenfenster sind Beispiele von Monumentalkunst, und zeitgenössische Künstler, die etwa Glasfenster schaffen, werden durch sie beinahe unsterblich.

Etliche Altarbilder findet man seit Längerem außerhalb der Kirchen, in Museen des heutigen Verständnisses. Dazu merkt Hegel in den »Vorlesungen zur Philosophie der Kunst« zwar zu Recht an, sobald ein Altarbild in einem Museum ausgestellt werde, verliere es seine ursprüngliche lebenspraktische Funktion: Niemand beugt mehr seine Knie davor, man bewundert nur noch die Kunst. Man kann sich aber in die Situation des Kniebeugens versenken, sodass kein bloßer Verlust eintreten muss. Auch können Kirchen für prachtvolle Schauspiele eine großartige Kulisse bieten, ohne zu anderen Gelegenheiten ihre ursprüngliche Aufgabe, Orte des Gottesdienstes zu sein, aufzugeben.

Einen anderen, bislang ungewohnten, umso aufschlussreicheren Blick auf christliche Bilderwelten wirft, von Interesse und Sympathie getragen, der Schriftsteller, Orientalist und »Kulturmuslim« Navid Kermani in seiner Studie »Ungläubiges Staunen – Über das Christentum«.

Wie die Orgelemporen, in anderer Weise Kirchen-, insbesondere Weihnachtslieder andeuten, hat die von der Religion, exemplarisch dem Christentum, inspirierte Musik einen kulturellen Reichtum geschaffen, der über alle Sprach-, Kultur- und Religions-, selbst Atheismusgrenzen hinweg weltweit gegenwärtig ist. Viele Kirchenlieder machen an Konfessionsgrenzen nicht halt. Die Kantaten, Oratorien und Passionen sowie die Messen großer Komponisten werden so gut wie überall aufgeführt. Diese religiöse Musik ist nicht nur in christlichen Kirchen, sondern ebenso in weltlichen Konzertsälen, hier selbst in atheistischen Staaten global gegenwärtig. In frecher Zuspitzung des rumänisch-französischen Philosophen und Essayisten Emil M. Cioran: »Gott verdankt Bach alles.«

Auch wenn sie vermutlich außerhalb des eigenen Kulturraums weniger gespielt wird, ist mancherorts jüdische und muslimische sowie, obwohl vermutlich seltener, buddhistische und hinduistische Musik und Tempelmusik präsent.

Die überragende Bedeutung von Geschichten und Bildern aus dem Alten und dem Neuen Testament zeichnet sich schon in den genannten Redensarten ab. Verantwortlich dafür ist nicht nur der Umstand, dass es sich hier um einen dem Judentum und den verschiedenen christlichen Konfessionen gemeinsamen religiösen Horizont, die Bibel, handelt, die für Juden das Neue Testament allerdings nicht einschließt. Es sind zudem sprachmächtige und bilderreiche, teils mehr dramatische, teils eher lebensweise, dann wieder lyrisch anmutende, nicht zuletzt rechtsförmige Texte.

Nicht minder bedeutsam ist der überwiegend narrative Charakter. Das Alte Testament bzw. die Thora beginnt mit einer Erzählung über die Erschaffung der Welt, einschließlich des Menschen. Es setzt sich fort in der Geschichte vom Sündenfall, später in der Erzählung von der Flucht aus Ägypten, wieder später der von der Übergabe der Zehn Gebote am Berg Sinai und dem Einzug ins Gelobte Land. Hinzukommt die Fülle hochdramatischer Geschichten, etwa von Abraham, Josua und Hiob, von Saul und David, sowie von auffallend vielen großen Frauengestalten wie Judith, Ruth, Esra und Esther.

An dieses literarische Muster, die Erzählung, schließen sich im Neuen Testament die Geschichten von der Geburt Jesu, von seinen Wunderheilungen, den Gleichnissen, dem Tod durch die Kreuzigung, dann der Auferstehung, der Himmelfahrt und der Ausgießung des Heiligen Geistes an.

Die Literatur, die diese Themen direkt behandelt oder davon inspiriert wird, ist uferlos, daher selbst exemplarisch schwerlich anzudeuten. Hier sei nur ein einziger Aspekt herausgehoben: Für die Ausbildung und Fortentwicklung der europäischen Nationalsprachen sind die Evangeliendichtungen, beispielsweise der altsächsische »Heliand«, und die Bildübersetzungen in die Volkssprachen von hoher Bedeutung. Im Deutschen hat die sprachmächtige Lutherbibel ein überragendes Gewicht. Zu den zahlreichen Gründen, warum das Schweizerdeutsch anders als das Niederländische eher ein Dialekt geblieben als eine eigene Sprache geworden ist, gehört vermutlich, dass die Zürcher oder Froschauer Bibel, weitgehend von Ulrich Zwingli und seinem Freund Lev Jud übersetzt, und deren spätere Revisionen in »Schriftdeutsch« verfasst wurden. In den Niederlanden hingegen wurden die zahlreichen Bibelübersetzungen, schließlich die später maßgebliche »Statenbijbel« in der dortigen Landessprache geschrieben.

Die kulturelle Bedeutung des Religiösen reicht erheblich weiter. Nicht wenige Höhepunkte der abendländischen Literatur sind direkt oder indirekt religiöse Texte, so Augustinus' »Confessiones« (»Bekenntnisse«), und eines der ersten Meisterwerke der italienischen Literatur, Dantes »Divina Commedia« (»Die Göttliche Komödie«). Im Hochmittelalter blüht eine Frühform christlicher Schauspiele, die geistlichen Spiele und Osterspiele, auf die später Mysterienspiele und im 16. und 17. Jahrhundert das Jesuitentheater folgen. Im 20. Jahrhundert schreibt T. S. Eliot über das Märtyrertum von Thomas Becket das Versdrama »Murder in the Cathedral« (»Mord im Dom«), und Paul Claudel verfasst »Le soulier de satin« (»Der seidene Schuh«). Von der vor allem als Kriminalautorin bekannten Dorothy L. Sayer stammt das Hörspiel »The Man Born to be King«, das später am New Yorker Broadway als Rockmusical »Jesus Christ Superstar« aufgeführt wird. Zur selben Zeit spielt man am Off-Broadway das Jesus-Musical »Godspell« (»Folgt dem Herrn«).

Auch wenn säkulare Zeitgenossen sie, die christlich inspirierte Literatur, lieber verdrängen, seien einige exemplarisch christliche Lyriker erwähnt, beispielhaft für Deutschland Angelus Silesius und Annette von Droste-Hülshoff, für England John Donne, John Milton und Emily Brontë und für Spanien Johannes vom Kreuz. Nicht zuletzt darf man die viel gelesenen Texte der Erbauungsliteratur nicht übergehen, die Andachtsbücher, Stundenbücher und Heiligenlegenden, auch Predigtensammlungen. Weithin bekannt sind G. K. Chestertons Detektivgeschichten um Pater Brown und Giovanni Guareschis Erzählungen und Romane um Don Camillo und Peppone.

Wie schon bei den Redensarten, so können auch hier derartige Aufzählungen ermüden. Sie sind aber notwendig, um sich das enorme Gewicht vor Augen zu halten, das den direkt oder indirekt religiös inspirierten Elementen in der europäischen Kultur zukommt.

Wirtschaft

In einer einflussreichen Schrift »Die protestantische Ethik und der Geist des Kapitalismus« behauptet der Soziologe und Universalhistoriker Max Weber vor mehr als einem Jahrhundert, der auf Erwerb ausgerichtete »Geist« des Bürgertums und modernen Kapitalismus sei von Erlösungsvorstellungen des asketischen Protestantismus geprägt. Vor allem in dem von Genf ausgehenden Calvinismus und dem im angloamerikanischen Raum beheimateten Puritanismus habe eine »asketische Weltverneinung« vorgeherrscht, die jenen »Rationalismus« des Gelderwerbs, also nicht etwa die eher allgemeinmenschliche Geldgier, sondern den rationalen Umgang mit Geld, der in einer säkularen Gesellschaft überleben konnte.

Die Frage, wie weit diese Behauptung überzeugt, braucht dieser Essay nicht zu behandeln. Vermutlich trifft Weber eine Teilursache. Dass der asketische Protestantismus aber nicht alleinverantwortlich sein kann, zeigt ein Blick auf die im Kapitalismus vorherrschende Sprache. Die für eine Grundinstitution des Kapitalismus, verstanden als Geld, die für das Bankenwesen wesentliche Sprache ist das Italienische, wie die folgenden Ausdrücke zeigen: banco / Bank, bilancio / Bilanz und credito / Kredit, ferner brutto, netto, Diskont, Kasse, Konto, Porto, Prokura, Saldo, selbst kapitalis / Kapital. All diese Ausdrücke stammen aus der zweifellos vorprotestantischen, zudem weit älteren spätmittelalterlichen Handelswelt von damals führenden Stadtrepubliken wie Genua und Florenz.

Gefühlswelt

Ein Kernphänomen vieler Religionen ist der Glaube. Gemeint ist jene in innerer Gewissheit gründende Anerkennung einer Heilslehre, die nach dem Zeugnis großer Religionsvertreter zwar immer wieder von Zweifeln, den Glaubenszweifeln, angefochten sein kann, die in der Regel aber nicht übermächtig sind. Exemplarisch ist die biblische Geschichte von Hiob, dessen Leben sich am Ende ins Gute wendet.

Dem Judentum beispielsweise kommt es auf die Gewissheit an, das auserwählte Volk zu sein, das in einem Bund mit Jahwe steht, und sich in den Erzählungen und Geboten der Thora, den fünf Büchern Moses, niederschlägt. Für das Christentum ist es die Gewissheit, in der Lehre und Person Jesu, dem Christus, der geschichtlich gewordenen, weil in Menschengestalt aufgetretenen Offenbarung und Gottheit zu begegnen. Je nach christlicher Konfession zählt hier vor allem die Hoffnung auf die Gnade Gottes oder ebenso, wenn auch nicht ausschließlich eine durch Verstand und Willen mitgeprägte eigene Leistung. Für den Islam wiederum ist der Glaube an Allah entscheidend, an den einzigen Gott, den allmächtigen Schöpfer, Erhalter und Richter aller Wesen, zusätzlich und kaum minder wichtig, dass Mohammed Gottes einziger Prophet ist.

Aus den entsprechenden Gewissheiten kann der Gläubige eine Lebenssicherheit gewinnen, ein Vertrauen, dass es am Ende gut geht, da keine die Grundfesten des Lebens zu bedrohende Tiefenerschütterungen zu befürchten sind. Der Philosoph Robert Spaemann hebt eine andere, nach seiner Ansicht für das Christentum eigentümliche Leistung hervor. Es vermag, schreibt er in einem der unter dem Stichwort »Grenzen« veröffentlichten Texte, »dem Leiden, dessen Linderung sie zur Pflicht macht, dort, wo es nicht beseitigt werden kann, einen Sinn für den Leidenden selbst zu geben«.

Allgemeiner gesagt können Religionen einen umfassenden Trost bieten, dies vor allem bei schlimmen Ereignissen, die den Betroffenen nicht zuzurechnen sind, aber auch bei Verfehlungen, die man begangen hat. Durch Anrufen einer alle menschliche Macht überragenden Kraft kann man, so erklären Vertreter von Religionen, Kräfte der Zuversicht und Hoffnung auf eine Zukunft gewinnen, die sich sogar bei schlimmen Taten, sofern man sie bereut und Buße tut, schließlich zum Guten wenden werde. Professionell gesprochen hilft dann die Religion bei der Kontingenzbewältigung. Insbesondere erleichtert sie, schwere persönliche oder kollektive Schicksalsschläge zu ertragen.

Diese tröstende Einschätzung von Religionen ist ohne Zweifel nicht, rundum richtig aber auch nicht. Ob man bei der Hiobgeschichte auf ihren Anfang, nicht den glücklichen Ausgang achtet, ob auf das Erdbeben von Lissabon, ob an zahlreiche Pogrome oder den Holocaust und an die vielen weiteren kollektiven und persönlichen Schicksale – man denke hier an Gottfried August Bürgers Ballade »Leonore«: »Kein Sakrament mag Leben / den Toten wiedergeben« – es gibt zahllose Anlässe, mit einem Gott zu hadern, der unendliches Leid zulässt, obwohl er es doch dank seiner Allmacht hätte verhindern können und dank seiner Allgerechtigkeit und Allgüte hätte verhindern sollen.

In diesen Fällen kann selbst bei tiefgläubigen Menschen das basale Lebens- und Gottvertrauen erschüttert werden. Bei besonders grausamen Schicksalsschlägen, etwa bei der Bestrafung von Unschuldigen oder bei blutigen, bis zu Pogromen gesteigerten Verfolgungen fangen selbst bislang unerschütterlich Glaubende an, mit Gott zu hadern, statt ihm blind zu vertrauen. Und nicht wenige fallen vom Glauben ab.

Ohnehin gibt es andere Quellen der Kontingenzbewältigung. Je nach Persönlichkeit und Kultur sucht man Zuspruch und Ermutigung bei Freunden oder bei Älteren, man sucht Trost in der Musik, der Literatur oder der Meditation, ferner in neuen Aufgaben oder auch, wie in einer der über ein volles Jahrtausend, vom 6. bis zum 17. Jahrhundert, meistgelesenen Schriften des Abendlandes, in der Philosophie.

Der zu Unrecht der Verschwörung gegen seinen König angeklagte Autor Boëthius (480 bis 524 n. Chr.), ein vorher höchst erfolgreicher Politiker, verfasst in der Zeit, in der er im Kerker auf die Vollstreckung des Todesurteils wartet, die Schrift »Vom Trost der Philosophie«. Das von Gedanken der Stoa und des Neuplatonismus inspirierte Werk besteht in einem Gespräch zwischen dem Autor und Frau Philosophia. Als gute Seelenärztin, mithin Psychotherapeutin, führt sie den Autor von dessen anfänglicher Empörung über das ihm widerfahrene Unrecht und die Trauer über die Strafe schrittweise jenem wahren Glück zu, das in der Suche nach Wahrheit und im sittlichen Wert liegt, das also nicht in gesellschaftlichen Ehren oder politischem Erfolg, sondern in sich, in Boëthius selbst, in seinem eigenen Inneren beheimatet ist.

Ähnliches trifft auf Erlebnisse der Intensität und Fülle zu. Sie können in religiösen Zusammenhängen auftreten, sind aber heute, wie der religiöse Philosoph Charles Taylor hervorhebt, nicht mehr daran gebunden. Freizeiten von Jugendorganisationen, gemeinschaftliche Politikproteste, vermutlich noch stärker gewisse Sportereignisse und Pop- oder Rockkonzerte sind säkulare Beispiele für Erlebnisse hochgesteigerter Gefühle.

Wer hingegen von tiefen Glaubenszweifeln und allzu bösen Schicksalsschlägen verschont bleibt, wer sich in den angedeuteten religiösen Zusammenhängen rundum zu Hause fühlt, der wird von einem Gottvertrauen und von diesem aus von einem grundlegenden Weltvertrauen getragen. Ohne von menschlichen Enttäuschungen, von Krankheiten und Unfällen unbehelligt bleiben zu müssen, findet er, so ist zu erwarten, immer wieder, wenn auch nicht ohne Mühen und Anstrengungen, zu Lebensmut und zu einem lebenswerten, sinnerfüllten Leben zurück.

Zwei Nachbemerkungen drängen sich zu diesen Einschätzungen auf: Wer an Gottesdiensten teilnimmt, kann sich, wenn ein künstlerischer Rang gegeben ist, an der äußeren und der inneren Architektur, ferner an Musik, Orgelspiel und gemeinsamem Gesang, vielleicht auch an der Predigt erfreuen. Zudem wirkt er an einem Ritual mit und erlebt sich selbst auch dann als Teil einer Gruppe, wenn ihm die anderen Gottesdienstbesucher unbekannt sind.

Schließlich mögen es volkskirchliche Restbestände sein, auf die mangels überzeugender Alternativen viele Bürger nicht verzichten wollen: auf den festlichen, zugleich den unterschiedlichen Anlässen gerecht werdenden Ablauf von Ritualen, etwa bei einer Taufe, einer Heirat und einer Beerdigung. Selbst wenn die Teilnehmer derartiger Veranstaltungen keine Gläubigen sind, taugt hier die Religion, auch wenn nur für kurze Zeit, zu mehr als Ornament und Zierde und zu mehr als einer Erholung vom Alltag und des Lebens Müh und Plag.

Lässt man die bisher vorgetragenen Beobachtungen und Überlegungen Revue passieren, so legt sich zu diesem Themenfeld folgende Zwischenbilanz nahe: Bei einem Minimum von wechselseitigem Respekt können beide Seiten, Anhänger und Nichtanhänger einer Religion, friedlich mit- und nebeneinander leben. Säkulare Zeitgenossen können anerkennen, dass zahllose der im Laufe vieler Generationen gewachsenen Elemente, von den Redensarten über das Orts- und Landschaftsbild, über den Jahreskreis und Lebenslauf bis zu den verschiedenen Facetten der Kultur, schließlich der Gefühlswelt, eine religiöse Herkunft haben.

Auch wenn einige Personen diese Elemente lieber beiseiteschieben, andere sie dagegen willkommen heißen, vielleicht sogar pflegen, lässt sich eine Gemeinsamkeit kaum bestreiten: Die Elemente müssen zwar nicht, sie können aber unsere Lebenswelt kraftvoll bereichern. In den meisten Fällen kann dabei jeder für sich entscheiden, wie er sich verhält, und den anderen die von ihnen bevorzugte Denk- und Lebensweise lassen. Wo das nicht möglich ist, besteht zwar die Gefahr von ernsthaften

Konflikten. Man kann aber eine öffentliche Debatte anstoßen und in Fällen, in denen man die Substanz einer verfassungsrechtlichen, säkularen Demokratie betroffen sieht, vor Gericht klagen. Bekannt ist der damals heftige Streit über die Präsenz von Kruzifixen in Schulen, Hochschulen und anderen öffentlichen Gebäuden.

Werden hingegen mehr als nur einige Elemente religiösen Zusammenhangs, werden sie alle, jede Redensart, jedes Gebäude, jedes Fest und so fort, in denen Religion anklingt, aus der Öffentlichkeit verbannt, bildlich gesprochen: mit Stumpf und Stiel ausgerissen, so wird die gemeinsame Lebenswelt entschieden ärmer. Im Prinzip kann man zwar neue Elemente schaffen, aber nur im Prinzip. Denn wie in vielen Lebensbereichen kann das Zerstören rasch und gründlich erfolgen. Ein Neuschaffen hingegen fällt schwer, dauert lange und wird selten von einem überragenden Erfolg gekrönt.

Klüger ist deshalb eine Strategie, die im Umweltschutz gepflegt wird. Falls aus mehr oder weniger guten Gründen ein großer Baum gefällt wird, pflanzt man an geeigneter Stelle weit mehr als nur einen einzigen neuen Baum. Nach diesem Muster beseitigt eine kluge Gesellschaft keines der genannten sprachlichen, emotionalen und kulturellen Elemente, ohne zugleich einen lebensfähigen Ausgleich zu schaffen. Weil das schwierig ist, geht auch eine kluge Politik, ebenso eine kluge Justiz hier umsichtig vor.

Besonnenheit und Verzicht

Zur Gefühlswelt kann, das lässt sich kaum bestreiten, ein Ethos des Verzichts gehören. Viele denken dann wie selbstverständlich an die Welt der Religionen. Tatsächlich hat das Themenfeld außer religiösen auch säkulare Quellen. Und bei ihnen handelt es sich keineswegs um religiöse Restbestände, die die Säkularisierungsprozesse überlebten. Sie haben vielmehr eine religionsunabhängige Herkunft, die, wenn man Jerusalem zum Morgen-, nicht Abendland rechnet, wahrhaft okzidental ist. Aus diesem Grund wird hier das Ethos des Verzichts in beiden, in vielen Phasen der Ideengeschichte ineinandergreifenden Aspekten vorgestellt.

Am Beginn steht ein erstaunlicher Befund: Sowohl in den Weltreligionen als auch in der von Religion unabhängigen philosophischen Ethik spielen Formen des Verzichts eine erhebliche Rolle. Zudem pflegen nicht nur Gläubige, sondern auch säkulare Zeitgenossen die entsprechende Praxis, etwa ein Fasten oder eine erhöhte Spendenbereitschaft vor großen christlichen oder jüdischen Feiertagen und Muslime im Fastenmonat Ramadan. Bei überzeugten Juden und Muslimen kommt der Verzicht auf Schweinefleisch, bei Muslimen zusätzlich der auf Alkohol hinzu.

Trotzdem sucht man heute in den einschlägigen Nachschlagewerken von Ethik, Philosophie und Theologie das Stichwort »Verzicht« vergeblich. Bestenfalls finden sich sehr kurze Überlegungen. Nicht anders verhält es sich bei Umfeldausdrücken wie »Askese« und »Fasten«. (Man sehe mir nach, dass ich als Ausnahme ein von mir herausgegebenes »Lexikon der Ethik« erwähne.) Taucht man also bei diesem Thema in eine fremd gewordene Welt ein? Oder ist nur der Ausdruck des Verzichts, nicht die Sache aus der Mode gekommen?

Wer sich an die semantische und die lebensweltliche Bedeutung heranarbeitet, wird ein zweites Mal überrascht: Bis weit in das 18. Jahrhundert versteht die deutsche Sprache unter dem Verzicht vor allem das in einem förmlichen Willensakt vorgenommene Aufgeben von Rechtsansprüchen. Mit diesem Verständnis ist der Verzicht als eine Lebenshaltung, als eine persönliche Einstellung und Sinnesart, als ein Ethos, nur weitläufig verwandt. Ein Kernelement, die frei und bewusst eingegangene, insofern letztlich selbst auferlegte Einschränkung bleibt jedoch erhalten.

Der Verzicht entspringt einem Willensakt, weshalb die Fähigkeit zum Verzicht, allerdings auch die zur Übertreibung, etwa zur Völlerei, eine anthropologische Bedeutung hat. Der Verzicht zeichnet ebenso wie die Völlerei den Menschen vor den Tieren und die für sich verantwortliche, mündige Person vor den noch unmündigen Kindern aus.

Antike

Wie in fast allen Bereichen der westlichen Kultur finden sich auch hier wesentliche Wurzeln in der griechischen Antike. Dabei ist eine erste einschlägige Beobachtung bemerkenswert. Wer heute »Askese« hört, denkt spontan an eine zu harter Selbstzucht gesteigerte Selbsteinschränkung, insbesondere an eine mitleidslose Zügelung der Begierden. Wörtlich bedeutet der Ausdruck aber ein Üben und Einüben, das nicht einem verringerten, sondern einem gesteigerten Menschsein dient. Als unverzichtbares Element einer Philosophie der Lebenskunst bezweckt diese Askese nicht den Verzicht, setzt ihn allenfalls, wo er hilft, als ein Mittel zu dem ein, worauf es letztlich ankommt, auf ein zur Meisterschaft gesteigertes Können. Dieses begnügt sich nicht mit einem zum bloßen Genießen abgeflachten Savoir-vivre. Es dient vielmehr einem der Eudaimonie, dem Glück im Sinne von Glückseligkeit, verpflichteten guten Leben.

Noch der wortmächtige Moralkritiker, aber auch Altphilologe und Pfarrerssohn Friedrich Nietzsche weiß, dass die »drei großen Prunkworte Armut, Demut, Keuschheit« bei allen großen, schöpferischen Geistern zwar einer »mutwilligen Sinnlichkeit Zügel anlegen«. Dies geschieht aber, heißt es in der »Genealogie der Moral«, ihrer dritten Abhandlung »Was bedeuten asketische Ideale?«, was jedem vernünftigen Verzichtsethos bewusst ist, nämlich nicht um der Zügelung willen. Es hat vielmehr den Zweck, der »Geistigkeit« oder einem anderen Ideal von Humanität die Vorherrschaft zu ermöglichen.

Eine sachliche Wurzel des griechischen Verzichtsdenken findet sich in Überlegungen zur Sophrosyne. Wörtlich bedeutet sie den gesunden Sinn, mithin jenen gesunden Menschenverstand, der sich selbst kennt, sich aber auch mit den Augen seiner Mitmenschen zu betrachten vermag und um seine eigenen Möglichkeiten, einschließlich deren Grenzen weiß.

In der volkstümlichen Moral der Griechen, pointiert in den Spruchweisheiten der Sieben Weisen wie Solon und Thales, lehnt die Besonnenheit zwei Grundgefahren des Menschen, die Hybris und die Pleonexie, ab. Schon Homers Epen und die antiken Tragödien geißeln die eine Grundgefahr, die Hybris, den frevelhaften Übermut. Und die bekannten Forderungen wie »Nichts im Übermaß« verlangen angesichts der zweiten Grundgefahr, der Pleonexie, dem Immer-mehr-wollen der Leidenschaften, entgegenzutreten. Die entsprechende Besonnenheit fordert nicht etwa, alle spontanen Neigungen zu unterdrücken und sich in eine weltabgewandte Lebensweise, in eine der späteren Bedeutungen von Askese, zurückzuziehen. Wohl aber soll man das übermütige Vertrauen in die eigenen Kräfte, eben die Hybris, und eine nie zufriedene Habsucht, Ehrsucht und Herrschsucht, die Pleonexie, mittels der dafür erforderlichen Verzichte überwinden.

In der philosophischen Ethik und politischen Philosophie, deutlich in Platons Hauptwerk, der »Politeia«, dem »Staat«, erhält die Besonnenheit sowohl eine persönliche als auch eine politische Aufgabe. Als »Mäßigung der Begierden« soll sie gemäß Buch V dort, bei den einzelnen Bürgern, und hier, bei der Polis, dem Besseren zur Herrschaft über das Schlechte verhelfen. In Bezug auf das Gemeinwesen ist übrigens dieser Zweck dafür verantwortlich, dass Platon zwei Forderungen aufstellt, die er schon selbst für höchst provokativ hält: Um dem Gemeinwohl uneingeschränkt zu dienen, nicht abgelenkt von der Sorge um die Familie und das Streben nach Reichtum, soll nicht etwa die gesamte Bürgerschaft, sondern nur die Führungselite auf eine eigene Familie und auf persönliches Eigentum verzichten.

Der zweite Kirchenlehrer der Philosophie, Aristoteles, konzentriert sich bei der Besonnenheit zwar auf die persönliche Seite. Als eine für den *bios politikos*, das (moralisch-)politische Leben, wesentliche Tugend behält sie jedoch eine politische Bedeutung bei: Gemeinwesen können dann stabil bleiben, überdies aufblühen, wenn die Bürger in Bezug auf Lust und Unlust das rechte Maß finden.

Besonnene Bürger sind fähig und bereit, bei der sinnlichen Seite ihres Lebens, dem Essen, Trinken und der Sexualität, auch bei der emotionalen Seite, dem Zorn, sich weder dem Zuviel, der Zügellosigkeit, noch dem selteneren Zuwenig, der Gefühllosigkeit, hinzugeben. Die deshalb gebotene Mitte ist nicht etwa quantitativ zu verstehen – wie wäre sie auch zu berechnen? Gemeint ist vielmehr jene Vortrefflichkeit, die die fraglos unverzichtbare Welt der sinnlichen Antriebskräfte nach Maßgabe der Vernunft und dessen, was sich gehört, gestaltet.

Darin ist ein Moment des Verzichts anwesend, gewiss. Dieses besteht aber nicht in der Einschränkung oder sogar Unterdrückung der

Gefühlswelt, sondern in der souveränen Herrschaft über sie. Lustintern gesehen verzichtet man auf die unüberlegte, kurzfristige Lust zugunsten der überlegten und langfristigen Lust.

Ein jüngerer Zeitgenosse von Platon und älterer von Aristoteles, der Kyniker Diogenes von Sinope, ist ein begnadeter Selbstinszenierer. Denn er zelebriert seinen zur Bedürfnislosigkeit gesteigerten Verzicht, indem er gemäß einer berühmten Anekdote sich ein Fass bzw. eine Tonne zur Wohnung nimmt und dadurch zu einer weltgeschichtlichen Person wird.

An Persönlichkeiten und Schulen, bei denen der Verzicht, freilich in der Regel nicht als Selbstzweck, eine Rolle spielt, ist die griechische Kultur also überreich. Gemeinsam ist ihnen das genannte Leitziel, die Eudaimonie, und die Einsicht, dass man, um sie zu erreichen, gewisse Verzichte auf sich zu nehmen hat. Auf welche Verzichte es ankommt und wie weit sie reichen, ist hingegen strittig.

Selbst ein Philosoph, bei dem man es nach landläufiger Einschätzung nicht erwartet, plädiert für Verzichte: Epikur. Für ihn zählt zwar allein die Lust (*hêdonê*). Nach deren Verständnis, einem aufgeklärten Hedonismus, besteht die wahre Lebenslust aber in einer heiteren Gelassenheit, einer Seelenruhe, die man am ehesten mit wenigen Bedürfnissen und leicht zu erfüllenden Wünschen erreicht. In Worten aus Nietzsches »Fröhlicher Wissenschaft«, ihrem ersten Buch, dem Aphorismus Nr. 45, kommt es auf eine »Bescheidenheit der Wollust« an. Denn gemäß einer zweiten Schrift, »Menschliches und Allzumenschliches«, ihrem zweiten Band, Aphorismus Nr. 192, genügt: »Ein Gärtchen, Feigen, kleiner Käse und dazu drei oder vier Freunde – das war die Üppigkeit Epikurs.« Wer sich also auf Verzichte im Sinne Epikurs einlässt, der kann in materieller Hinsicht ziemlich arm sein, emotional und sozial gesehen ist er hingegen reich.

Einige Vertreter des Neuplatonismus weichen von den soweit skizzierten pragmatischen Einstellungen zur Gefühlswelt radikal ab. Sie nehmen eine Kluft zwischen der sinnlichen Erfahrungswelt und der geistigen Welt an und glauben, die sinnliche Welt sei, weil Widerpart zur geistigen Welt, zu bekämpfen und am Ende zu überwinden.

Schließlich darf man die einflussreichste nachklassische philosophische Schule der Griechen, die Stoa, nicht übergehen. Von ihr und dem Neuplatonismus wird das Christentum später wesentliche Grundsätze übernehmen. Trotz eines anderen Hintergrunds – das Universum gilt als eine hierarchisch gegliederte kosmische Ordnung – kommt die Stoa Aristoteles' Begriff der Besonnenheit nahe. Auch sie verwirft nämlich jenes widervernünftige Leben nach der Leidenschaft, in denen egoistische Antriebe ein bestenfalls flüchtiges Glück versprechen. Das Lebensideal dieser philosophischen Schule, der stoische Weise, zeichnet sich durch eine Leidenschaftslosigkeit, eine Apatheia, aus, die in einem umfassenden Sinn von all dem frei ist, das dem Menschen gegen seinen Willen widerfährt. Die dafür erforderlichen Verzichte werden freilich kaum eigens hervorgehoben.

Christentum

Die in unserem Kulturraum vorherrschende Religion, das Christentum, pflegte in seiner Frühzeit ein Ethos des Verzichts aufgrund von zwei Hauptquellen. Die externe Quelle bildet die in sich vielfältige »heidnische« Philosophie, die interne Quelle besteht aus den eigenen heiligen Schriften, dem Alten, noch mehr dem Neuen Testament. Für die Tradition des Fastens kommen als dritte Quelle die im Mittelmeerraum verbreiteten Gestalten der Askese hinzu, die mit der ursprünglichen Bedeutung, dem Einüben eines gesteigerten Menschseins, kaum, allenfalls in dessen religiösem Verständnis zusammenhängen.

Die Grundformen des Verzichts, außer dem Fasten auch der Verzicht auf Schlaf und Sexualität sowie eine generelle Bedürfnis- und Anspruchslosigkeit, werden allerdings »verchristlicht«. Die Verzichte seien nämlich als Nachfolge des alles entscheidenden Vorbilds, Jesus, und »um des Himmelreichs« willen zu üben. Aus diesem Grund ist vorab ein tieferreichender Verzicht vonnöten: »Wer mir nachfolgen will«, heißt es im Markusevangelium (8,34), »der verleugne sich selbst, nehme sein Kreuz auf sich und folge mir nach.«

Wer nun im christlichen Sinn fastet, darf es, liest man im Matthäusevangelium (6,16), »nicht mit finsterem Gesicht« tun. Daher wird ein in emotionaler und theologischer Hinsicht leidenschaftlicher Christ, der schon erwähnte Kirchenlehrer Augustinus, erklären, es sei »ganz und gar gleichgültig, wie viel einer esse«, entscheidend sei allein, »mit welcher Leichtigkeit und Heiterkeit des Herzens er darauf verzichten könne, wenn Not oder Sollen es erfordern«.

Während Augustinus dem Neuplatonismus nahesteht, nimmt der zweite große Kirchenlehrer, Thomas von Aquin, den Philosophen, der damals eine mächtige Renaissance erfährt, Aristoteles, zum philosophischen Vorbild. In der Annahme von genau vier Haupttugenden folgt er jedoch Platon. Es ist die Lehre jener Kardinaltugenden, um die als *cardo*, Türangel, sich alles dreht: gegenüber den Gefühlswelt die Besonnenheit, angesichts von Gefahren die Tapferkeit, im Verhältnis zu den Mitmenschen die Gerechtigkeit und für alle moralisch-praktischen Fragen die Klugheit oder Weisheit. Die erste dieser Tugenden, im Griechischen die Sophrosyne, heißt bei Thomas *Temperantia*: Mäßigkeit und Maß.

Von Aristoteles inspiriert, tritt nun Thomas hier der damals wie heute verbreiteten Ansicht entgegen, Fasten sei etwas Außergewöhnliches, bei dem sich die Vorstellung von Asketen und Heiligen aufdränge. In Wahrheit handele es sich nicht einmal um eine wirklich religiöse Praxis, denn geboten sei es von der *lex naturae*, dem natürlichen Sittengesetz, her. Es gründe also in einem allgemeinmenschlichen Sollen, weshalb es auch von einem rein säkularen Denken einzusehen sei.

Nicht mehr aristotelisch ist Thomas' Überzeugung, der in Handlungen wie dem Fasten vorgenommene Verzicht sei wie ein Arzneimittel, das man gegen den »Aufruhr der Sinnlichkeit« immer wieder einnehmen solle. Denn wer hinsichtlich der Gefühlswelt immer wieder das einschlägige maßvolle Tun und Lassen pflegt, dem wird durch das wiederholte Einüben der Temperantia die vernünftige Kontrolle der Triebe und Bedürfnisse zu einer festen Haltung. Er bildet also ein Charaktermerkmal aus, eben die Tugend der Besonnenheit oder des Maßes. Infolgedessen droht ihm nach Aristoteles kein Übergewicht der Triebe und Bedürfnisse mehr, und er benötigt nicht mehr als Medikament das gelegentliche Fasten.

Augustinus, der nach eigener Auskunft viele Jahre lang ein ausschweifendes Leben geführt hat, will nach seiner spektakulären »Bekehrung« selbst wie ein Mönch leben, nämlich auf Reichtum, Frauen und Karriere verzichten. In der letztgenannten Hinsicht wird er freilich, ob gewollt oder ungewollt, ein kirchenpolitisch hochbedeutsamer Bischof, sogar der über Jahrhunderte, für manche bis heute wichtigste Kirchenlehrer der Christenheit.

Obwohl Augustinus ausdrücklich ablehnt, jeder Gläubige solle wie ein Mönch leben, obwohl er also darauf verzichtet, den entsprechenden Verzicht von allen Christen zu erwarten, besteht die Gefahr, dass »gute Christen« den radikalen Verzicht für die bessere, den Verzicht auf diesen Verzicht hingegen für die nur zweitrangige Lebensform ansehen. In der Tat sind leibfeindliche Neigungen zu einem erheblichen Teil wegen Augustinus dem Christentum nicht fremd. Immer wieder erscheint der weltabgewandte, die Welt sogar verachtende Asket als christliches Ideal.

In geistesgeschichtlicher Hinsicht revolutionärer ist ein anderer, nicht mehr relativierbarer, weil für das Christentum wesentlicher Aspekt: Das im Neuen Testament geforderte Sich-selbst-Verleugnen, dieser Tiefenverzicht, beläuft sich auf einen gegenüber den gewöhnlichen Verzichten weit grundlegenderen Verzicht. Denn die Glückseligkeit, die Eudaimonia, auf Latein *beatitudo*, darf man nicht mehr im Diesseits suchen. Das wahre Glück liege nämlich im (immerwährenden) Sein bei Gott.

Mit diesem Argument werden die innerweltlichen, »säkularen« Tugenden nachhaltig entmachtet. Sie bleiben zwar wichtig, verlieren aber ihr Eigenrecht. Sie sinken zu Voraussetzungen, gewissermaßen Steigbügeln des eigentlichen Glücks herab. Für dieses braucht es nämlich drei neuartige Lebenseinstellungen, die allein wahrhaft glücksentscheidend sind: die Tugenden des Glaubens (*fides*), der Hoffnung (*spes*) und der Liebe (*caritas*). Der Glaube macht sich vom Verhaftetsein an das Irdische und Vergängliche frei; die Liebe zielt auf die geistige Schau Gottes, und die Hoffnung lässt erwarten, dieser Schau einmal tatsächlich teilhaftig zu werden.

Durch drei religiöse oder christliche Tugenden also verlieren die heidnischen Tugenden an Eigenrecht und Eigenmacht. Die Temperantia beispielsweise muss auf denjenigen Anteil des eigenen Willens verzichten, der zum Glauben in Konkurrenz treten, nämlich zum Abfallen von Gott führen könnte. Ähnliches gilt in Bezug auf die Liebe und die Hoffnung: Wer, weil im Irdischen befangen, Gott nicht liebt oder auf die Schau Gottes nicht mehr hofft, der handelt nach christlicher Vorstellung dem Verlangen nach dem wahren Glück zuwider.

Thomas von Aquin allerdings betont den Eigenwert der säkularen Tugenden. Bei der Temperantia hebt er weniger auf die negative Seite, den Verzicht, als auf die positive Funktion ab: Wer in der Welt der Sinnlichkeit Maß hält, der darf die Freuden des Tastsinns, des Essens, Trinkens und der Sexualität genießen, denn sie dienen letztlich zwei allgemeinmenschlichen Aufgaben, der Selbst- und der Arterhaltung.

Neuzeit und 20. Jahrhundert

Zu Beginn der Neuzeit tritt ein grundlegend anderer, in seiner Rechtfertigung von aller Religion unabhängiger Verzicht in den Vordergrund: Nach dem frühneuzeitlichen Grundgedanken, dem Prinzip der freien Selbsterhaltung, hat jeder ein natürliches Recht auf alles. Sobald jedoch dieses schrankenlose Recht auf das gleiche natürliche Recht der Mitmenschen stößt, hebt es sich in Gegenseitigkeit auf. Um diesen kontraproduktiven Zustand zu überwinden, also aus aufgeklärtem Eigeninteresse, muss jeder auf das schrankenlose Recht verzichten und sich mit einem wechselseitig eingeschränkten Recht zufriedengeben.

Dieser Verzicht gehört zwar weit mehr zur Rechtstheorie, hier von Hobbes über Spinoza, Locke und Rousseau bis zu Kant, als zum Ethos persönlichen Verzichts. Trotzdem enthält er zumindest bei Hobbes Elemente, die man zum Verzicht als einer persönlichen Einstellung zuordnen kann: Nach Hobbes' viertem natürlichen Gesetz soll man auf Undankbarkeit, nach dem achten Gesetz auf Hass und Verachtung und nach dem neunten Gesetz auf Hochmut, also Hybris, verzichten. Diese Verzichte tragen nun fraglos zu dem Verzichtsethos bei, das laut Aristoteles einen wesentlichen Bestandteil der moralisch-politischen Lebensform bildet.

Im neuzeitlichen Denken taucht eine weitere, gegenüber der bisherigen Debatte grundlegend andere, erneut von Religion unabhängige Verzichtsart auf. Sie findet bei der Arbeit statt. Hegel bringt es in der »Phänomenologie des Geistes«, im berühmten Herrschafts-Knechtschafts-Kapitel, auf den Begriff: Wer arbeitet, setzt sich mit der Natur, statt sie direkt zu genießen, erst einmal auseinander. Insofern verzichtet er auf einen unmittelbaren Genuss und überwindet mit diesem Verzicht seine Eigenart als ein bloß naturhaft vorhandenes Wesen. Im Gegensatz zur häufigen Geringschätzung der Arbeit erweist sie sich hier als ein humaner Gewinn: Nicht derjenige, der den Knecht zur Arbeit zwingt, der anfängliche Herr, sondern der anfängliche Knecht erweist sich am Ende als der eigentliche Herr.

Noch einen weiteren Beitrag leistet Hegel zum Verzichtsethos, jetzt zu einem traditionellen Verzichtselement, der Besonnenheit: Zur praktischen Bildung gehöre es, »bei der Befriedigung der Bedürfnisse und Triebe« sich auf ein Maß zu beschränken, das zur Selbsterhaltung notwendig ist. Werde dabei das Maß durch ein Zuviel oder ein Zuwenig überschritten, so habe es zur Folge, was wir schon von Aristoteles kennen, eine »Abstumpfung und Schwäche« der Kräfte. Allerdings kann es einmal notwendig werden, sogar das zur Selbsterhaltung unverzichtbare Maß »höheren Pflichten aufzuopfern«.

Vor Hegel hatte schon Kant das traditionelle Thema als eine »Kultur der Tugend« erörtert: als das auf die Festigkeit und Verlässlichkeit eines Charaktermerkmals abzielende Einüben in das moralisch verbindliche Handeln. Dessen Regeln, heißt es im Paragrafen 53 der »Tugendlehre«, »gehen auf die zwei Gemütsstimmungen hinaus, wackeren und fröhlichen Gemüts« die Pflichten zu befolgen. Als Muster führt unser fraglos säkularer Philosoph keine christlichen Vorbilder, sondern zwei heidnische Denkrichtungen an. Bei dem zur Pflichterfüllung notwendigen Verzicht auf mancherlei Lebensfreuden solle man nämlich, was einer sich selbst peinigenden Mönchsethik widerspreche, die Tapferkeit des Stoikers mit der Fröhlichkeit Epikurs verbinden.

Im 20. Jahrhundert wird die klassische Tugendethik, namentlich die des Aristoteles und des Thomas von Aquin, wiederentdeckt. Dort, wo der Tugendbegriff bloß generell rehabilitiert wird, ohne einzelne Tugenden zu erörtern, spielt der Verzichtsgedanke so gut wie keine Rolle. Anders verhält es sich bei zwei der damals einflussreichen, heute aber nicht mehr so bekannten Denker, Nicolai Hartmann und Josef Pieper. Beide nehmen für einzelne Tugenden ausführliche und vorbildlich phänomengerechte Erörterungen vor. Mit gutem Grund legen sie im Fall der Besonnenheit mehr Wert auf ihren positiven Beitrag zu einer Fülle des Menschseins. Das negative Moment, das des Verzichts, verdrängen sie freilich nicht.

Hartmann, ein entschieden säkularer Denker, versteht die erste Kardinaltugend, die Besonnenheit, als seelisches Maß und Ebenmaß und, worin Verzicht anklingt, als »Eindämmung des zerstörend Unmäßigen«. Mit Aristoteles im Hintergrund widerspricht er vehement dem asketischen Ideal, das sich in der kynischen (siehe Diogenes) und stoischen Forderung niederschlage, Affekte auszurotten. Diesem »naturwidrigen« Ideal habe die »christliche Ansicht von der wurzelhaften Sündhaftigkeit der menschlichen Natur« Vorschub geleistet.

Weil Hartmann die Affekte für die »Wurzel des emotionalen Lebens und der seelischen Kraft« hält, sympathisiert er mit der »Epikureischen Verfeinerung, Bereicherung, Durchbildung des Gefühlslebens«. Folgerichtig schätzt er bei Aristoteles, dass auch er die »Stumpfheit des Gefühls« als ein Laster eingeschätzt hat. Hartmann spricht sich sogar für eine »Steigerung der Genussfähigkeit im Sinne des ethischen, guten Geschmacks« aus. Offensichtlich lässt sich hier ein Ethos des Verzichts, etwa ein Plädoyer für das Fasten, schwerlich anschließen.

Der hingegen dezidiert christliche Philosoph Pieper findet für das Fasten respektable Gründe. In seiner Erneuerung der klassischen Theorie der Kardinaltugenden, veröffentlicht unter dem Titel »Das Viergespann«, beruft er sich vornehmlich auf einen Kirchenlehrer der »noch ungeteilten Christenheit«, auf Thomas von Aquin. Im Fall der Besonnenheit, der Temperantia, wählt der in der Nachkriegszeit viel gelesene Philosoph für den schwer zu übersetzenden Ausdruck der Temperantia »Zucht und Ordnung«. Für heutige Ohren klingt »Zucht« ohne Frage befremdlich. Pieper selbst verweist auf den Zusammenhang mit »Erziehung«. Denn im Gegensatz zu einer banalisierenden Verkürzung der Temperantia auf »Mäßigkeit im Essen und Trinken« mit dem Gegensatz zu »Völlerei« schaffe sie weit mehr, nämlich eine innere Ordnung.

Hier hat nun für Josef Pieper jenes Thema seinen Ort, das man mit dem Gedanken des Verzichts am ehesten verbindet, das Fasten. Wer dann an eine religiöse Vorschrift, an die »disziplinäre Anordnung« einer Kirche denke, die ohnehin »schnell bereit zu jeglicher Erleichterung und Dispens« sei, wird allerdings zweifach überrascht. Pieper erinnert sowohl an Augustinus' Heiterkeit des Herzens, mit der das Fasten vorzunehmen sei, als auch an Thomas' Begründung des Fastens aus dem natürlichen Sittengesetz.

Den Hintergrund des Plädoyers für das Fasten bildet eine Unterscheidung: die der außergewöhnlichen, schon zur Vollkommenheit gereiften Persönlichkeit vom gewöhnlichen, durchschnittlichen Menschen. Weil bei Letzterem die innere Ordnung der sinnlichen Antriebskräfte gefährdet sei, müsse er – also nur er? – das Erziehungsmittel des Fastens zur Hilfe nehmen. Er müsse sich »etwas kosten lassen«, eben Verzicht üben, um sein Wesen als Mensch zu verwirklichen: um eine »sich selbst besitzende, freie sittliche Person« zu werden.

Ohne Zweifel muss man diesem Ziel nicht widersprechen. Wer sich jedoch von Aristoteles' Gedanken überzeugen lässt, wird die zum Charaktermerkmal gefestigte innere Ordnung der Gefühlswelt, wird die zur Tugend gewordene Besonnenheit bzw. Temperantia, für eine Möglichkeit halten, die auch dem Durchschnittsmenschen offensteht. Dieser vermag durchaus den Wert eines Fastens anzuerkennen, muss sie aber nicht in den Rang eines notwendigen Erziehungsmittels erheben.

Zwei politische Probleme

Für die Leitfrage dieses Essays, das Verhältnis von Demokratie und Religion, erscheint das Themenfeld von Besonnenheit und Verzicht als beinahe unerheblich. Wenn Politiker ihr Fasten öffentlich wirksam zeigen, mögen sie zwar in religiös geprägten Gemeinwesen ihre Beliebtheit steigern. In den religiös und weltanschaulich neutralen Demokratien hingegen pflegt dieser Gewinn zu entfallen; bei radikal säkularen Bürgern dürfte er sogar in einen Verlust umschlagen. Dass Politiker bei entsprechenden Anlässen auf religiöse Vorschriften Rücksicht nehmen und etwa bei einer Zusammenkunft mit jüdischen oder muslimischen Staatsführern auf Schweinefleisch, bei Muslimen zusätzlich auf Alkohol verzichten, sollte sich von selbst verstehen.

Nicht ganz so selbstverständlich ist beispielsweise die Erwartung, die man an einen muslimischen Politiker oder Beamten haben darf, nämlich dass er bei seinen religiös begründeten Verzichten, etwa dem strengen Fasten im Ramadan, dafür Sorge trägt, seine Amtspflichten nicht zu beeinträchtigen. Oder müssen auch streng säkulare Bürger anerkennen, dass im Ramadan gewisse Lehrer, Hochschullehrer und Verwaltungsbeamte ihre Aufgaben nicht mit voller Kraft erfüllen? Hier zeichnet sich jedenfalls zwischen Demokratie und Religion ein Dilemma ab.

Bei Überlegungen zum Verzicht empfiehlt sich, an die antiken Warnungen vor zwei Grundgefahren des Menschen, die Hybris, also den Übermut, und die Pleonexie, das Immer-mehr-wollen, zu erinnern. Dabei genügt es hier, das Problem pauschal anzusprechen: Die in der heutigen Welt vielerorts herrschende Habsucht, Ehrsucht und Herrschsucht, die zweifellos gegebene Überbeanspruchung der Natur, einschließlich der Atmosphäre, und die immer tiefer reichenden Eingriffe in das menschliche Erbgut, nicht zuletzt in einen natürlichen Sterbeprozess, zeigen augenfällig, dass der modernen Zivilisation beide Gefahren nicht fremd sind: weder der Hochmut und Übermut der Hybris noch die Niezufriedenheit der Pleonexie.

Das dagegen unverzichtbare, nicht etwa bloß gelegentlich einzusetzende Heilmittel liegt auf der Hand: Will die moderne Zivilisation menschenwürdig überleben, benötigt sie ein erhebliches Maß sowohl an persönlicher als auch an wirtschaftlicher, gesellschaftlicher und politischer, nicht zuletzt an einer global wirksamen Besonnenheit.

Weil diese Besonnenheit von jedem Einzelnen Einschränkungen verlangt, hat der erforderliche Verzicht eine eminent politische Bedeutung. Bei ihr kann von einem Dilemma, einer Zwangslage, im Verhältnis von Demokratie und Religion keine Rede sein. Es ist zwar unerheblich, ob die Bürger sich den erforderlichen Verzichten aus säkularen Gründen, etwa aus dem Gedanken einer Gerechtigkeit gegenüber den nächsten Generationen unterwerfen, oder aus religiösen Gründen, um die Schöpfung zu bewahren. Nicht belanglos ist dagegen die Frage, ob der Verzicht aus freien Stücken, ohne staatliche Eingriffe, erfolgt. Schon aus Gerechtigkeitsgründen – damit, wer Verzicht leistet, nicht benachteiligt, wer ihn ablehnt, nicht bevorteilt wird – empfehlen sich Gebote und Verbote, die für alle gelten, also Verpflichtungen mit einer notfalls zwangsbefugten Rechtskraft. Dass sie umsichtig, sowohl verhältnismäßig als auch wirksam, festzulegen sind, versteht sich, ist aber allzu häufig nicht der Fall.

Soziale und politische Präsenz

Sofern Religionen in den westlichen Demokratien – noch – eine Rolle spielen, herrscht das Christentum vor. Deshalb wird es in diesem Kapitel als Exempel herangezogen.

Soziale Einrichtungen und christliche Parteien

Von seinem Kernelement, der Nächstenliebe, getragen und inspiriert vom Vorbild des Gründers, von dessen Wirken und Gleichnissen, etwa dem Samaritergleichnis und dem Gleichnis des reichen Prassers, nicht zuletzt von der Bergpredigt mit der Botschaft von Nächstenliebe, Sündenvergebung, Brüderlichkeit und Demut, hat das Christentum im Laufe der Zeit eine reiche soziale Tätigkeit entfaltet. Die aus christlichen Motiven gespeiste, nicht nur persönliche, sondern auch organisierte Hilfe für Notleidende zeigt sich schon sehr früh, etwa in christlichen Pflegeheimen und Hospizen.

Mit der Zeit wächst die Tätigkeit der christlichen, aber auch die anderer religiöser Hilfsorganisationen. Mittlerweile hat sie sowohl nach finanziellem als auch personellem Einsatz ein so großes Maß erreicht, dass, würden die Organisationen ausfallen, der Sozialstaat in größte Schwierigkeiten geriete. Freilich darf man, wenn mancherorts der Sozialstaat mit Argumenten der Nächstenliebe gerechtfertigt wird, nicht den wesentlichen Unterschied verdrängen: Eine wahrhaft christliche

Nächstenliebe geschieht freiwillig, während der Sozialstaat mit Steuern, also dem Wesen nach zwangsbefugten Abgaben, finanziert wird. Die großen christlichen Wohlfahrtsverbände entstehen im 19. Jahrhundert als eine Antwort auf das Elend großer Bevölkerungsteile. In Deutschland zum Beispiel sind es auf katholischer Seite die Caritas und auf evangelischer Seite die Diakonie. Zudem werden von kirchlicher Seite Krankenhäuser, ferner Senioren- und Pflegeheime, Pflegestationen und vieles mehr betrieben. Die einschlägige Hilfe beschränkt sich nicht auf Notleidende des eigenen Landes. In Advents- und Fastenkollekten wie Adveniat, Brot für die Welt und Misereor wird für Notleidende außerhalb anderer Kontinente gesammelt.

Noch in anderen Hinsichten werden die Kirchen aktiv, so als »Agenturen« und »Verteilungsplattformen« für freiwillige soziale Arbeit und als Sensoren für soziale Nöte. Beides findet sowohl auf der Ebene von Gemeinden als auch auf der der Bundesländer, ferner des Bundes sowie auf europäischer und auf globaler Ebene statt. Vergessen darf man freilich nicht, dass im Rahmen des Sozialstaates soziale Aufgaben auch von rein weltlichen Institutionen und Organisationen übernommen werden. Religionsgemeinschaften, die trotz dieser weltlichen Entlastung sich in erster Linie für soziale Tätigkeiten verpflichtet fühlen, laufen Gefahr, das spezifisch religiöse Wirken in den Hintergrund zu drängen, etwa die liturgischen und die spirituellen Aufgaben zu vernachlässigen.

Eine weitere Tätigkeit von Kirchen: Sie betreiben auch Privatschulen, Internate und kirchliche Hochschulen sowie kirchliche Akademien; zudem sind sie Träger von Stiftungen für Hochbegabte. Ähnliches trifft auf das Judentum zu, aber, soweit ich weiß, kaum für den west- und mitteleuropäischen Islam.

Bleiben wir bei der in Europa immer noch vorherrschenden Religion, dem Christentum, so finden wir selbst in den Kirchen, die den Priestern den Vorrang einräumen, zahllose Organisationen, Vereine und Verbände, die vornehmlich von Laien getragen werden. Obwohl in den entsprechenden Organisationen, also in den christlichen Arbeiter-, Berufs-, Bildungs- und Erziehungsverbänden, in den christlichen Frauen-, Männer- und Jugendorganisationen, die Mitgliederzahlen zurückgehen, sind sie von einem Aussterben noch weit entfernt.

Auf nähere Erörterungen kommt es in diesem Essay nicht an, wohl aber darauf, dass diese vielfältige Wirklichkeit nicht aufgrund eines säkularisiert verengten Blicks unterschlagen wird: In den genannten, teils konfessionsgetrennten, teils überkonfessionellen Einrichtungen finden sich immer noch zahlreiche Menschen mit dem Ziel zusammen, mit anderen in einem wie auch immer verstandenen, nicht selten umstrittenen christlichen Geist zu arbeiten, auch gemeinsam zu feiern und dabei ein Stück gesellschaftlicher und geistiger Heimat zu erfahren.

Nicht minder wichtig und teilweise besser bekannt sind die christlichen Parteien, die in vielen Ländern, beispielsweise in Frankreich, Irland und Italien, in Belgien, den Niederlanden und Deutschland, in Österreich, damals einschließlich den heute tschechischen Landesteilen Mähren und Böhmen, und der Schweiz, entstanden sind. Teils wegen konfessioneller Dominanz wie in Frankreich und Italien, teils wegen konfessioneller Nachteile wie in Deutschland oder offensichtlicher Unterdrückung wie in den protestantischen Teilen Irlands waren sie lange Zeit ausdrücklich, zumindest de facto an eine Konfession, den Katholizismus, gebunden. Heute spielen Konfessionsgrenzen in christlichen Parteien allenfalls eine geringe Rolle.

Werfen wir einen kurzen Blick auf die geschichtliche Entwicklung: Schon im Jahr 1965 wurde die Europäische Union Christlicher Demokraten (EUCD) gegründet. Eine halbe Generation später schlossen sich die christdemokratischen Parteien im Hinblick auf die im Jahr 1979 stattfindenden direkten Wahlen zum Europäischen Parlament in der Europäischen Volkspartei (EVP) zusammen. Heute stellt sie als stärkste Fraktion den Parlamentspräsidenten. Die Frage, ob alle bisher in der Fraktion vertretenen Parteien selbst dann in der Fraktion bleiben dürfen, wenn ihre Politik christlich-demokratischen Werten offensichtlich widerspricht, ist umstritten. Ein Beispiel ist bekannt: Um dem drohenden Ausschluss zuvorzukommen, ist der ungarische Ministerpräsident Viktor Orbán mit seiner Fidesz-Partei Anfang Mai 2021 aus der EVP-Fraktion ausgetreten.

Christliche Politik?

Wenn sich eine Partei in Deutschland und in Italien als christlich, in Belgien als katholisch und in der Schweiz als evangelisch bezeichnet, dann sind Fragen der folgenden Art unvermeidbar: Welcher Anspruch wird damit erhoben? Überdies: Geschieht es lediglich in frommen Worten oder zu Recht? Ferner: Ist der Anspruch nur ein überliefertes Etikett, auf das man ungern verzichtet? Wäre es also nicht ehrlicher und in einer säkularisierten Welt zudem klüger, zugleich wirklichkeitsnäher, sich so zu verhalten wie die entsprechenden nationalen Parteien und die Fraktion im Europäischen Parlament, nämlich auf jede religiöse Qualifizierung zu verzichten und sich schlicht Volkspartei zu nennen? Dies trifft jedenfalls in Österreich auf die 1945 gegründete Österreichische Volkspartei (ÖVP) und auf der EU-Ebene wie gesagt auf die Europäische Volkspartei zu.

Freilich drängen sich gegen dieses Verhalten Einwände auf: In etlichen Ländern wollen auch andere Parteien eine Volkspartei im Sinne einer in breiten Schichten des Volkes verankerten Partei sein. Insofern bräuchte man doch eine Qualifizierung. Für sie legt sich »konservativ« nahe, was freilich manche Mitglieder der entsprechenden Partei für eine Verengung und Verkürzung halten dürften. Zudem hat jede der einschlägigen Parteien einen spezifischen gesellschaftlichen und kulturellen Hintergrund, den sie nicht leichtfertig aufgeben wird. Während in Österreich die christliche, des Näheren katholische Ausrichtung so selbstverständlich gewesen ist, dass die ÖVP auf die Qualifizierung als christlich verzichten konnte, trifft dies auf Schweiz, deren Christliche Volkspartei, die CVP, nicht zu.

In systematischer Hinsicht ist die Ausgangslage paradox: Seit Anbeginn wendet sich das Christentum, in seinen Anfängen ein Reformjudentum mit einem hochcharismatischen Rabbi und Wanderprediger, nicht mehr an ein bestimmtes Volk oder eine sonst wie abgegrenzte Gruppe. Der Adressat sind alle Menschen guten Willens: Das Christentum erhebt in seinem Wesenskern einen universalistischen Anspruch. Trotzdem wird es ideen- und sozialgeschichtlich gesehen zu einer partikularen Gemeinschaft.

Diese Gemeinschaft breitet sich freilich über die ganze Welt aus, und zumindest nach den eigenen Grundsätzen »ohne Feuer und Schwert«. Ausdrücklich fordert der Gründer, Jesus von Nazareth, seinen Jünger Petrus auf, selbst im Fall von Beleidigungen und anderen Angriffen »das Schwert in der Scheide zu lassen«. Man soll sich also nicht mit Gewalt wehren, sondern mit einem Beispiel, dem die Kraft, andere zu überzeugen, innewohne: mit einer kompromisslosen Friedfertigkeit. Die Frage, ob das Christentum, sobald es gegen Ende der Antike zur Staatsreligion des Römischen Reiches wird, noch diesem Geist voll entspricht, sei hier dahingestellt.

Was ist christliche Politik?

Die christliche Weltauffassung hat vereinfacht gesagt zwei Seiten, eine lebenspraktische und eine dogmatische Seite. Sie besteht nämlich aus einer Lebenspraxis der Nächstenliebe und aus einer Dogmatik mit Glaubenssätzen. Von ihnen teilt das Christentum mit dem Judentum die Gedanken der Gottesebenbildlichkeit und der Erbsünde. Andere Elemente hingegen sind für das Christentum spezifisch, so der Glauben an den einen Gott in drei Gestalten, die Trinitätslehre, ferner die Lehre von Jesus als dem durch Kreuzestod und Auferstehung bezeugten Christus, dem Erlöser, und die Überzeugung, der entsprechende Glaube sei eine von Gott frei geschenkte Gnade.

Wegen der zwei verschiedenen, wenn auch miteinander verschränkten Seiten von Nächstenliebe und Dogmatik muss ein christlicher Politiker sich überlegen, wie weit er die Glaubenslehren – einschließlich der bekannten, häufig erbitterten Konfessionsstreitigkeiten – in sein öffentliches Wirken hineinnehmen soll.

Daran schließt sich die heikle Zusatzfrage an: Kommt es dem christlichen Politiker tatsächlich auf den inneren Glauben oder aber auf politische Opportunität an, weshalb er in betont laizistischen Ländern wie Frankreich anders als in traditionell katholischen Ländern wie Italien agiere? Oder ist es nicht besser, und zwar nicht im Sinne von Opportunität, sondern von Sacherfordernissen der Politik besser, die christliche Dogmatik weitgehend im Hintergrund zu lassen und sich auf den lebenspraktischen Anteil zu konzentrieren? Christliche Politiker könnten sich dabei sogar auf Aussagen ihrer heiligen Schrift berufen, namentlich auf die im Neuen Testament anklingende und schon erwähnte Trennung der göttlichen und der weltlichen Sphäre: »Gebt dem Kaiser, was des Kaisers, und Gott, was Gottes ist.«

Der lebenspraktische Anteil wirft freilich ebenfalls ein Problem, sogar deren zwei auf. Jesus wendet sich an einzelne Personen; sein Grundsatz der Nächstenliebe eignet sich seinem Wesen nach eher für Kleingruppen. Trotzdem beruft sich die frühneuzeitliche Wissenschaft bei ihrem humanitären Impuls, mit Naturforschung den Menschen zu helfen, auf die Nächstenliebe und rechtfertigt, so Francis Bacon, ihre ständig fortschreitende Forschung mit dem Argument: *But of charity there is no excess*, also von humanitärer Forschung könne es nie genug geben.

Hier sei eine forschungspolitische Randbemerkung erlaubt: Heutige Wissenschaftskritiker berufen sich gern auf das Verbot, Gott zu spielen. Diese Berufung ist wenig durchdacht, denn der Mensch ist zur göttlichen Schöpfung, der aus dem Nichts, grundsätzlich unfähig. Dagegen vermag er und sollte es auch dürfen, im Sinne seiner Gottesebenbildlichkeit die vorgegebene Welt im Dienst des Menschen zu verbessern, aber auch nur zu verbessern, statt, wer kann es leugnen, sie nicht selten zu verschlechtern.

Zurück zum Prinzip der Nächstenliebe. Schon Großorganisationen wie christliche Kirchen, selbst ihre Teilorganisationen, die Gemeinden, lassen sich durch Nächstenliebe allein nicht gestalten. Noch weniger kann ein zwangsbefugtes Gemeinwesen wie der Staat sich ausschließlich, nicht einmal vorrangig nach dem Prinzip der Nächstenliebe organisieren. Die Grammatik eines Staatswesens, das Recht, besteht nämlich aus verbindlichen Geboten, etwa der Steuerpflicht, mancherorts auch einer Wehrpflicht, ferner aus nicht minder verbindlichen Verboten, denen der Strafdelikte, und aus gewissen Formvorschriften, deren Missachtung die Nichtigkeit des geplanten Rechtsaktes nach sich zieht.

Der in diesem Rahmen stattfindenden Politik wiederum kommt es letztlich auf das Gemeinwohl in jener Verbindlichkeitsart, der Gerechtigkeit, an, deren Anerkennung die Menschen einander schulden, die daher gegebenenfalls einklagbar ist. Die Nächstenliebe hingegen beginnt jenseits des einander Geschuldeten. Trotz Augustinus' missverständlicher Formel *ama, et fac quod vis* – liebe, und tu was du willst, erlaubt die Nächstenliebe zwar weder Abstriche von der Gerechtigkeit noch gar ein der Gerechtigkeit widersprechendes Tun. Ihrem Wesen nach gibt sie sich damit aber nicht zufrieden. Sie fordert vielmehr zu verdienstlichen Mehrleistungen auf, die man genau deshalb, wegen ihres Verdienstcharakters, zwar erbitten und erhoffen, nicht aber zwangsbefugt einfordern darf. Eine christliche Politik, die diesen Wesensunterschied missachtet, neigt zu einem ausufernden, dann den Menschen in seiner Freiheit und Eigenverantwortung entwürdigenden Fürsorgestaat.

Das zweite Problem: Um die Zuständigkeit für das Gemeinwohl in Gerechtigkeit und um die dafür einschlägige Macht wird oft erbittert gestritten. Von einem christlichen Politiker sollte man erwarten, dass er sowohl beim Kampf um die machtentscheidenden Posten, etwa um Parlamentssitze und Regierungsverantwortung, als auch beim Kampf um deren Erhalt, schließlich beim Kampf im Parlament und in der Regierung um gewisse Entscheidungen sich rechtschaffen und fair verhält. Da er jedoch auf der Gegenseite nicht immer Rechtschaffenheit und Fairness erfährt, viel eher mit machiavellistischer Raffinesse und Tücke zu rechnen hat, droht die Gefahr, im Machtkampf wegen seines wahrhaft christlichen Politikstil den Kürzeren zu ziehen – mit der Folge, dass in der politischen Wirklichkeit christliche Ziele zu kurz kommen.

Personalität, Solidarität und Subsidiarität

Für die Inhalte christlicher Politik bietet sich die christliche Soziallehre an. Merkwürdigerweise ist sie jedoch aus der öffentlichen Debatte, selbst der der christlichen Parteien, verschwunden. Obwohl sie heute bestenfalls noch eine Nischenexistenz führt, sind ihre drei Grundsätze so plausibel, dass eine Erinnerung an sie lohnt.

Zuvor aber ist eine nicht nur für säkulare Zeitgenossen ärgerliche Eigentümlichkeit zu erwähnen: Da alle Konfessionen dieselbe Grundlage, die Bibel, haben und bei ihr vor allem das Neue Testament zählt, zusätzlich die Aussagen der gemeinsamen Kirchenväter und Kirchenlehrer wichtig sind, sollte man hier, nicht mehr in der Dogmatik, sondern in der christlichen Sozial- und Politikethik, von Konfessionsunterschieden erwarten, sie seien unerheblich. Trotzdem enthält das in Deutschland für den Katholizismus maßgebliche »Staatslexikon« in der siebenten Auflage von 1985 bis 1993 keinen gemeinsamen Artikel, sondern zwei getrennte Einträge: die selbstverständlich von einem protestantischen Theologen, Martin Honecker, verfasste »evangelische« und die ebenso selbstverständlich von einem katholischen Autor, Oswald von Nell-Breuning, geschriebene »katholische Soziallehre«.

In der neuen, achten Auflage (2017 bis 2022) gibt es die zwei getrennten Artikel zwar nicht mehr, sondern nur noch eine »katholische Soziallehre«. Der konfessionsübergreifende Artikel »christliche Sozialethik« setzt aber nicht bei Gemeinsamkeiten an, sondern gliedert sich, brav konfessionsgebunden und jeweils von einem Vertreter der Konfession geschrieben, in »1. katholisch«, »2. evangelisch« und »3. orthodox«. Selbst am Ende steht nicht etwa ein gemeinsamer ökumenischer Teil, vielmehr »4. interreligiös«. Gibt es also keine nennenswerten christlichen Gemeinsamkeiten, sodass es keine wahrhaft christliche Politik, sondern nur eine konfessionsspezifische, dann entweder evangelische oder katholische oder auch orthodoxe Politik geben kann?

Die katholische, gegenüber der evangelischen Soziallehre ältere Soziallehre antwortet auf die sogenannte soziale Frage. Der im Zuge der Industrialisierung, aber auch einer dank Medizin und Hygiene stattfindenden Bevölkerungsexplosion, ferner wegen der Auflösung einer ständisch gebundenen Wirtschaft zugunsten der freien Konkurrenz, nicht zuletzt wegen der Aufhebung der herrschaftlichen Schutz- und Fürsorgepflicht im Zuge der Bauernbefreiung, also einer durch zahlreiche Faktoren verursachten Verelendung breiter Bevölkerungsschichten versucht sie mit einer in Theorie und Praxis überzeugenden Sozial- und Politikethik entgegenzutreten.

In diesem Rahmen taucht etwa Mitte des 19. Jahrhunderts der Ausdruck »soziale Gerechtigkeit« auf. Der Gerechtigkeitstheorie, die über Jahrhunderte in Europa maßgeblich ist, der des Aristoteles, ist der Ausdruck allerdings fremd. Weil er zur Lösung eines Großteils der Probleme eine griffige Bezeichnung anbietet, geht er später in den allgemeinen politischen Diskurs ein, wo er vor allem von der Sozialdemokratie übernommen wird. Die Folge: Beim Thema der sozialen Gerechtigkeit kämpfen christliche und sozialdemokratische Parteien um Aufmerksamkeit, dabei um eine Meinungsführerschaft. Dabei laufen sie beinahe unvermeidbar Gefahr, einander überbieten zu müssen, was die Neigung zur Folge hat, an den umverteilenden Staat ausufernde Ansprüche zu stellen. Auf sozialdemokratischer Seite wird diese Neigung durch die Gedanken der Brüderlichkeit und der Solidarität, auf christlicher Seite durch den Gedanken der Nächstenliebe noch verstärkt.

Ein klares und trotz der angedeuteten Konfessionsbezogenheit wenig strittiges Profil könnte eine christliche Politik durch drei Grundsätze erhalten, die ihre prägnante Bestimmung zwar seitens der katholischen Soziallehre erfahren haben, ihrem Gehalt nach aber an keine Konfession gebunden sind. Mit diesen durchaus christlich fundierten, freilich auch unabhängig begründbaren Prinzipien, der Personalität, der Subsidiarität und der Solidarität, werden zwei je für sich als bedenklich eingeschätzte, im 19. und beginnenden 20. Jahrhundert jedoch dominierende Extreme vermieden. Auf der einen Seite steht ein zum Nachtwächterstaat und einem lediglich kapitalistischen Profitstreben neigender Liberalismus, auf der anderen Seite ein den Eigenwert und die Eigenverantwortung jedes Individuums einschränkender Sozialismus und Kollektivismus.

In dieser Situation von zwei sich scharf befehdenden Positionen sucht die christliche Soziallehre einen, wie man damals sagte, mittleren und dritten Weg. Im Gegensatz zur liberalistischen Verkürzung menschlicher Freiheit auf der einen und ihrer marxistisch-sozialistischen Einschränkung, oft sogar Unterdrückung auf der anderen Seite wird für eine Gesellschaftsordnung geworben, die unter anderem die Menschen- und Grundrechte ernst nimmt. Dass die drei jetzt zu erläuternden Prinzipien keine politischen Rezepte liefern, versteht sich; sie geben aber gewisse Leitlinien vor.

Nach dem sachlich ersten Prinzip, der Personalität – hier steht der Gedanke des Menschen als Ebenbild Gottes, also ein dem Judentum und Christentum gemeinsamer Glaubenssatz im Hintergrund –, ist der Mensch im emphatischen Sinn eine Person: ein Freiheitswesen, zurechnungsfähig, selbstverantwortlich und ausgestattet mit einer von Geschlecht, Rasse und Religion unabhängigen unantastbaren Würde.

Eine Politik, die dieses Prinzip anerkennt, verlangt von allen Seiten, insbesondere der zwangsbefugten Rechtsordnung, dem Staat, die Freiheit und Eigenverantwortung jedes einzelnen Menschen anzuerkennen: im Fall von Kindern und Jugendlichen, dass sie sich zu selbstverantwortlichen Personen entwickeln können; im Fall von Erwachsenen, dass sie weder als unzurechnungsfähige Kinder noch als zu gängelnde Untertanen behandelt werden. Man hat sie vielmehr als mündige Bürger anzuerkennen, denen die Verantwortung für das eigene Leben, einschließlich etwaiger Torheiten und Verfehlungen, zugemutet und zugerechnet wird. Ein den Einzelnen entmündigender Fürsorgestaat widerspricht ebenso dem Prinzip der Personalität wie eine die Freiheit von Privateigentum und freiem Unternehmertum ungebührlich einschränkende Rechtsordnung.

Nach dem zweiten Prinzip, dem der Solidarität – und nicht der sozialen Gerechtigkeit –, gilt der Mensch als ein *animal sociale*, als ein Gemeinschafts- und Gesellschaftswesen, das nicht autark, für sich allein, lebensfähig, sondern auf Kooperation mit seinesgleichen angewiesen ist. Diesen Gedanken, den Sozialcharakter, hat man in beide Richtungen zu verstehen: Der Einzelne ist für das Gemeinwohl und die Gemeinschaft ist für das Wohl des Einzelnen verantwortlich. Man sitzt, so lautet die bekannte Metapher, in einem Boot. Dabei darf man den konstitutiven Charakter der Wechselseitigkeit nicht verdrängen. Im Gegensatz zu den einschlägigen Gefahren ist die Solidarität kein Universalschlüssel für eine ständig wachsende Umverteilung.

Ein Veto dagegen erhebt auch das dritte Prinzip, das der Subsidiarität. Es fordert nämlich, all das, was der Einzelne aus eigener Initiative und eigener Kraft zu leisten vermag, ihm zu überantworten, mithin zu überlassen. Keinesfalls darf ihm die Eigenverantwortung entzogen werden. Dasselbe gilt für die kleineren, oft irreführend untergeordnet genannten Gruppen, als ob diese Gruppen ihrem Wesen nach von den

Größeren abhängig seien. Familien beispielsweise gibt es aus eigenem Recht und nicht, weil der Staat sie erlaubt. Aus diesem Grund muss das, was eine Familie zu leisten vermag, ihrer Verantwortung überantwortet bleiben.

Gegen die Gefahr der Akkumulation von Macht bei den größeren, in systematischer Hinsicht aber nicht etwa übergeordneten Instanzen verlangt die Subsidiarität zweierlei. Zum einen darf keine Zuständigkeit weiter oben als nötig angesetzt werden, zum anderen sind, wenn erforderlich, Zwischeninstanzen einzuschieben. Die größeren Gruppen und Instanzen sind jedenfalls nur zum subsidiären Tun, also zu Unterstützung und Hilfe, berechtigt. Dort, wo es unabdingbar ist, sind sie freilich dazu auch verpflichtet. Und dort, wo beispielsweise die größeren Einheiten im Laufe von gesellschaftlichen und politischen Entwicklungen die Gestaltungs- und Finanzmacht der kleineren Gruppen geschwächt haben, besteht schon aus Gründen der Gerechtigkeit, nämlich der korrektiven Gerechtigkeit, für diese größeren Einheiten gegenüber den Kleineren eine Hilfspflicht.

Dem Prinzip der Subsidiarität widerspricht schon, wer, wie angedeutet, die größeren Instanzen als die höheren bezeichnet. Darin klingt nämlich eine Hierarchie an, die der unteren Instanz die Beweislast aufbürdet, für sich Kompetenzen zu beanspruchen, die eigentlich bei einer höheren Instanz lägen, die aber Kompetenzen großzügig nach unten delegiere. Nach der Subsidiarität hingegen gibt man nicht von oben nach unten ab. Vielmehr liegen die Verantwortlichkeiten und Rechte zunächst unten, dabei nicht notwendig bei der kleineren Sozialeinheit, sondern letztlich bei den einzelnen, nicht vereinzelten Personen. In nachdrücklichem Gegensatz zu den in der Politik vielerorts vorherrschenden Top-down-Verfahren fordert die Subsidiarität das Bottom-up-Prinzip ein.

Politische Folgen

Die normative Bedeutung der drei Prinzipien kann hier nur exemplarisch aufgezeigt werden; allzu bekannte Themen wie die Bewahrung der Schöpfung bleiben dabei außer Betracht. Die drei Prinzipien wenden sich beispielsweise gegen den vor einiger Zeit, aber auch neuerdings wieder prominenten Vorschlag eines bedingungslosen Grundeinkommens. Dieser Vorschlag, der sogenannte Bürgerlohn, widerspricht allen drei Prinzipien: Wer nicht nur aufgrund einer besonderen Situation, sondern grundsätzlich ein derartiges Einkommen erhalten soll, dem fehlt es an Eigenverantwortung für seinen Lebensunterhalt, also an Personalität. Wo man es ohne jede Gegenleistung gewährt, wird gegen die Wechselseitigkeit, mithin Solidarität verstoßen. Schließlich soll eine höhere Instanz als das Individuum Hilfe leisten, ohne dass, wie die Subsidiarität verlangt, eine Notlage vorliegt.

Ein anderes Beispiel: Im Bereich der Europapolitik mahnt der Gedanke der Subsidiarität zu einer Vorsicht gegen die generelle Forderung nach »mehr Europa«, der ich vor Kurzem mit der Gegenforderung »für ein Europa der Bürger!« widersprochen habe. Gemäß der Subsidiarität ist der Verzicht auf staatliche Souveränitätsrechte nämlich nur unter drei Kriterien berechtigt: Nach der Erfordernisklausel muss eine Kompetenz für die größere Einheit, hier die Europäische Union, überhaupt erforderlich sein. Ist dieses Kriterium erfüllt, verlangt die Besserklausel, dass die Union es tatsächlich besser macht. Wird auch diesem Kriterium Genüge getan, gebietet die Verhältnismäßigkeit, nur die geringst nötige Kompetenz zu übertragen.

Sinnvollerweise kommt ein viertes Kriterium hinzu, das Prinzip von Versuch und Irrtum, das die Korrigierbarkeit einschließt: Vor allem mit tiefgreifenden Neuerungen muss man Erfahrungen machen können, um die Neuerungen gegebenenfalls zu verändern, sie notfalls zurückzunehmen. Dass dies nicht ewig möglich ist, versteht sich, denn Neuerungen brauchen, um Festigkeit und Beständigkeit zu erreichen, Kontinuität und Stabilität. Bei der Einführung des Euro, darf man mittlerweile sagen, hat man das vierte Kriterium zu erwähnen offensichtlich versäumt. Korrekturmöglichkeiten, einschließlich des – vorübergehenden – Austritts gewisser Länder, waren nicht einmal als praktizierbare Option vorgesehen.

Für eine christliche Sozialethik fällt die Beurteilung eines anderen Themas deutlich schwerer, bei der sogenannten Ehe für alle, bei der es de facto nur um einen speziellen Fall, die sogenannte Homo-Ehe, geht. Unstrittig ist, dass nach christlicher Soziallehre Ehe und Familie einen besonderen Schutz verdienen. Denn als die Keimzelle menschlicher Gemeinschaft bestehen sie nicht etwa von Staates Gnaden. Vielmehr haben sie einen vom Staat unabhängigen Ursprung, den der Staat anzuerkennen und, übrigens auch zum eigenen Nutzen, zu schützen hat. Strittig hingegen ist die nähere Bestimmung, für die es zwei grundlegend verschiedene Begriffe gibt.

Nach dem einen Begriff bildet die Ehe die elementarste Solidargemeinschaft. Vom Versprechen einer lebenslangen Treue getragen und auf Stabilität mit Verlässlichkeit bei emotionaler Tiefe und sozialem Respekt angelegt, bietet sie beiden Partnern die Möglichkeit, sich in gegenseitiger Liebe zu entfalten. Diese Möglichkeit steht zweifellos auch gleichgeschlechtlichen Lebenspartnern offen. Deshalb verdienen sie das Recht, im Rahmen einer anspruchsvolleren Institution als bloß einer eingetragenen Lebenspartnerschaft zu leben. Ihnen sollte auch die Rechtsform einer Ehe mit deren Rechten und Pflichten offenstehen.

Anders verhält es sich bei der Ehe, wenn man sie als eine Gemeinschaft von Mann und Frau versteht, die auf die Zeugung von Nachkommen angelegt ist. Bei diesem Begriffselement darf man übrigens darauf hinweisen, dass Nachkommen langfristig für die Fortpflanzung des Menschengeschlechts unerlässlich sind und es mittelfristig Kinder für jene nächste und übernächste Generation braucht, die die soziale, emotionale und medizinische Altersvorsorge und die erforderlichen finanziellen Leistungen übernehmen.

Nach dem zweiten Begriff von Ehe ist homosexuellen Personen durchaus in rechtlicher Hinsicht eine der Ehe ähnlich tiefe und umfassende Lebensgemeinschaft zu ermöglichen. Dafür genügte aber das Rechtsinstitut der eingetragenen Lebenspartnerschaft. Mit dem Argument, die entsprechende Lebensgemeinschaft sei nicht auf die Zeugung einer eigenen Nachkommenschaft angelegt, wäre das Rechtsinstitut der Ehe für die heterosexuelle Partnerschaft zu reservieren.

Auf die Frage nach der Ehe für alle gibt es also aus einem guten Grund keine unstrittige Antwort: Es gibt zwei recht unterschiedliche

Begriffe von Ehe. Dabei herrschte bislang, dies darf man wohl unstrittig sagen, ausschließlich der zweite Begriff vor, der den ersten Begriff zwar einschließt, ihn aber auch deutlich überbietet. Dieser Umstand beläuft sich aber nicht auf ein hinreichendes Gegenargument gegen den erstgenannten Begriff. Nach dem zweiten, »traditionellen« Begriff gehört zur Ehe nicht notwendigerweise, aber doch in einer gewissen Natürlichkeit die Fortsetzung zu einer Familie. Nach dem neuen Begriff verliert diese Fortsetzung das Gewicht eines unverzichtbaren Definitionselementes. Jetzt zählt allein die Lebenspartnerschaft in Treue, verbunden mit emotionaler Tiefe und sozialem Respekt.

Ein weiteres Thema dürfte für eine wahrhaft christliche Politik wieder unstrittig sein: Weil Eltern eine facettenreiche Verantwortung für das künftige »Humanvermögen« ihres Landes übernehmen, hat der Staat ihnen finanzielle Unterstützung und steuerliche Entlastung zu gewähren. Keinesfalls darf er Ehepartner steuerlich benachteiligen oder sonst wie das nicht eheliche Zusammenleben bevorteilen.

Einen besonders wichtigen, in der Politik freilich hochumstrittenen Bereich bildet die Biomedizin. Für ihre brisanten Fragen zum Lebensbeginn und zum Lebensende müssen hier zwei knappe Bemerkungen genügen. Zum Lebensbeginn: Schon das Ungeborene ist ein zur Gattung des Homo sapiens und zu keiner anderen biologischen Gattung gehörendes Leben, weshalb er nach christlichem Verständnis den vollen Lebensschutz verdient. Zum Lebensende: Eine christlich inspirierte Politik und Medizin zieht, wenn es denn so weit ist, die Hilfe *im* Sterben der Hilfe *zum* Sterben vor. Menschen, die am Sinn ihres (Weiter-)Lebens verzweifeln, bieten sie lieber vielfältige Hilfe gegen die Verzweiflung an. Gegen einen wahrhaft wohlüberlegten Wunsch zu sterben legt sie aber kein kompromissloses Veto ein.

Nicht zuletzt gehört dies zu einer Politik im Geist des Christentums: Der dieser Religion wesentliche Universalismus leistet, besonders nachdrücklich in einer Weltorganisation wie der katholischen Kirche, aber auch in Weltorganisationen anderer Konfessionen und Religionen, nationalistischen Egoismen Widerstand.

Hierzu darf man daran erinnern, dass es schon im frühen Christentum verschiedene Gemeinden gab, deutlich sichtbar im Adressatenkreis vieler Apostelbriefe. Sie wenden sich nämlich an die Epheser, Galater, Korinther, Römer usf. In diesem Sinn und Geist ist christlichen Politikern zwar bewusst, dass sie als Teil einer Demokratie ihre Legitimation von ihrem jeweiligen Staatsvolk erhalten, das seinerseits aus einer eigentümlichen, lang gewachsenen Kultur, Mentalität und Sprache, dabei gegebenenfalls keiner vagen, sondern einer wohlbestimmten Mehrsprachigkeit lebt. Sie aufs Spiel zu setzen, gefährdet eine Aufgabe jeder demokratischen Politik: die legitime Identität der Bürger zu schützen. Mithin spielen alle drei Prinzipien eine Rolle: die Personalität, verstanden als Eigenverantwortung, die Solidarität mit den eigenen Staatsbürgern, ohnehin der Subsidiarität. Andererseits wissen christliche Politiker unseres Kontinents um die vielfältigen Gemeinsamkeiten der europäischen Völker und um das Ziel, dass diese Völker durchaus im Wettstreit miteinander, aber nie mehr in Feindschaft gegeneinander leben sollen.

Dass große Gründergestalten der Europa-Idee wie Konrad Adenauer, Alcide De Gasperi und Robert Schuman bekennende Christen, des näheren Katholiken waren, ist kaum ein Zufall. Daher ist die Behauptung nicht abwegig, die europäische Integration sei ihrem Ursprung nach nicht unwesentlich ein christliches, ein wenig sogar ein katholisches Projekt. Immerhin versammelten sich anlässlich der Unterzeichnung der Gründungsverträge der Europäischen Wirtschaftsgemeinschaft im März 1953 in Rom die Regierungsvertreter in der päpstlichen Basilika San Lorenzo al Verano. Auch wenn heute ein derartiger, selbst ein ökumenischer Gottesdienst nicht mehr vorstellbar ist, muss man diese historischen Anfänge nicht verdrängen.

Schließlich darf auch daran erinnert werden, dass Christen – auch wenn die Großkirchen es spät gelernt haben – sich für die universalen Menschenrechte einsetzen: Die Gründerväter der Neuenglandstaaten waren protestantische, allerdings im Mutterland verfolgte Christen. Und der französische Katholik Jacques Maritain ist für die Vorbereitung der UN-Charta und der UN-Menschenrechtserklärung keine unbedeutende Figur.

Weil sie mittlerweile zum Kernbestand demokratischer Rechtsstaaten geworden sind und dafür eine wesentlich säkulare Bewegung, die Aufklärung, verantwortlich ist, lässt sich bei den Menschen- und Grundrechten ein christliches Profil nicht mehr leicht herausarbeiten. Gewisse Leitlinien bleiben aber möglich: Nach dem Prinzip der Personalität ist der Mensch in seiner eigenverantwortlichen Freiheit zu fördern und zu respektieren, was für eine vorbehaltlose Anerkennung der negativen Freiheitsrechte, der Abwehrrechte sowohl gegen die Mitbürger als auch den Staat, spricht. Nach den Prinzipien der Subsidiarität und der Solidarität wiederum ist jenes Maß an positiven Freiheitsrechten bzw. an Sozialstaatlichkeit geboten, das dem Menschen hilft, sich zu einem eigenverantwortlichen Freiheitswesen zu entwickeln und diese Freiheit selbst unter schwierigen wirtschaftlichen, gesellschaftlichen und politischen Umständen zu verwirklichen.

Weil nach allen drei Prinzipien der letzte Bezugspunkt aller Politik bei der einzelnen, aber nicht vereinzelten Person liegt und weil die zu jedem Gemeinwesen gehörende politische Herrschaft von den Betroffenen, den selbstverantwortlichen Personen, her sich rechtfertigt und, direkt oder über Repräsentanten vermittelt, auch von ihnen ausgeübt wird, sind schließlich aus christlicher Sicht die Grundlage einer Demokratie, dass alle Gewalt vom (Staats-)Volk ausgeht, und die dafür einschlägigen politischen Mitwirkungsrechte nicht bloß legitim, sondern sogar geboten.

Eine politisch heikle Nachbemerkung: Für die Willensbildung in einer rechtsstaatlichen Demokratie sind Parteien unverzichtbar, weshalb sich Christen hier engagieren. Einem Hochschullehrer, der gemäß seinem Beruf und seiner Berufung die Lehre und Forschung für Studenten von verschiedensten politischen Ausrichtungen betreibt, ist allerdings parteipolitische Neutralität mindestens innerhalb seines Amtes geboten.

Noch stärker richtet sich diese Forderung an hochrangige Kirchenvertreter, denn zuständig sind sie für all ihre Kirchenmitglieder, gleich welcher Partei sie angehören oder auch keiner. Persönlich einer Partei beizutreten, darf ihnen nicht verboten sein. Spätestens dann, wenn sie ein Spitzenamt übernehmen, beispielsweise Vorsitzender einer Bischofskonferenz oder der evangelischen Kirche werden, sollten sie in einer öffentlichen Erklärung ihre Parteimitgliedschaft ruhen lassen.

Evangelische Pfarrhäuser und katholische Wissenschaftsgesellschaft

Evangelische Pfarrhäuser. Um das Gewicht der Religionsgemeinschaften richtig einzuschätzen, empfiehlt sich ein Blick auf zwei weitere Phänomene. Namentlich in Deutschland haben sich evangelische Pfarrhäuser als geistige und kulturelle Kraftquellen erwiesen, die über Jahrhunderte die Geistesgeschichte mehr als jede andere Institution prägen. Vom Kirchenliederdichter Paul Gerhardt, der selbst ein evangelischer Geistlicher war, über den Philosophen Friedrich Nietzsche bis zum Schriftsteller und Arzt Gottfried Benn sind so zahlreiche Schriftsteller, Künstler und Wissenschaftler aus den Pfarrhäusern hervorgegangen, dass jede noch so lange Liste von Namen unvollständig bliebe.

Dieser ohne Zweifel bemerkenswerte Sachverhalt hat »natürlich« seine Gründe: Die Pfarrer hatten allesamt ein Hochschulstudium absolviert, das in einem Magisterstudium die klassischen *artes liberales*, die eines freien Mannes würdigen, freien Künste, umfasste. Mit den Fächern Grammatik, Rhetorik, Dialektik und Arithmetik sowie Geometrie, Musik und Astronomie lernten sie so gut wie den gesamten damaligen Bildungsschatz kennen und hatten schon zuvor, im Unterricht von ihren Vätern, eine solide Bildung erhalten.

Nachdem zuvor die Pfarrerssöhne häufig in die Fußstapfen ihrer Väter treten, ändert sich diese Tradition ab Mitte des 18. Jahrhunderts. Man findet viele Pfarrerskinder jetzt in anderen Berufen. Dichter wie Gotthold Ephraim Lessing, Jeremias Gotthelf, Friedrich Hölderlin und Hermann Hesse entstammen Pfarrhäusern. Dasselbe trifft auf Musiker wie Michael Prätorius und Georg Philipp Telemann sowie, wenn auch nur als Pfarrersenkel, auf Georg Friedrich Händel zu. Auch für andere Fachbereiche finden sich bedeutende Beispiele, für die Mathematik etwa Leonhard Euler, für die Architektur Karl Friedrich Schinkel, für die Archäologie Heinrich Schliemann, für die Pädagogik den »Turnvater« Johann Friedrich Ludwig Christoph Jahn. Nicht zuletzt entstammen einem Pfarrhaus im 18. Jahrhundert die erste promovierte deutsche Ärztin und Pionierin des Frauenstudiums, die Quedlinburger Dorothea Erxleben (1715 bis 1765), und in der Gegenwart die langjährige Bundeskanzlerin Angela Merkel.

Katholische Görres-Gesellschaft. Diese Gesellschaft ist eine der ältesten deutschen Wissenschaftsgesellschaften in privater Trägerschaft. Zunächst als eine Art von Not- und Verteidigungsgemeinschaft gegen die erhebliche Benachteiligung katholischer Gelehrter in Preußen gegründet, macht sich diese Laienorganisation bald von der geistigen Defensivrolle frei.

Aus politischen Gründen dem Nationalsozialismus verhasst, wurde die Görres-Gesellschaft wegen ihrer Auslandsinstitute und des internationalen Ansehens zunächst noch geduldet, im Juni 1941 aber aufgelöst. Nach dem Krieg wiedergegründet, erwarb die Gesellschaft sich bald erneut der Ruf einer politisch unabhängigen Forschungsgesellschaft, sichtbar in wissenschaftlichen Fachzeitschriften, etlichen mehrbändigen Lexika und Forschungsinstituten in Rom (seit 1888), in Jerusalem (seit 1908), nicht zuletzt in Madrid und Lissabon.

Privilegien?

Zuweilen wird der Vorwurf laut, trotz der religiösen und weltanschaulichen Neutralität konstitutioneller Demokratien oder Quasidemokratien erfreuten sich in vielen europäischen Ländern die christlichen Kirchen bedeutender Vorrechte. Ist dieser Vorwurf berechtigt? Generell sind Religionsgemeinschaften in der Öffentlichkeit vornehmlich in vier Arten gegenwärtig: Es wird über sie berichtet; sie veröffentlichen eigene Stellungnahmen; sie werden zu Anhörungen eingeladen; schließlich werden Vertreter dieser Religionsgemeinschaften in politische Gremien gewählt oder entsandt.

In der ersten Art sind Religionen ein Gegenstand der Medien wie alle anderen Organisationen: Bei entsprechendem Nachrichtenwert wird über sie berichtet und das Berichtenswerte hinsichtlich Leistungen und Fehlleistungen kommentiert. Bei beidem stehen gern, wie den Medien generell nicht fremd, außergewöhnliche, am liebsten spektakuläre Ereignisse oder Entwicklungen im Vordergrund, seien es die einer Religionsgemeinschaft insgesamt, seien es die wichtiger Teile oder von prominenten Vertretern. Auch interne, etwa innerkonfessionelle Dispute, ebenso Debatten zwischen verschiedenen Konfessionen und Religionen finden immer wieder Aufmerksamkeit.

Spezifisch sind erst eigene Veröffentlichungen, die die Religionsgemeinschaften bald zu generellen, bald zu speziellen, insbesondere aktuellen Themen von regionaler oder nationaler, auch von großregionaler, etwa europäischer oder globaler Reichweite »verlautbaren«. Nationale oder europäische Denkschriften zu so unterschiedlich aktuellen Themen wie die Aussöhnung zwischen Deutschland und Polen, wie die Anerkennung der Oder-Neiße-Grenze, wie die Friedenspolitik, wie der Umwelt- und Klimaschutz, wie das Verhältnis christlicher Kirchen zur freiheitlichen Demokratie, wie eine internationale Verteilungsgerechtigkeit und zahlreiche medizinethische Fragen finden naturgemäß besondere Aufmerksamkeit. In der Regel nur mit globalen Themen hingegen befassen sich andere Schriften wie päpstliche Enzykliken, auch christliche Katechismen.

Veröffentlichungen seitens der Religionen erfolgen, das versteht sich, nicht bloß von christlichen Organisationen. Einen vergleichbaren Stellenwert haben auf muslimischer Seite Vorschriften staatlicher Religionsbehörden, ferner Fatwas, also Rechtsgutachten theologischer Hochschulen und prominenter Muftis (Rechtsgelehrter). Und das Judentum kennt Entscheidungen von Oberrabinern bzw. Großrabinern, die nach ihrer Veröffentlichung ebenfalls gern vorgestellt und beurteilt werden.

Über die Frage, welchen methodischen Status die Verlautbarungen haben, ob sie streng verbindlich oder lediglich Empfehlungen sind, entscheiden allein die Religionsgemeinschaften selbst. Allerdings kann es zu öffentlichen Debatten kommen, die sich naturgemäß dem Zugriff und der Kontrolle der Religionsgemeinschaften entziehen. All dies ist bekannt und in konstitutionellen Demokratien unproblematisch, weil unstrittig. Ebenso bekannt ist, dass in vielen autoritären Regimen entweder eine Religionsgemeinschaft bevorzugt, jede andere beiseitegeschoben oder sogar unterdrückt wird. Und im Fall von atheistischen Diktaturen betreffen Kontrolle und eine etwaige Unterdrückung in der Regel unterschiedslos alle Religionsgemeinschaften.

In deutlichem Gegensatz zur ersten und der zweiten Art sind die dritte und die vierte Art von Öffentlichkeit schon im Prinzip strittig: Dürfen Religionsgemeinschaften in einem weltanschaulich neutralen Staat von offizieller, politischer Seite eine besondere Aufmerksamkeit finden, vielleicht sogar ein gewisses Sonderrecht erhalten?

In einem Fall, der förmlicher Anhörungen, ist zwischen zwei Gegenständen zu unterscheiden. Sollen etwa über Fragen, die die Religionsgemeinschaften betreffen, gesetzgeberische oder richterliche Entscheidungen gefällt werden, so sind sie als Betroffene anzuhören. Dadurch werden sie weder besser noch schlechter als andere betroffene Personen, Gruppen oder Verbände gestellt. Mit dem Grundsatz der Verfahrensgerechtigkeit, *audiatur et altera pars* – auch die andere Seite ist anzuhören, folgt dieses Vorgehen dem Prinzip der Gleichberechtigung. Wer auch immer betroffen ist, dem gebührt das gleiche Recht, was jede Art sowohl von Bevorzugung als auch Benachteiligung verbietet.

Die Frage eines möglichen Privilegs taucht erst dort auf, wo eine Religionsgemeinschaft offiziell zu Themen angehört wird, bei denen es nicht um ihr Lebens- und Betätigungsrecht und ihre Organisationsstruktur, also nicht mehr um das weite Feld der Religionsfreiheit geht. Dürfen Religionsgemeinschaften bei davon unabhängigen Sachfragen, etwa bei medizinethischen Fragen, auch bei Themen wie der Wiederaufrüstung oder der Flüchtlingspolitik zu ihren Ansichten und Überzeugungen offiziell angefragt werden?

Unstrittig ist, dass sie ihre Ansichten gemäß der genannten zweiten Öffentlichkeitsart in einer Stellungnahme, gegebenenfalls einer Kaskade von Verlautbarungen, wortgewaltig vertreten dürfen. Ihre Stimme zu erheben darf einer Religionsgemeinschaft, weder einer christlichen Kirche noch einer muslimischen oder jüdischen Autorität, nicht verboten werden. (Ein mögliches Gegenargument wird noch folgen.) Ihre Ansicht bliebe aber in dem für pluralistische Gesellschaften typisch vielstimmigen Chor und Orchester von Meinungen bloß eine Stimme unter vielen anderen Stimmen, ohne dass sie eine Bevorzugung oder eine Benachteiligung erhalten dürfte.

Speziell angefragt und angehört zu werden, ist selbst dann schon ein Privileg, wenn andere Organisationen, etwa Arbeitnehmer- und Arbeitgeber- und Behindertenverbände, ebenfalls angefragt, mithin privilegiert werden. Gesteigert wird das Privileg, wenn in politisch wichtigen Gremien die Kirchen, sie allein oder zusätzlich christliche Verbände, das Recht erhalten, eigene Vertreter beispielsweise in Ethikkommissionen oder Rundfunkräte zu entsenden.

Um sich gegen etwaige Scheuklappen des eigenen Landes zu schützen, empfiehlt sich, auch auf andere Länder zu schauen. Dabei nimmt schon ein oberflächlicher Blick auf verschiedene westliche Demokratien deutliche Unterschiede wahr: In Frankreich wird infolge der strengen Trennung von Kirche und Staat keiner Religionsgemeinschaft irgendein Vorrecht zugestanden. Dasselbe trifft, wenn auch aufgrund einer anderen Geschichte hinsichtlich der Religionen, auf die USA zu. Sie interpretieren die Religionsfreiheit so exzessiv, dass sie weder islamistische Hetzpredigten verbieten noch gegen die Rede von der »Auschwitzlüge« einschreiten. Lieber vertrauen sie nämlich auf mündige Bürger. Bekanntlich verhält es sich in Deutschland und etlichen anderen europäischen Ländern anders.

Greifen wir als Beispiel die Präsenz der Kirchen in medizinethischen Gremien Deutschlands heraus. Hier sind drei Ebenen zu unterscheiden, wobei der Grad an theologischer Reflexion von Ebene eins über Ebene zwei bis zur Ebene drei steigen dürfte.

Beginnen wir mit Ebene eins: Nach der Soziologin Gina Atzeni und dem evangelischen Theologen Friedemann Voigt übernehmen auf dieser Ebene, in klinischen Ethikkommissionen, Theologen die Rolle eines exemplarischen Laien und bringen indirekt ihre seelsorgerische Kompetenz zur Geltung. Die erste Rolle, die des exemplarischen Laien – darf man hier von einem potenziellen Patienten sprechen? –, kann aber von Vertretern anderer Wissenschaftsbereiche ebenfalls übernommen werden. Wenn eine gewisse Ethikkompetenz gefordert ist, kämen insbesondere Juristen oder Moralphilosophen infrage. Außerdem darf man fragen, warum sollen es nicht, wie bei Schöffen üblich, irgendwelche Bürger, hier also überwiegend Nichtwissenschaftlicher, sein? Für die Forschungsprojekte, um die es auf der Ebene eins meist geht, ist kaum die zweite Kompetenz, der seelsorgerische Sachverstand, entscheidend. Kommt es aber tatsächlich darauf an, wären eher Pfarrer als Theologieprofessoren heranzuziehen. Wichtiger ist jedoch die Bereitschaft zu kritischen Rückfragen, die sich kaum nur bei Pfarrern oder Theologen findet. Abgesehen davon, dass sich vermutlich wenige Personen in das Ehrenamt drängen – mangels einer Sonderkompetenz auf dieser Ebene ist der vorrangige Rückgriff auf Vertreter der Kirchen sachlich schwerlich zu rechtfertigen.

Auf der zweiten Ebene, in der Politikberatung im Rahmen nationaler oder internationaler Ethik- oder Expertenräte, betonen Atzeni und Voigt die Aufgabe, »ein plurales Meinungsspektrum der Gesellschaft abzubilden«. Erstaunlicherweise legen sie hier nicht auf eine Fachkompetenz, obwohl sie für die Theologie durchaus zutrifft, allerdings nicht bei jedem Thema und vor allem nicht exklusiv. Die Theologie ist allenfalls eine Fachdisziplin neben vielen anderen, etwa erneut neben der Jurisprudenz und der Moralphilosophie. Je nach Gegenstand der Politikberatung sind beispielsweise auch die Sozialwissenschaften, einschließlich der Psychologie, die Wirtschaftswissenschaften und vor allem die einschlägigen Natur- und Medizinwissenschaften zuständig. Und für den Aspekt, der in Demokratien fraglos unverzichtbar ist, für die Pluralität des Meinungsspektrums, sind Vertreter von entschieden mehr Lebensbereichen als nur die Religionsgemeinschaften heranzuziehen.

Zweifellos bringen viele Vertreter einer systematischen Theologie, Moraltheologie oder christlicher Sozialethik ein erhebliches Maß an fachlicher und methodischer Kompetenz mit, auf die eine kluge Politikberatung besser nicht verzichtet. Andererseits wären die Theologen gut beraten, wenn sie ihre Argumentationsbeiträge wenig, am besten sogar überhaupt nicht mit theologischen Fachbegriffen durchsetzen. Denn selbst wenn sie nicht zu professoral daherkommen, schaffen wahrhaft theologische Begriffe und Argumente unnötige Barrieren. Bei Andersgläubigen und bei Nichtgläubigen provozieren sie nämlich Vorbehalte oder Widerstände, die der Aufgabe einer Politikberatung in einer weithin säkularisierten Demokratie zuwiderlaufen.

Auf einer dritten Ebene wird über die Zulässigkeit medizinischer Forschungsprojekte, und zwar über die grundsätzliche, nicht nur wie bei Klinikprojekten über die spezielle Zulässigkeit beraten. Hier ist außer Fachkompetenz politische Klugheit gefordert. Falls die Kirchen gewisse Forschungsvorhaben, etwa die zu embryonalen Stammzellen, prinzipiell ablehnen, sucht eine kluge Politik die Gegenargumente, die in den öffentlichen Debatten ohnehin zur Sprache kommen, rechtzeitig kennenzulernen, um sich auf sie argumentativ einzulassen. Allerdings ist mit Unterschieden zu rechnen, die bekanntlich zwischen den Kirchen, selbst innerhalb der Kirchen, ferner zwischen schlichten Laien, ausgebildeten Seelsorgern (Pfarrern) und Theologieprofessoren, nicht zuletzt mit Meinungsverschiedenheiten innerhalb jeder dieser drei Gruppen bestehen. Folgt aus dieser Tatsache ein weiteres Argument, in die Beratungsgremien zu Fragen der Medizinethik, nicht so selbstverständlich christliche Theologen als solche zu wählen?

Ob mit oder ohne eine offizielle oder faktisch gewählte Sonderstellung – für viele Religionsgemeinschaften versteht es sich häufig von selbst, in der Öffentlichkeit ihre Stimme zu erheben. Nicht minder selbstverständlich ist es für die freiheitliche Demokratie, den Religionsgemeinschaften das entsprechende Recht einzuräumen. Damit ist freilich noch nicht die Form bestimmt, in der die Stimme zu erlauben ist.

Laut dem bedeutendsten Gerechtigkeitstheoretiker und weltweit einflussreichsten politischen Philosophen der letzten Jahrzehnte, John Rawls, dürfen konstitutionelle Demokratien zwar nicht auf Religionen und Weltanschauungen zurückgreifen. Dieses Verbot hat bei ihm aber kein Dilemma zur Folge. Denn der Staat habe durchaus eine moralische Ressource, die aber weder an eine Religion noch eine Weltanschauung, nicht einmal an eine umfassende Philosophie gebunden ist. Sie hat eine ebenso einfache wie weit verbreitete Quelle; sie besteht in einem bei allen, gläubigen wie nicht gläubigen Bürgern zu erwartenden Gerechtigkeitssinn.

Rawls votiert weder für noch gegen einen hinsichtlich religiöser Ansichten feindlich eingestellten Staat. Keineswegs spricht er den Religionen und Religionsgemeinschaften jedes Recht ab. Dies geschieht nicht etwa nur aus Respekt vor der Wirklichkeit seines Heimatlandes, in dem Religionen und deren Gemeinschaften eine herausragende Rolle spielen. Vielmehr haben gemäß Rawls' erstem Gerechtigkeitsprinzip, dem der größten gleichen Freiheit, die Bürger das Recht, einer Religion anhängen. Sie dürfen allerdings auch Atheisten sein, die jede Religion von sich weisen.

Dass man die entsprechenden Ansichten für sich persönlich vertreten darf, versteht sich insofern für Rawls von selbst. Im öffentlichen Diskurs jedoch müssen sich die Bürger auf denjenigen kleineren Anteil ihrer religiösen Ansichten beschränken, der mit den anderen umfassenden Lehren gemeinsam ist. Zulässig sind nur die Ansichten und Überzeugungen, die sich für einen »überlappenden« bzw. »übergreifenden« Konsens eignen. Diesen Anteil finde man nun mit Hilfe eines Abstraktions- und Reinigungsprozesses, der aus den umfassenden Lehren alle einander widerstreitenden Ansichten herausfiltert, auf diese Weise die umfassenden Lehren von ihren Konkurrenzanteilen frei macht, sodass schließlich nur miteinander verträgliche Ansichten übrigbleiben.

Im Hintergrund von Rawls' Überlegungen steht eine Eigenart der modernen Gesellschaften, das »Faktum eines vernünftigen Pluralismus«: Die Bürger einer konstitutionellen Demokratie hängen religiösen, weltanschaulichen, überdies philosophischen und moralischen Lehren an, die durchaus vernünftig sein können, aber – bedauerlicherweise? – einander widersprechen. Um trotzdem ihren politischen Leitzweck zu erreichen, nämlich in einem stabilen Gemeinwesen freier und gleicher Bürger friedlich zusammenzuleben, müssen sich die Bürger im öffentlichen Diskurs mit Argumenten zufriedengeben, die nach dem angedeuteten Reinigungsprozess als gemeinsame Restmenge übrigbleiben.

Ob Rawls' berechtigter, für ihn in politischer Hinsicht sogar existenziell unverzichtbarer Leitzweck erreichbar ist, dass also umfassende Lehren als solche zu öffentlichen Diskursen keinen Zugang erhalten dürfen, muss dieser Essay nicht entscheiden. Unplausibel ist Rawls' Forderung ohne Zweifel nicht. Sie drängt aber einige Rückfragen auf, von denen hier drei behandelt werden.

Eine erste Rückfrage: Lassen sich zu den oft emotionsgeladenen öffentlichen Debatten der letzten Jahre immer gemeinsame Schnittmengen finden, von denen aus man eine am Ende konsensfähige Lösung finden kann? Oder ist Rawls zu optimistisch? Vor allem medizinethische Fragen zum Lebensanfang (wann beginnt das menschliche Leben?) und zum Lebensende (ist der ärztlich assistierte Suizid zu erlauben?), auch zu einer eventuellen Covid-Impfpflicht wecken Zweifel.

Zweite Rückfrage: Braucht es immer den Umweg über den Abstraktions- und Reinigungsprozess? Mit anderen Worten: Bringen alle Teilnehmer am öffentlichen Diskurs zunächst religiöse oder weltanschauliche Vormeinungen umfassender Art mit, von denen sie sich dann frei machen müssen? Oder gibt es nicht etliche Bürger, denen die Säkularität so weit in Fleisch und Blut übergegangen ist, dass sie sich selbst und von vornherein religionsindifferente, auch weithin weltanschauungsneutrale Ansichten gebildet haben? Das könnten Ansichten sein, die sich dem Zusammenspiel einer universalistischen säkularen Moral mit einer eventuell wissenschaftsgeschützten Diagnose der jeweiligen Sachlage und einer umsichtigen Güterabwägung verdanken.

Schließlich: Ist es realistisch, bei allen, zumindest bei einer überragenden Mehrheit der Staatsbürger einen das demokratische Gemeinwesen letztlich tragenden Gerechtigkeitssinn anzunehmen? Oder hat die Annahme, weil nicht ganz wirklichkeitsgerecht, den Rang eines für den Glauben an eine dauerhaft stabile rechtsstaatliche Demokratie notwendigen Optimismus?

Die folgende Einschätzung dürfte zutreffen: In Ländern, die wie Deutschland den christlichen Kirchen und inzwischen weiteren Religionsgemeinschaften einen größeren Einfluss zubilligen, ist es sowohl im öffentlichen Diskurs als auch im Parlament und in den obersten Gerichten erlaubt, religiös inspirierte Ansichten vorzutragen. Im Verlauf des Diskurses, insbesondere in deren Entscheidungsphase, erwartet man jedoch stärkere Argumente als den Hinweis, »nach christlicher, nach jüdischer oder nach muslimischer Überzeugung ist dieses geboten oder jenes verboten«. Im Parlament mag noch der Fraktionszwang aufgehoben und eine sogenannte Gewissensentscheidung freigegeben werden. Spätestens im Bundesverfassungsgericht aber wird der Hinweis auf biblische oder kirchliche Überzeugungen argumentativ nicht ausreichen.

Unbeschadet von der Präsenz Gottes in der Präambel des deutschen Grundgesetzes ist nämlich jede moderne Demokratie ein säkulares Gemeinwesen, das wegen seiner religiösen und weltanschaulichen Neutralität auf jede Form religiöser Rechtfertigung zu verzichten hat. Dieser Verzicht beläuft sich weder auf einen friedlichen noch einen kämpferischen Atheismus. Da die konstitutionelle Demokratie in (Quasi-)Distanz zu religiösen und weltanschaulichen Positionen, wenn auch nicht in Opposition zu ihnen steht, vertritt sie einen methodischen Atheismus, der als Letztargument eine Berufung auf Gott oder andere religiöse Argumente nicht zulässt.

Nach einem hohen kirchlichen Amtsträger, dem Leiter des Kommissariats der deutschen Bischöfe in Berlin, Karl Jüsten, lässt sich für Deutschland bei den Politikern kein zunehmender Säkularisierungsschub feststellen. Denn »der überwiegende Teil« bekenne »sich nach wie vor zu einer der beiden großen Kirchen« und stünde »oftmals auch öffentlich dazu, dass sie aus dem christlichen Glauben und ihrer Sozialisation in einer der beiden Kirchen wesentliche Impulse für ihr politisches Handeln bekommen haben«.

Ob das tatsächlich noch zutrifft, ist eine empirische Frage, die mehr und mehr negativ zu beantworten ist. Die Erosion der traditionellen religionspolitischen Orientierung schreitet nämlich munter fort: Immer weniger Abgeordnete fühlen sich mit einer christlichen Kirche verbunden, und das Potenzial, kirchliche Milieus politisch zu mobilisieren, schwindet zunehmend. Ohnehin hat im persönlichen Leben die Präsenz des Christlichen stark nachgelassen, sichtbar zum Beispiel darin, dass in christlichen Familien früher auf die Geburt selbstverständlich die Taufe folgte, heute hingegen dieser »Taufautomatismus« vielerorts verschwunden ist. Ohnehin bekennt sich mittlerweile nicht einmal die Hälfte der deutschen Bevölkerung noch zum Christentum.

Eine davon verschiedene systematische Frage lautet: Welche religiösen Impulse sind wie weit berechtigt, auf das politische Handeln durchzuschlagen? Die Frage richtet sich an beide Seiten: Wie weit steht es den Politikern als Politikern eines weltanschaulich neutralen Staates zu, sich zu einer der beiden großen Kirchen zu bekennen? Und: Wie weit ist der Religion nach ihrem Wesenskern überhaupt erlaubt, in die Politik einzugreifen?

Greifen wir exemplarisch die zweite Frage heraus. Zu Anfang des zitierten Vortrages stellt Jüsten eine lange Liste von kirchlichen »Herzensanliegen« auf, bei denen er sich mit den »evangelischen Amtsbrüdern und -schwestern« vermutlich einig sein dürfte. Die Liste umfasst nämlich Themen wie die Bewahrung der Schöpfung, wie Fragen der Bio- und Gentechnik, der Sozialreformen, der Migrationspolitik, schließlich der Friedensethik und der Entwicklungszusammenarbeit.

Für den Fall, dass die Verankerung der entsprechenden kirchlichen Anliegen in der Politik nicht funktioniert, findet Jüsten Trost in einem Dokument des Zweiten Vatikanischen Konzils, der »Konstitution ›Gaudium et Spes‹«: »Die Sendung, die Christus der Kirche übertragen hat, bezieht sich nicht auf den politischen, wirtschaftlichen oder sozialen Bereich, das Ziel, das Christus ihr gesetzt hat, gehört ja der religiösen Ordnung an.« Sieht man einmal davon ab, dass die zitierte Verlautbarung ein katholischer, kein allen Christen gemeinsamer ökumenischer Text ist, bleibt immer noch dieses Problem: In Jüstens Liste stehen genau die politischen, wirtschaftlichen und sozialen Themen im Vordergrund, die gemäß der Passage aus »Gaudium et Spes« nicht zur christlichen Sendung gehören. Für zeitgenössische christliche Stimmen nicht untypisch, insofern nicht überraschend, fehlen Hinweise auf die religiöse Ordnung, etwa auf liturgische und spirituelle Aufgaben.

Versteht man die Leitbegriffe der hier vorgetragenen Überlegungen, dass es eventuell Privilegien gibt, nicht zu eng, dann gehört zu diesem Themenfeld auch das viel zitierte Wort eines Staatsrechtslehrers und langjährigen Bundesverfassungsrichters, das Böckenförde-Diktum. Ernst-Wolfgang Böckenförde zufolge lebt der »freiheitliche, säkularisierte Staat von Voraussetzungen, die er selbst nicht garantieren kann«.

In dieser Situation könnten laut Böckenförde die christlichen Kirchen, was dem Staat verwehrt ist, dazu beitragen, die moralischen und weiteren geistigen Grundlagen der demokratischen Gemeinwesen mit Geist und Leben zu füllen und wo nötig zu erneuern.

Dagegen drängen sich zwei Bedenken auf. Als Erstes müsste etwas daraus folgen, das wie erwähnt schon der US-amerikanische Philosoph und Psychologe William James behauptet hatte: Die Gläubigen seien die besseren Staatsbürger. Überprüfen könnte man das, freilich nur in Annäherung, an zwei Kriterien, negativ an einer geringeren Kriminalitätsrate von gläubigen Menschen, positiv an einem höheren Maß an ehrenamtlicher Tätigkeit. Andere würden freilich lieber auf die Beteiligung an Bürgerprotesten achten. Folglich sind schon die Kriterien strittig. Überdies gibt es selbst für die genannten Kriterien meines Wissens keine verlässlichen empirischen Belege.

Auch die andere Seite, der Kreis der Gläubigen, lässt sich nicht leicht hinreichend genau bestimmen. In erster Annäherung könnte man zwar auf die Kirchgänger achten, die sich in ländlichen Gegenden noch mehr als in Großstädten finden. Falls es in diesen Gegenden weniger Kriminalität, namentlich Schwerkriminalität gäbe, könnte man dies als Beleg ansehen wollen. Allerdings könnte es dafür religionsunabhängige Gründe geben, etwa eine andere Bevölkerungsstruktur und ein höheres Maß an gegenseitiger Kontrolle.

Das zweite Bedenken ergibt sich aus der Tatsache, dass in unseren pluralistischen Gemeinwesen längst nicht mehr alle Bürger, in manchen Städten nicht einmal ihre Mehrheit Christen sind. Viele Bürger sind bekennende Atheisten, wobei ein nicht unerheblicher Anteil offensiv antireligiös, häufig dezidiert antichristlich ist.

Ohne Zweifel sollten auch diese Personen (halbwegs) gute Staatsbürger sein, was die Frage unvermeidbar macht: Welche sozialen Instanzen und geistigen Quellen können trotzdem noch helfen, die moralische Substanz einer Demokratie zu erneuern? Soll die pluralistische Demokratie nachhaltig überleben, so ist die Antwort ohne Rückgriff auf eine Religion, also ohne ein Jenseits zur Demokratie, sondern im Gegenteil demokratieintern zu suchen.

Weil die verschiedenen Demokratien nicht in denselben Traditionen und Erfahrungen wurzeln, ist in einem hier wichtigen Bereich, dem Religionsrecht, mit deutlichen Unterschieden zu rechnen. Eine kluge Rechtspolitik nimmt darauf Rücksicht, weshalb die Europäische Union sich hier bislang zurückgehalten hat.

Obwohl ihm keinerlei legislative Kompetenz zukommt, maßt sich aber eine Instanz der Union, der Europäische Gerichtshof (EuGH), ein Recht an, wogegen sich Kritik aufdrängt: Obwohl die für eine Gesetzgebung in der Union zuständigen Instanzen der Union noch keine Rechtskompetenz für ein Religionsrecht übertragen haben, nimmt sich der EuGH das Recht, das Religionsrecht der Mitgliedstaaten Zug um Zug zu vereinheitlichen. Dass er dabei ein so wichtiges Rechtsgut wie den religiösen Frieden innerhalb der Mitgliedstaaten und zwischen ihnen aufs Spiel setzt, scheint ihn nicht zu bekümmern. In Ermangelung einer direkten Zuständigkeit für das Religionsrecht findet das Gericht Umwege, um dennoch in die hier bislang ausschließlich einzelstaatliche Souveränität einzugreifen. Bei kirchlichen Beschäftigungsverhältnissen beispielsweise beruft er sich auf das Antidiskriminierungsgebot, bei der sogenannten Missionstätigkeit an der Haustür auf das Datenschutzrecht und beim religiös begründeten Schächten auf den Tierschutz. All dies sind durchaus respektable Argumente. Sie sind aber schon auf einzelstaatlicher Ebene berücksichtigenswert. Wenn weder deren Legislative noch deren Justiz ein Eingreifen für nötig hielt, sollte sich der EuGH zurückhalten. Tatsächlich hat er sich hier wie andernorts ohne Not in einzelstaatliche Eigenheiten eingemischt.

Zurück zum Böckenförde-Diktum. Der Harvard-Philosoph Rawls vertritt eine rein demokratieinterne Option. Sie dürfte von Besonderheiten seines Heimatlandes, der Vereinigten Staaten, mitgeprägt sein. Da in Deutschland andere Traditionen und Erfahrungen von Gewicht sind, darf der Bonner Staatsrechtler Josef Isensee erklären: Gerade die religiöse Funktion der Kirche kommt dem säkularen Verfassungsstaat zugute, weil sie das Absolutheitsstreben des Menschen auf Transzendenz ausrichtet und daran hindert, die Politik mit Heils- oder Unheilsgewissheit aufzuladen, und obwohl die Kompromiss- und Entscheidungsordnung der liberalen Demokratie nur dem Streit um die vorletzten Dinge gewachsen ist.

Allerdings sind hier zwei Präzisierungen – oder belaufen sie sich auf Korrekturen? – vorzunehmen: Die von Isensee betonte religiöse Funktion erkennt der religiös neutrale Staat auch bei nicht christlichen Religionen, also außerhalb der (christlichen) Kirchen, an. Aus gutem Grund spricht, wie oben bemerkt, der Soziologe Luhmann die Transzendenzleistung der Religion als solcher und nicht exklusiv einer einzigen Religion zu. Und selbst wenn man es bedauert: Die Demokratie muss wegen ihrer weltanschaulichen Neutralität auch jene Positionen von Atheismus zulassen, die die Ausrichtung des Menschen auf jede Transzendenz bestreiten.

Religionsverfassungsrecht

Die Bundesrepublik ist, es sei wiederholt, nach ihrer Verfassung, den Artikeln 4 und 140 des Grundgesetzes, religiös und weltanschaulich neutral, was selbstverständlich auch für den Schulunterricht gilt. Ein religiös und weltanschaulich neutraler Staat zwingt daher seine Schüler nicht, an einem christlichen, dann freilich konfessionell geprägten Religionsunterricht teilzunehmen. Das hat sich im Laufe der Nachkriegsgeschichte in zwei Neuerungen niedergeschlagen. Zum einen wurde in vielen Bundesländern für Schüler, die – aus welchen Gründen auch immer – nicht am Religionsunterricht teilnehmen, ein Alternativfach, der Ethikunterricht, eingerichtet. Zum anderen erhalten nach einem Grundprinzip der Verfassung, dem Prinzip der Gleichbehandlung oder Parität, auch nicht christliche Religionsgemeinschaften das Recht auf einen derartigen Unterricht. Auf Antrag wurde dieses Recht beispielsweise den Aleviten, einer schiitischen Glaubensrichtung im Islam, gewährt. Zu fragen ist, ob man auf Antrag ein derartiges Recht in Zukunft nicht auch buddhistischen Gemeinschaften, selbst Weltanschauungsgemeinschaften, die die Jugendweihe propagieren, einzuräumen hat.

Eine weitere Überlegung: Die prinzipielle Gleichstellung aller Religionsgemeinschaften schließt in Deutschland nicht aus, das es ähnlich auch in Österreich, der Schweiz und Elsass-Lothringen gibt: ein

Staatskirchenrecht. Im Unterschied zu dem von den christlichen Kirchen selbst gesetzten, internen Kirchenrecht regelt es die Beziehungen zwischen dem Staat und den Religionsgemeinschaften. Da es im Prinzip alle, auch die nicht kirchlich organisierten Religionsgemeinschaften betrifft, heißt es statt Staatskirchenrecht jetzt treffender Religionsverfassungsrecht. In der Sache hat es sich wie andere Bereiche des Verfassungsrechts von seinem Bezug auf das Christentum gelöst. Inzwischen ist es nicht nur für die Beziehungen der staatlichen und religiösen Bereiche zueinander zuständig. Wie der Staatskirchenrechtler Martin Heckel zu Recht ausführt, geht es um jene Gesamtsphäre der in den Grundrechten wurzelnden Rechtsstellung einer religiösen Organisation, in denen religiöse Fragen für die staatliche Rechtsordnung und umgekehrt das staatliche Recht für die Religionen von Bedeutung sind.

Auch das frühere Staatskirchenrecht war von Anfang an kein religiöses, sondern jenes säkulare Recht, das den Staat für die Religionen und Weltanschauungen seiner Bürger offenhält, ohne selbst religiös oder weltanschaulich Stellung zu nehmen. Die einschlägige enge Kooperation wahrt dabei die Eigenarten beider Seiten, dort den weltlichen, hier den religiösen Charakter.

Ein erstes, kaum strittiges Beispiel der Zusammenarbeit bietet die Seelsorge in Krankenhäusern, Alten- und Pflegeheimen, in Gefängnissen, im Militär, der Polizei und den Hochschulen. In all diesen Bereichen erkennt der Staat das Interesse, vielleicht sogar Bedürfnis der Betreffenden, der Kranken, Alten und Pflegebedürftigen, weiterhin der Gefangenen, der Soldaten und in den Hochschulen vor allem der Studenten an, auf Wunsch, also streng freiwillig, pastorale Hilfe zu erhalten. Dafür leistet er in der Regel finanzielle und organisatorische Unterstützung.

Eine erhebliche finanzielle Hilfe erhalten auch kirchlich geführte Krankenhäuser, Alten- und Pflegeheime, Kitas, Kindergärten, Schulen und Hochschulen sowie kirchliche Akademien. Diese zuvor den christlich geführten Einrichtungen vorbehaltene Hilfe steht nach dem Prinzip der Gleichbehandlung inzwischen allen anderen Religionsgemeinschaften ebenfalls offen.

Zur Kooperation unter Anerkennung der Differenz von weltlich und religiös gehört der Religionsunterricht, sofern er in öffentlichen Schulen als ordentliches Lehrfach geführt wird. Bekenntnisfreie Schulen sind in Deutschland gemäß Grundgesetz Artikel 7 Absatz 3 ausgenommen. Wegen der zahlenmäßigen Dominanz des Christentums fand der Religionsunterricht lange Zeit, selbstverständlich konfessionell getrennt, im Rahmen der christlichen Kirchen statt. Im Prinzip muss es ihn aber auch für andere Religionen geben dürfen.

Das Staatskirchenrecht ist wie gesagt eine mitteleuropäische Eigenart. In den Vereinigten Staaten lässt es die dortige radikale Trennung von Kirchen und Staaten nicht zu. Das Land kennt weder ein Staatskirchenrecht im engeren Sinn eines auf christliche Kirchen bezogenen Rechts noch die Erweiterung zu einem allgemeinen Religionsverfassungsrecht. Zu den Gründen, in sachlicher Hinsicht freilich nur sekundären Gründen, könnte der Umstand gehören, dass zwar gut die Hälfte der Bürger Protestanten oder Katholiken sind, die Protestanten aber nicht wie in Deutschland vornehmlich in nur drei Gemeinschaften, in Lutheraner, in Reformierte oder in deren Einheit, organisiert sind. Vielmehr zählt man seit Ende des 20. Jahrhunderts nicht weniger als 2500 Glaubensgemeinschaften, und die meisten Hauptkirchen der Mehrheitsausrichtungen des Protestantismus, also die Baptisten, Lutheraner, Methodisten, Mormonen, Reformierten und Zeugen Jehovas sowie Pfingstbewegungen, zerfallen ihrerseits in zahlreiche Unterkirchen.

In dieser Situation erscheint selbst die erweiterte Gestalt eines Religionsverfassungsrechts schon in organisatorisch-pragmatischer Hinsicht als schwierig zu verwirklichen. Der entscheidende Grund für das Fehlen eines Religionsverfassungsrechts liegt jedoch davon unabhängig in einer überaus strengen Trennung von Kirche und Staat. Ihr liegt eine besondere geschichtliche Erfahrung zugrunde: Die Neuenglandstaaten, ein Kern der künftigen USA, wurden von Religionsflüchtlingen gegründet, die sich dem Religions- bzw. Konfessionsdiktat ihres Heimatstaates, Großbritannien, entziehen wollten. Die strenge Religionsfreiheit soll daher die Bürger vor allen Übergriffen der Staatsgewalten schützen. Diesem Schutz dient auch das sehr weit reichende Verständnis der im ersten Zusatzartikel (First Amendment) garantierten Meinungsfreiheit. Sie erlaubt, wie erwähnt, selbst islamistische Hetzpredigten, auf der anderen Seite auch Zündeleien mit dem Koran, nicht zuletzt die Rede von der »Auschwitzlüge«. Den Hintergrund dieses höchst liberalen First Amendment bildet die Überzeugung, dass die Religion am besten, vielleicht sogar ausschließlich nur im Zustande der Machtlosigkeit gedeiht. Allzu machtlos ist die Religion allerdings nicht. Auf jeder Dollarnote bekennen die USA ihr zivilreligiöses bzw. staatsbürgerliches Gottvertrauen, heißt es doch dort: *In God we trust* – wir vertrauen auf Gott. Die Präsidenten, bislang stets Christen, pflegen bei ihrem Amtseid die Hand auf die Bibel zu legen. Der Wunsch *God bless you* wird nicht wie in unseren Breiten das Wort »Gott segne dich« nur verschämt und oder vonseiten älterer Frauen ausgesprochen, sondern ebenso von führenden Politikern wie dem US-Präsidenten Bill Clinton am Ende von Staatsbesuchen in von Katastrophen geplagten Ländern Afrikas.

In Deutschland hingegen halten sich Politiker beider Konfessionen mit öffentlichen Bekundungen von Religionszugehörigkeit beflissen zurück. Die Judikatur des Bundesverfassungsgerichts ist dem gefolgt. Nur das Minderheitsvotum der Verfassungsrichter interpretiert das Kreuz – immerhin findet es sich in zahllosen Landes- und Gemeindewappen, in Weg- und Gipfelkreuzen – als ein weit über die Kirchenräume verbreitetes Symbol einer historischen Wirklichkeit, mithin als omnipräsentes Zeichen der rein geschichtlich, also faktisch betrachteten, nicht notwendig normativ bevorzugten christlichen Prägung der abendländischen Kultur. Die Mehrheit der Richter hingegen sah im Kreuz eine Verbindung zu einem spezifischen Glaubensanspruch und verlangte wegen dieser Verbindung, das Kreuz aus öffentlichen Räumen zu verbannen.

Auch in den USA muss die genannte strenge Trennung die Tätigkeit der Religionsgemeinschaften nicht behindern. Denn sie schließt weder Gefängnis- noch Krankenhausseelsorge, weder Militär- noch Polizeiseelsorge aus. Ein Beispiel: Im »Todestrakt« für Männer des kalifornischen Gefängnisses San Quentin, vermutlich dem größten Todestrakt des Westens, arbeitet seit mehr als 30 Jahren ein katholischer Gefängnisseelsorger, George Williams. Eine derartige Arbeit ist in den Vereinigten Staaten weder verboten noch wird sie nur widerwillig erlaubt. In rechtlicher Hinsicht wird sie aber ausschließlich von privaten Initiativen getragen.

Dasselbe trifft auf karikative Einrichtungen, auf Schulen und Hochschulen usf. der USA zu: Kirchen dürfen sie ebenso wie jüdische Organisationen betreiben, freilich nur in privater Trägerschaft und bloß mit eigenen personellen und finanziellen Mitteln. Ein ordentliches Lehrfach Religion hingegen ist in öffentlichen Schulen unzulässig. Und selbst gegen Bezahlung werden Kirchensteuern und deren Äquivalente nicht vonseiten des Staates eingezogen.

Allerdings gibt es ein Phänomen, das den europäischen Demokratien fremd ist, ein weiteres Beispiel einer Art von (Staats-)Bürgerreligion: Vom Präsidenten über die Gouverneure, Senatoren und Kongressabgeordneten, über alle Beamte und staatlichen Angestellten bis zu den Schulen, Vereinen und jedem Bürger ist die Verfassung ein Quasiheiligtum. Die Gründungsväter, etwa George Washington und Thomas Jefferson, und, als führender Kopf beim Kampf für die Sklavenbefreiung, Abraham Lincoln werden als große Staatsmänner nicht nur hochgeschätzt. Sie werden als politische Heroen, als Quasiheilige der US-Demokratie, verehrt.

Exkurs: Demokratieunfähigkeit im deutschen Protestantismus?

Offensichtlich ist schon die Frage heikel. Trotzdem kann sie aus zwei Gründen ohne Gefahr einer religiösen oder konfessionellen Parteilichkeit erörtert werden: Einerseits wird die angesprochene Demokratieunfähigkeit von einem protestantischen Theologen und von einem protestantischen Juristen behauptet. Andererseits zeichnet sich dabei ein Modell für die Antwort einer Leitfrage dieses Essays ab.

Nach Ansicht des Göttinger Ordinarius für öffentliches Recht, insbesondere Kirchenrecht und Staatskirchenrecht, Hans Michael Heinig, tat sich der Protestantismus in Deutschland mit der Anerkennung der Demokratie lange Zeit ungleich schwerer als der Protestantismus in den Vereinigten Staaten oder in Skandinavien. Die Gründe reichen laut Heinig bis zur Reformation zurück. Damals wurde die Reformation von Territorialfürsten gefördert, die, auch zum eigenen Schutz, ein »landesherrliches Kirchenregiment« errichteten. Das führte zu einem jahrhundertelangen Bündnis von Thron und Altar, das trotz einiger Gegenbewegungen bis ins 20. Jahrhundert als Leitbild eines christlichen Staatswesens erhalten blieb.

In dieser »protestantischen Selbstverständlichkeit«, so geht Heinigs Diagnose weiter, verband sich ein »autoritäres Staatsverständnis« mit »einem pessimistisch-fatalistischen Menschenbild«. Der Weimarer Demokratie, einer »von Gott verordneten Obrigkeit«, unterwarf man sich zwar, aber lediglich »in aller Legalität«, während jeder Enthusiasmus für die Demokratie ausblieb. Sogar der prominente Basler Theologe Karl Barth verbat sich trotz seiner Herkunft aus der Schweizer Demokratie nach dem Ersten Weltkrieg jedwede theologische Stellungnahme zugunsten der Demokratie, was er erst zwei Jahrzehnte später änderte.

Selbst nach 1945 hatte laut Heinig der westdeutsche Protestantismus »Mühe, seine vor- und antidemokratischen Prägungen abzustreifen«. Noch etliche Jahre sahen führende Vertreter in der Volkssouveränität die göttliche Ordnung infrage gestellt. Während »sich die katholische Kirche von Beginn an mit der Bonner Republik«, einschließlich der Existenz zweier deutscher Teilstaaten, »identifizierte«, blieb den Theologen und Vertretern der evangelischen Kirche der Gedanke lange Zeit fremd: dass das Recht durch demokratische Verfahren in einem fairen Ausgleich berechtigter pluraler Interessen legitimiert wird.

Später, im Übergang von den 70er- zu den 80er-Jahren des 20. Jahrhunderts, entwickelte sich ein politischer Protestantismus, der laut Heinig »zwischen Weltuntergangsstimmung und utopischem Überschwang« hin und her wechselte. Weil dabei die demokratischen Verfahren geringgeschätzt wurden, man statt dessen lieber zivilen bzw. staatsbürgerlichen Ungehorsam praktizierte, warf der evangelische Sozialethiker Trutz Rendtorff dem westdeutschen Protestantismus »Demokratieunfähigkeit« vor. In diesem Zusammenhang nahm er eine später vom Historiker Götz Aly formulierte Einsicht vorweg: »Dies radikalisierte unter veränderten ideologischen Vorzeichen die Verhaltensweise der antidemokratischen Rechten.« Zugleich meinte man, »das

Versagen weiter Teile der evangelischen Kirche im Nationalsozialismus durch ›nachholenden‹ Widerstand in der Bundesrepublik wiedergutmachen zu können«.

Erst mehr als eine Generation nach der Verabschiedung des Grundgesetzes, im Jahr 1985, veröffentlicht unter dem Vorsitz von Rendtorff die Kammer für öffentliche Verantwortung der Evangelischen Kirche in Deutschland (EKD) die Denkschrift »Evangelische Kirche und freiheitliche Demokratie«. Sie trug den bezeichnenden Untertitel »Der Staat des Grundgesetzes als Angebot und Aufgabe«. Die Denkschrift beginnt mit der Menschenwürde, zieht zur Verteidigung der Demokratie die evangelische Sündenlehre heran und erklärt, bei strenger Unterscheidung zwischen geistlichem Auftrag der Kirche und weltlichen Pflichten des Staates, die Politik bilde keinen Heilsersatz.

Die Einsichten in den »ethischen Mehrwert demokratischer Rechtserzeugung« gerieten laut Heinig selbst danach zuweilen noch aus dem Blick. Exemplarisch sei die Beschreibung des Kirchenasyls als »Dienst am Rechtsstaat, obwohl offensichtlich staatliches Recht gebrochen wird«. Bis damals, 2015, werde von protestantischer Seite »wiederholt die besondere ethische Qualität demokratischer Rechtsbezeugung bestritten oder abgebildet«.

Heinigs Text schließt mit Worten, die auf eine Leitfrage dieses Essays eine kluge Antwort geben: »Zu den Paradoxien ausdifferenzierter Gesellschaften gehört, dass Politik und Religion einander nicht loswerden können und doch nicht ineinander aufgehen. Demokratie ist auch eine Weise, diese dauerhafte Grundspannung auszuhalten.«

Gefahren seitens der Religionen

Die Religionen und ihre Gemeinschaften folgen natürlicherweise den ihrem Wesen internen Aufgaben und Interessen. Lediglich mit Leistungen, die für die Demokratie positiv und konstruktiv ausfallen, ist dabei nicht zu rechnen. Der Inbegriff der im Gegenteil negativen, schädlichen Leistungen kann »Unwert« genannt werden. Er tritt vor allem in den verschiedenen Formen von Religionskritik zutage. Dieser Essay zieht aber den Begriff der Gefahren vor. Denn er erweitert das einschlägige Problemfeld, präzisiert es zugleich und vermeidet die im Ausdruck »Unwert« mitschwingende, eventuell überschießende Negativwertung zugunsten einer neutralen Betrachtung.

In meiner Studie »Kritik der Freiheit« hatte ich angesichts eines noch zugenommenen religiösen Pluralismus vom »Konfliktfall Religion« gesprochen, hervorgerufen nicht von »Bekehrungen« innerhalb der bestehenden Bevölkerung zum Buddhismus, zur Bhagwan-Bewegung oder zur Scientology-Sekte, sondern von einer Zuwanderung, hier von Muslimen.

Gewaltbereitschaft

Eine ernste Gefahr seitens der Religionen, die Gewaltbereitschaft, ist theologisch und religionsgeschichtlich gesehen für die hierzulande vorherrschende jüdisch-christliche Welt so alt, wie es Zeugnisse seitens ihrer Religion gibt. Nach der Genesis oder dem erstem Buch Moses (4,1–16), erschlägt der älteste Sohn von Adam und Eva, der sesshafte Ackerbauer Kain, seinen Bruder, den Kleinviehhirten, dabei Nomaden, Abel. Denn beide brachten zwar ein Opfer dar, der HERR sah aber lediglich auf Abels Opfer gnädig herab, nicht ebenfalls auf das Opfer von Kain.

Verallgemeinert man dieses Beispiel, so darf man bei aller gebotenen Vorsicht sagen, dass einer Religion oder von ihr beeinflusst die Gefahr der Ungleichbehandlung nicht fern ist. Ihretwegen droht eine sich bis zu Tötungsdelikten steigende Gewalt. Es ist bedauernswert, aber nicht zu leugnen, dass vor allem monotheistische Religionen, hier viele Jahrhunderte das Christentum, für die Gegenwart eher der Islam, gewaltanfällig sind. Auch bei Anhängern einer Lebens- und Welteinstellung, die sich als ein Heilsweg ohne Gott versteht, die also nicht problemlos als eine Religion anzusprechen ist, im Buddhismus, taucht in Geschichte und Gegenwart ein erhebliches Maß an Gewalt auf. Dasselbe trifft auf die vereinfachend Hinduismus genannte religiöse Vielfalt Indiens zu.

Erstaunlich ist die beinahe universal verbreitete Anfälligkeit für Gewalt nicht. Ohne sie dem Wesen oder Kern der Religionen zuzuordnen, was offenkundig kaum sachgerecht wäre, ist die Gewaltanfälligkeit kein

Zufall. Denn soziologisch betrachtet sind Religionen, sobald sie organisiert sind, Gruppen, die so gut wie alle sozialen Einheiten sich spontan, ohne sich viel zu denken, für besser als die anderen halten.

Ein derartiges Überlegenheitsgefühl allein erklärt allerdings die Gewaltbereitschaft noch nicht. Bei Gefühlen einer bloß sprachlichen und kulturellen Überlegenheit wie bei den Griechen, die auf die Nichtgriechen als Barbaren herabsahen, begnügt sich das Überlegenheitsgefühl mit einer Verachtung der anderen. Um das den Religionen nicht ferne Gewaltpotenzial zu erklären, braucht es zusätzliche Ursachen oder Gründe. Überdies gibt es in Bezug auf die Gewaltbereitschaft zwischen den Religionen erhebliche Unterschiede.

Das Christentum wird nachdrücklich im Namen der Gewaltfreiheit gegründet; man denke an die im Neuen Testament überlieferten Worte des Friedens: »Halte auch die andere Wange hin« und »stecke dein Schwert in die Scheide«. Beim Judentum wiederum finden sich in seiner heiligen Schrift, der Thora, extrem wenige Passagen, die zu Gewalt auffordern. Zu den Ausnahmen gehört die Aufforderung, nach der Eroberung einer Stadt die weiblichen Bewohner zu vergewaltigen, die männlichen aber zu töten.

Im Koran hingegen entdeckt man nicht etwa bloß laut Kritikern, sondern auch nach Einschätzung vieler Kenner mehr und grundlegendere Aufforderungen. Insbesondere findet sich ein dem Judentum fremdes Gebot, das zur Herrschaft über die Ungläubigen, das sich nicht selten mit der Aufforderung verbindet, gegebenenfalls Gewalt zu üben. Die Welt außerhalb des Islams gilt sogar als *dar al-harb*, als Haus des Krieges. Hinzukommen einige, wenn auch wenige Suren, die zum Heiligen Krieg aufrufen. Deshalb ist es beim Islam umstritten, ob die im Koran zweifellos gegebenen Aufforderungen zur Gewalt zum Wesen dieser Religion gehören oder außerhalb ihres Kerns zu platzieren sind.

Auf das Judentum trifft es jedenfalls nicht zu. Es kennt zwar so gut wie alle Religionen und religionsähnlichen Weltanschauungen unterschiedliche Richtungen. Diese pflegen aber für ihren Anspruch, die einzig rechtgläubige, »orthodoxe« Interpretation der Thora zu vertreten, nicht zur Gewalt zu greifen. Ihr Kampf, wenn man überhaupt davon sprechen kann, ist in der Regel geistiger und geistlicher, nicht gewalttätiger Natur. Daher ist der etwa vom Religionstheoretiker Friedrich Wilhelm Graf vertretenen These zu widersprechen, Religionen als solche seien nicht friedlich, vielmehr gefährlich, da sie, obwohl beinahe alle den Frieden beschwören, sie für die Durchsetzung ihrer Wahrheitsansprüche nicht bloß friedlich kämpften.

Auch im Christentum finden, angefangen mit seinen frühen Kirchenvätern, viele innerkirchliche Religionsdispute ohne Waffengewalt, rein in intellektueller Form statt. Selbst der Streit zwischen den Reformchristen, den Protestanten, und den Anhängern der römisch-katholischen Kirche wird lange Zeit geistig und geistlich, nicht militärisch ausgetragen. Erst als wesentlich politische Fragen und Interessen hinzukommen, etwa der Geld- und Frondruck verarmter Grundherren (»Bauernkriege«), weiterhin das Streben von Fürsten und von Reichsstädten nach Unabhängigkeit von kaiserlicher Gewalt, nicht zuletzt der Kampf um Vormacht in Europa oder in Großbritannien der Streit zwischen König und Parlament, schlägt die zuvor weithin innerreligiöse Auseinandersetzung in blutige Kriege und Bürgerkriege um.

Sogar eine zum Hass gesteigerte Verachtung Andersgläubiger und Ungläubiger führt nicht notwendig zu physischer Gewalt. Damit die spirituelle, folglich noch sanfte Gewalt geistiger Kontroversen sich zu Machtfragen aufschaukelt, die mit der harten Gewalt von Waffen zu entscheiden sei, müssen andere Ursachen noch hinzukommen. Setzt man die Religion in aller Vorsicht mit der Verehrung einer Gottheit und dem Gehorsam gegen deren Gebote gleich, so ist nämlich dem Wesenskern der Religion alle harte Gewalt fremd.

Offensichtlich nicht fremd sind sie der Welt, zu deren Wesen die Macht gehört, also der Politik. Auch wenn man bei der Suche nach der Rechtfertigung von Gewalt bei Religionen fündig wird, sind die wahren Grundlagen der Gewaltbereitschaft in Eigenheiten der sozialen und politischen Ordnung zu suchen. Wer sich für die Frage näher interessiert, kann die materialreiche Studie von Karen Armstrong lesen, ohne deshalb deren anthropologischen Pessimismus – der Mensch neige von Natur aus zur Gewalt – teilen zu müssen.

Zwei der zur Erklärung religiöser Gewaltbereitschaft erforderlichen Zusatzargumente, zwei Gewaltursachen, die für Religionsgemeinschaften zutreffen können, ohne zu deren religiösem Kern gehören zu müssen, seien hier exemplarisch vorgeschlagen: zum einen ein Missionsgebot, das bei der Annahme des wahren Heilswegs die für die Annahme notwendige Freiwilligkeit verdrängt, zum anderen wirtschaftliche und weitere geopolitische Zusatz-, gelegentlich sogar Hauptinteressen.

Halten wir als Zwischenbilanz zwei nicht wesensmäßig, aber faktisch den Religionen innewohnende Gefahren fest: eine Ungleichbehandlung, die nach Ungerechtigkeit aussieht, und eine bis zur Mitleidslosigkeit reichende Gewaltbereitschaft.

Noch einmal: antike Religionskritik

Setzt man die Verachtung fremder Sprachen und Kulturen beiseite, so tauchen in der vorjüdischen und vorchristlichen Welt, in der der Griechen, die genannten Gefahren nicht auf. Die einschlägige Religionskritik, die es dort sogar in radikaler Form gibt, betrifft andere Probleme, die jetzt den Kern der betreffenden Religion erschüttern.

Ein früher Philosoph, der Vorsokratiker Xenophanes, kritisiert die von Homers Epen und Hesiods »Theogonie« bekannte polytheistische Religion. Seine Kritik, ein eindrucksvolles Beispiel griechischer Aufklärung, findet sich in der Sammlung »Die Vorsokratiker«, in dessen drittem Kapitel. Xenophanes' Aufklärung beginnt dort, wo er den Regenbogen nicht mehr für eine Göttin namens Iris hält, sondern ihn zu einer rein natürlichen Erscheinung erklärt, zu einer Wolke, »purpurn, hellrot und gelbgrün« anzusehen. Sie setzt sich dort fort, wo die überlieferten Götter als zutiefst ungöttlich entlarvt werden, nämlich als Personen, die ein Höchstmaß von Unmoral praktizieren: »stehlen und ehebrechen und einander betrügen«.

Eine weitere Eigentümlichkeit widerspreche wahrer Göttlichkeit: dass die Völker die Götter sich nach ihrem eigenen Bild vorstellen, also die Äthiopier als »stumpfnasig und schwarz, die Thraker blauäugig und blond«. Nicht zuletzt entlarvt Xenophanes die griechischen Götter als anthropomorphe, also menschenähnliche Projektionen: Während

Menschen den Göttern eine Menschengestalt verliehen, würden Löwen und andere Tierarten, wenn auch sie Götter hätten, diesen eine Löwengestalt und bei anderen Tierarten deren Gestalt geben. Geben die Menschen trotz dieser relativierenden Einsicht den Göttern eine Menschengestalt, so nehmen sie eine Selbsterhöhung ihrer Gattung vor.

Der in jüngster Zeit erhobene Vorwurf des Speziesismus, der Privilegierung der eigenen biologischen Art, ist also keineswegs neu. Wer die Geistesgeschichte kennt, wird hier wie häufig zu Bescheidenheit aufgefordert: Die gern in Anspruch genommene Originalität erweist sich nicht selten als eine freilich unbemerkte Renaissance, als eine Wiedergeburt antiker Gedanken.

Bei Xenophanes erweisen sich jedenfalls die überlieferten Religionsvorstellungen als in vielfacher Hinsicht sachfremd. Die Aussagen verkennen nämlich das Wesen von Naturphänomenen: dass sie sich erforschen lassen; das Wesen eines gedeihlichen Zusammenlebens: dass es der Moral bedarf; und die Wesensdifferenz, die zwischen Menschen auf der einen und einer wahren Gottheit auf der anderen Seite besteht.

Aus diesem mehrfachen Widerspruch zur überlieferten Volksreligion gewinnt Xenophanes schließlich einen radikal neuen, nicht mehr polytheistischen, sondern monotheistischen Gottesbegriff: »Ein einziger Gott ist unter Göttern und Menschen der Größte, / weder dem Körper noch der Einsicht nach den sterblichen Menschen gleich.« Gott ist also nicht bloß ein Einziger; er zeichnet sich zudem durch einen Superlativ aus: Er ist der Größte. Überdies ist er seiner Gestalt und Geisteskraft nach der ganz Andere. Nicht zuletzt ist er Urheber (oder nur Lenker) von allem: Nach der einen Übersetzung »bringt er ohne Mühe alles in Gang durch seines Geistes Denkkraft«, nach der anderen, die ich vorziehe: »ohne Anstrengung des Geistes lenkt er alles mit seinem Bewusstsein«.

Xenophanes' Religionskritik ist ohne Zweifel sowohl weitläufig als auch radikal. Denn nur wenig zugespitzt erweist sich die Religion als ein vierfacher Feind: als Feind von (Natur-)Forschung und (Natur-)Wissenschaft, als Feind der Moral, als Feind einer sachgerechten Vorstellung des Menschen und als Feind eines sachgerechten Gottesbegriffs. Darin liegt nun laut Xenophanes die Gefahr der zu seiner Zeit vorherrschenden Religion: Beharrt sie auf ihren Aussagen, so versperrt sie sich der Aufklärung. Diese in religionstheoretischen und allgemein philosophischen Hinsichten eminente Gefahr verbleibt aber bei unserem Vorsokratiker im außerpolitischen Bereich. Sie bedroht nicht die damalige Herrschaftsordnung, folglich auch nicht, soweit es sie gab, die Demokratie. Bis heute wird aber sein Grundmotiv die Religionskritik prägen: Je nach rhetorischer Schärfe gilt die Religion als Gegner oder sogar als Feind einer geistigen Aufklärung.

Karl Marx, Friedrich Nietzsche und Neuer Atheismus
Wie schon Xenophanes, später Platon und Aristoteles erklären, vertritt der Monotheismus den in philosophischer, vermutlich auch in theologischer Hinsicht allein sachgerechten Gottesbegriff. Eine Gewaltanfälligkeit zeichnet sich dabei nicht im Entferntesten ab. Selbst wenn Gott wie im Christentum in dreierlei Gestalt auftritt, als Vater, Sohn und Geist, ist er doch ein einziger, dabei allerdings nicht notwendig ein personaler Gott. In Aristoteles' philosophischer Theologie ist der Gott ein unbewegter Beweger, eine naturphilosophisch begründete, apersonale Entität (»Metaphysik«, Buch Lamba/XII).

Für die politische Philosophie und Demokratietheorie wichtiger ist die Kehrseite des personalen Monotheismus: dass, beginnend mit Altisrael, die verschiedenen Gestalten von Theokratie überwunden werden. Weil Gott, der eine und gegenüber den Menschen ganz andere ist, kann der politische Herrscher nicht mehr das sein, was für den ägyptischen Pharao zutraf, später, obwohl abgeschwächt, für den römischen Kaiser und heute, wenn auch noch einmal und erheblich abgeschwächt, auf den Monarchen in der anglikanischen, in einer skandinavischen oder in einer anderen Staatskirche zutrifft: Der politische Herrscher kann nicht mehr eine politische, zugleich religiöse Spitze sein, die, aller Kritik enthoben, »von Gottes Gnaden herrscht« und in der Frühzeit, in der Antike, eine Gott ähnliche Verehrung verdient.

Der Monotheismus entgeht zwar dem gegen den Polytheismus gerichteten Teil einer Religionskritik, von all ihren Kritikpunkten ist er aber, darauf legt der Atheismus in vielen Gestalten Wert, nicht frei.

Auch hier stammen erste abendländische Zeugnisse von den Griechen: In Platons Frühdialog,»Sokrates' Verteidigungsrede« bzw. »Apologie«, wird Sokrates vorgeworfen, an keine Götter zu glauben. Sokrates streitet das zwar ab, sodass der Atheismus hier bloß eine angebliche, keine ausdrücklich vertretene Position ist. Auch wenn es noch weitere antike, auch mittelalterliche Belege gibt, wird der Atheismus erst in der Neuzeit in einer Weise wirkmächtig, die die negativen Seiten der Religion mit Nachdruck hervorhebt. Hierzu ist eine begriffsgeschichtliche Beobachtung bemerkenswert.

Wie angedeutet gelegentlich schon in der Antike, so ist in der frühen Neuzeit von der Reformation bis in die Zeit der Aufklärung von »gottlos«, »Gottlosigkeit« und »Atheismus« häufig nicht im Sinne einer jener philosophischen oder theologischen Position die Rede, die die Existenz Gottes leugnet. Nach einem hier einschlägigen Autor, Björn Spiekermann, bildet der »Ungläubige« »den Gegenpol, das personifizierte Andere der Religion und entspringt folglich mit ihr selbst, ohne einer historischen Konkretisierung überhaupt zu bedürfen«. Die Folge ist für heutige Zeitgenossen erstaunlich: Theologen dürfen sich jederzeit über Gottlose beklagen, selbst wenn es um sie herum keine gottlosen Menschen gab. Erinnern wir uns, dass es nach dem erwähnten Werk von Taylor »Ein säkulares Zeitalter« um das Jahr 1500 in Europa unmöglich war, nicht an Gott zu glauben, durften trotzdem damals und noch viele Generationen später Theologen ihre Epoche oder einzelne Menschen der Gottlosigkeit anklagen.

Dieser Vorwurf der Gottlosigkeit konnte zwar in einem politischen Zusammenhang auftauchen. So konnte die Religion nicht etwa nur in katholischen Ländern als unverzichtbares Band der Gesellschaft, folglich auch der Staatsbildung angesehen werden. Einer der bedeutendsten Philosophen des Liberalismus, John Locke, beispielsweise schließt aus seinem Plädoyer für Toleranz nicht nur Atheisten, sondern auch Katholiken, aus, weil er ihnen, da ihr oberster Bischof, der Papst in Rom sei, eine uneingeschränkte Staatstreue abstritt.

Schon wer das »Deutsche Wörterbuch«, hier Band 8, Spalten 1386 bis 1398, zu Rate zieht, lernt sowohl die lutherisch-biblische, insofern protestantische Herkunft des Ausdruckes »gottlos« und »Gottlosigkeit«, als auch die von dort stammende weiterreichende Bedeutung kennen. Diese beginnt, angefangen (bei bedauerndem Unterton) mit »gottlos« im Sinne »von Gott verlassen«. Sie reicht über Goethe, der von sich sagt, häufig »gottvergessen« zu leben, bis zur Gleichsetzung von gottlos mit nicht christlich, weil heidnisch. Auch andere Verwendungen von »gottlos« betreffen keinen wirklichen Atheismus. Abgesehen von einer bloß kräftigen Verstärkung des zugehörigen Substantives wie »gottloser Husten« und »gottlos viel Arbeit« bedeutet »gottlos«, erneut nicht im philosophisch-theologischen Sinn einer Gottesleugnung schlicht ein moralisch verwerfliches Handeln.

In den jetzigen Überlegungen kommt es aber nicht auf die sachliche Berechtigung oder Nichtberechtigung des Atheismusvorwurfes, sondern lediglich auf die Frage an, wo beim tatsächlichen Atheismusverdikt die negativen Seiten der Religion, ihr »Unwert« bzw. ihre Gefahr betont werden. Dafür seien exemplarisch drei Positionen erörtert.

»Opium des Volks«

Im Anschluss an Kant findet innerhalb eines Höhepunkts der abendländischen Philosophie, beim Dreigestirn des Deutschen Idealismus Fichte, Schelling und Hegel, eine gegenüber Kant noch gesteigerte Wertschätzung der Religion statt. Nach Hegels Tod setzt sich aber unter den Linkshegelianern eine Kritik der gesamten religiösen und theologischen Tradition des (christlichen) Abendlandes durch. In ihr taucht Karl Marx' berühmte Sentenz von der Religion als »Opium des Volks« auf.

Marx' Wort ist von der kurz zuvor erschienen Religionskritik Ludwig Feuerbachs »Das Wesen des Christentums« (1841), auch von David Friedrich Strauß' »Das Leben Jesu« (1831) inspiriert. Nach Feuerbachs Werk liegt den angeblich übernatürlichen Mysterien der Religion eine einfache, natürliche Erklärung zugrunde. Diese löst die Theologie in Anthropologie auf: Die Religion, bestimmt als Bewusstsein des Unendlichen, ist in Wahrheit das Bewusstsein des Menschen von seinem eigenen unendlichen Wesen.

Marx' bekannteste Einschätzung der Religion findet sich in der Einleitung »Zur Kritik der Hegelschen Rechtsphilosophie«. Dort hebt sogleich der erste Satz das für Marx überragende Gewicht der Religionskritik hervor: »Die Kritik der Religion ist die Voraussetzung aller (!) Kritik.« Der nächste Absatz spricht, schon eine Generation vor Nietzsche, von einem »Übermenschen«, gemeint ist allerdings ein »Wesen der phantastischen Wirklichkeit des Himmels«, also ein Gott, der in Wahrheit, so Marx, ein »Unmensch« ist. Zwei Absätze später folgen die beiden viel zitierten Sätze: »Die Religion ist der Seufzer der bedrängten Kreatur, das Gemüt einer herzlosen Welt, wie sie der Geist geistloser Zustände ist. Sie ist das *Opium* des Volks.«

Vor allem der letzte Satz bündelt in prägnanter Kürze Marx' Diagnose zur Religion. Zufolge dieser Sentenz »Sie ist das *Opium* des Volks« ist die Religion eine so tiefgreifende Wunsch- und Wahnvorstellung, dass sie den Menschen hindert, die Wahrheit seiner Wirklichkeit, sein grenzenloses Elend, zu erkennen. Wer es doch erkennt, sieht sich zu einer radikalen Veränderung aufgefordert, nicht bloß zu einer wirtschaftlich-gesellschaftlichen Reform, sondern zu einer veritablen Revolution. Danach ist die Religion nicht nur wie laut Xenophanes der griechische Politheismus eine zwar weitreichend falsche, in politischer Hinsicht aber nicht erwähnenswerte Gefahr. Für Marx hingegen ist die Religion, jetzt jede Religion oder Religion überhaupt, keine für die herrschende Wirtschafts- und Gesellschaftsform harmlose, sondern eine zutiefst gefährliche Illusion.

Statt den Menschen zu motivieren, das durch die herrschende Wirtschaftsform, den Kapitalismus, verursachte Elend zunächst wahrzunehmen, sodann zu überwinden, statt also jede Religion zugunsten der einzig wahren Religion, freilich in der Sache bloß Quasireligion, der kommunistischen Gesellschaft, aufzugeben, bleibt im Elend verfangen. An die Stelle der in dieser Gesellschaftsform verheißenen Überwindung aller Entfremdung, der wahren Versöhnung, tritt eine gefährliche Droge, eben ein Opium. In der Religion werde der Mensch nämlich auf eine zwar wohlfeile, die Fähigkeit zum kritischen Denken aber vernebelnde, zugleich den Willen, die Welt zu verändern, außer Kraft setzende Weise mit der Wirklichkeit versöhnt.

Nur in Klammern: Marx verwendet das Stichwort »Opium« kaum zufällig. Kurz bevor er die genannte Schrift verfasste, in den Jahren 1839 bis 1842, fand der erste britisch-chinesische Opiumkrieg statt: Die Beschlagnahme des Opiums britischer Händler nahm Großbritannien zum Anlass, gegen China einen Krieg zu beginnen, an dessen Ende das Reich der Mitte wichtige Handelshäfen zu öffnen, Hongkong abzutreten und erhebliche Reparationszahlungen zu leisten hatte.

»Gott ist tot«

Als zweites Beispiel für eine seit dem 18. Jahrhundert mehr und mehr vorherrschende Religionskritik bietet sich ein Nietzsche-Wort an, das ebenfalls zu einem weltweit zitierten Diktum aufsteigen konnte: »Gott ist tot.« Ob Nietzsche hier auf einen Unwert der Religion anspielt oder sich als verzweifelter Gottsucher zu erkennen gibt, liegt nicht auf der Hand, eher trifft das Gegenteil zu. Der Satz stammt aus dem dritten Buch der Aphorismensammlung »Die fröhliche Wissenschaft«. Er erscheint dort zwei Mal an prominenter Stelle, das erste Mal im ersten Aphorismus dieses Buches.

Da dieser Aphorismus 108 selten im Zusammenhang erwähnt wird, sei er hier vollständig zitiert. Im Anschluss an den Titel »Neue Kämpfe« heißt es: »Nachdem Buddha todt war, zeigte man noch Jahrhunderte lang seinen Schatten in einer Höhle, – einen ungeheuren schauerlichen Schatten. Gott ist todt: aber so wie die Art der Menschen ist, wird es vielleicht noch Jahrtausende lang Höhlen geben, in denen man seinen Schatten zeigt. – Und wir – wir müssen auch noch seinen Schatten besiegen!«

An der zweiten Stelle, dem Aphorismus 125 »Der tolle Mensch«, wird der Satz »Gott ist tot« von einem Narren verkündet. Überdies wird er zu einer Handlung abgewandelt, zu einer »größten Tat«, die die Menschen selbst vollbracht und sich dabei mit einer Blutschuld befleckt haben: »Wir haben ihn getötet.« Die Tat hat den Superlativcharakter des »Größten«, weil sie sich auf das »ungeheure Ereignis« beläuft, das »Heiligste und Mächtigste, was die Welt bisher besaß«, ermordet zu haben. Sie besteht freilich nicht in einem kurz dauernden Ereignis, wie die Ausdrücke »getötet« und »Mörder« vermuten lassen. Es handelt sich vielmehr um einen Prozess, denn das »ungeheure Ereigniss ist noch unterwegs«, also noch nicht abgeschlossen. Denn es gibt, fährt Nietzsche fort, die Kirchen, also Gotteshäuser, auch wenn sie nur noch »die Grüfte und Grabmäler Gottes« sind.

Im Einleitungsaphorismus 343 des Fünften Buches nimmt Nietzsche die seither allzu oft wiederholte Sentenz wieder auf: »Das grösste neuere Ereignis, – dass ›Gott todt ist‹, dass der Glaube an den christlichen Gott unglaubwürdig ist – beginnt bereits seine ersten Schatten über Europa zu werfen.«

Hier wird noch deutlicher, worauf es Nietzsche ankommt. Es geht ihm nicht um eine theologische oder sonst wie religionstheoretische Aussage. Denn wie sollte ein seiner Natur nach unsterbliches Wesen, eben Gott, sterben? Vielmehr konstatiert Nietzsche, zweifellos hellsichtig, ein (ideen- und mentalitäts-)historisches Ereignis, genauer einen Prozess, der schon in der zweiten Hälfte des 19. Jahrhunderts sich abzeichnet, der Verlust der Glaubwürdigkeit des christlichen Glaubens.

Dieser Verlust motiviert Nietzsche aber nicht, wie vielfach angenommen, zu einem allgemeinen Nihilismus, sondern zur Aufgabe, für die Moral eine neue Rechtfertigung zu suchen. Insofern ist der Nihilismus, den Nietzsche für seine Zeit wahrnimmt, nur ein vorübergehendes Phänomen. In Anspielung auf René Descartes' berühmte Rede von einer *morale par provision*, einer nur vorläufig gültigen Moral, handelt es sich um einen vorläufigen, auf Dauer aber zu überwindenden Nihilismus.

Nicht anders als bei Marx hat auch bei Nietzsche die Auseinandersetzung mit der Religion ein außergewöhnliches Gewicht. Die Religion steht nämlich für die Instanz, die bislang dem menschlichen Leben Sinn und Halt verlieh. Mit dem Satz »Gott ist tot« diagnostiziert der rebellische Pfarrerssohn die Entmachtung aller bisherigen Rechtfertigung von Verbindlichkeiten, weshalb eine neue, sinnstiftende Instanz vonnöten sei. Diese hat, erneut wie bei Marx, einen rein innerweltlichen, im Unterschied zu Marx aber nicht mehr kollektiven Charakter. Denn sie besteht in dem aus sich heraus lebenden, souveränen Individuum. Weil es sich aus sich selbst steigert, dabei *über* den gewöhnlichen *Menschen* hinauswächst, nennt Nietzsche ihn, für spätere Ohren missverständlich, einen Übermenschen.

Ihm gegenüber erscheint die Religion unausgesprochen als eine Macht, die mit ihrem Glauben an ein Jenseits und an ein den Menschen unendlich überragendes Wesen, Gott, als eine Instanz, die die heute, nach dem Glaubwürdigkeitsverlust des Christentums allein noch mögliche, jetzt rein diesseitige Sinnstiftung verhindert. So wird die Religion bei Nietzsche nicht viel anders als bei Marx zur Barriere für das wahre Menschsein: zu einem Bremsklotz für echte Humanität.

Nietzsche leugnet allerdings nicht jeden Wert der Religion. Positiver als Marx' pures Verdammungsurteil »Opium des Volks« hält er ihr zugute, »vielfachen Frieden des Herzens, ... Verklärung und Verschönerung« zu schenken und auf »geplagte Menschen« einen »Sonnenglanz zu legen.« Er schränkt aber den Kreis der Menschen ein, für die die Religion diese Leistung zustande bringt. Nach dem »Vorspiel einer Philosophie der Zukunft«, der Schrift »Jenseits von Gut und Böse«, ihrem dritten Hauptstück, insbesondere dem Abschnitt 61, sind die »gewöhnlichen Menschen«, die »sich durch Frömmigkeit in eine höhere Schein-Ordnung der Dinge« versetzen, um – erneut Marx nahe – die Härte der wirklichen Ordnung ertragen zu können. Die nicht mehr gewöhnlichen Menschen hingegen, die »freien Geister«, die genannten souveränen Individuen, jedenfalls können und müssen sich um ihrer Freiheit willen der Religion entledigen.

Neuer Atheismus

Konnte früher das Etikett »Atheist« für den Betreffenden gefährlich werden, ist es heute im wörtlichen Sinn von Leugner Gottes, insbesondere Leugner seiner Existenz, nicht bloß hoffähig. Es ist vielmehr längst weit verbreitet, genießt in vielen Kreisen hohes Ansehen und wird als vernünftige, häufig sogar exklusiv vernünftige Welteinstellung vertreten, seit einiger Zeit besonders einflussreich von englischsprachigen Autoren. Manche von ihnen plädieren offensiv bis aggressiv für ihre Ansicht und finden, wie deshalb zu erwarten, in den Medien viel Aufmerksamkeit.

Der US-Journalist Gary Wolf spricht von einem »Neuen Atheismus«, den er pointiert in drei Stichworten zusammenfasst: *No heaven. No hell. Just science.* Geschichtlich neu, wie manche Anhänger beanspruchen, ist diese Ansicht zwar nicht. Der Gedanke einer geistigen Selbstermächtigung des Menschen durch die Wissenschaft hat schon mit dem französischen Aufklärer, Mathematiker und Philosophen Antoine Marquis de Condorcet, später mit Ernst Haeckel wortmächtige Vertreter gefunden.

Unter dem bezeichnenden Titel »The Church of the Non-Believers«, zu Deutsch »Kreuzzug gegen die Religion«, erklärt Wolf in seinem Essay drei Autoren zu den Protagonisten der neuen Bewegung und behauptet von ihnen, dem englischen Evolutionsbiologen Richard Dawkins, dem nordamerikanischen Philosophen Daniel Clement Dennett und dem britisch-US-amerikanischen Journalisten und Literaturkritiker Christopher Hitchens, »den Ruf zu den Waffen angestimmt zu haben«.

Die Frage, ob, die martialische Sprache einmal beiseitegeschoben, die Argumente für die Nichtexistenz Gottes überzeugen, ob insbesondere die Ergebnisse der modernen Naturwissenschaften, vor allem die der Evolutionstheorie, »mit an Sicherheit grenzender Wahrscheinlichkeit« für die Nichtexistenz Gottes sprechen, steht hier nicht zur Diskussion. Nach Kritikern wie dem Wiener Theologen Rudolf Langthaler, auch dem selbst atheistischen Philosophen Tim Crane hält Dawkins' Position den Ansprüchen einer philosophischen Kritik nicht stand, was hier aber ebenso wenig von Bedeutung ist.

Entscheidend sind allein die schon in Dawkins' Buchtiteln anklingenden Vorwürfe: an Gott zu glauben sei ein Wahn, eine göttliche Schöpfung zu behaupten eine Lüge. Wer trotzdem darauf beharre, verrate das Erbe der europäischen Aufklärung, demzufolge die Wissenschaften das alleinige Maß des Vernünftigen verträten, während, wer an Gott glaube, selbst wenn er es nicht direkt intendiere, (Natur-)Wissenschaftsfeindlichkeit praktiziere. Nicht zuletzt belaufe sich eine religiöse Erziehung auf einem Kindsmissbrauch, denn sie räume der Religion eine Autorität in Fragen der Moral und der praktischen Lebensführung ein, die sie, da sie doch politischen Fanatismus, Intoleranz und Diskriminierung fördere, auf keinen Fall beanspruchen dürfe.

Hier geht der Neue Atheismus über die Ablehnung jedes Glauben an Gott hinaus. Indem er auch den Trotzdemgläubigen den nötigen Respekt verweigert, verletzt er nicht nur ein Minimum von Zivilisiertheit und Toleranz. Er fällt auch in einen pragmatischen Widerspruch. Die kräftige, häufig zu einer gezielten Provokation gesteigerter Polemik bedient sich nämlich einer Rhetorik, die selbst nicht von naturwissenschaftlicher Art ist, also der Devise »just science«, lediglich Naturwissenschaft, widerspricht.

Nach einem bedeutenden Kritiker von Dawkins' Ansicht, dem US-Philosophen Thomas Nagel, ist die »materialistische neodarwinistische Konzeption der Natur«, die der Selbstüberschätzung des Neuen Atheismus zugrunde liegt, »so gut wie sicher falsch«. Dieses Argument spricht zwar nicht zugunsten eines Gottesglaubens, sondern lediglich gegen einen voreiligen, angeblich naturwissenschaftlich begründeten, von dort sogar geforderten Atheismus. Dem schließt sich in der Sache der in der Anglophonie prominente Rechtsphilosoph Ronald Dworkin an. Beide vertreten eine Ansicht, die die Philosophie seit Kant kennt und von ihm weit grundlegender legitimiert worden ist: Moderne Wissenschaft kann die Existenz Gottes weder beweisen noch überzeugend bestreiten.

Dworkin setzt sich für eine besondere Spielart, für einen »gläubigen« oder »frommen Atheismus« ein. Die dazu gehörende Religion, besser: Quasireligion, beruft sich nicht auf Gott und vertritt trotzdem die Weltsicht, dass »ein inhärenter, objektiver Wert alles durchdringt, dass das Universum und seine Geschöpfe Ehrfurcht gebieten, dass das menschliche Leben einen Sinn und das Universum eine Ordnung« hat. Nach Dworkin muss ein Atheismus also nicht religionsfeindlich sein. Er kann im Gegenteil, dann in Form einer »atheistischen Frömmigkeit«, den Wert einer Religion verteidigen.

Ohnehin sind die Behauptungen des angeblichen »Neuen« Atheismus nicht neu. Wenn es in der geistigen Welt ein Patentrecht gäbe, müssten die Vertreter des angeblich neuen Atheismus den tatsächlichen ersten Vertretern geistige Patentgebühren bezahlen: Zu Beginn des letzten Jahrhunderts heißt es in den vom Zoologen Haeckel inspirierten Gründungsaufruf des Deutschen Monistenbundes: »Tausende und Abertausende finden keine Befriedigung mehr in der alten, durch Tradition oder Herkommen geheiligten Weltanschauung; sie suchen nach einer neuen, auf naturwissenschaftlicher Grundlage ruhenden einheitlichen Weltanschauung.«

Religiöser Fanatismus

Mit einer gewaltfreien Verachtung Andersgläubiger gibt sich die religiöse Intoleranz allzu oft nicht zufrieden. Schon ein kurzer Blick in die Geschichte der Religionskriege und der bis zu Pogromen, zu gewalttätigen Hetzen gegen Religionsfremde, gesteigerte Verfolgung führt die religiöse Fanatisierbarkeit von Massen hinreichend deutlich vor Augen. Besonders häufig sind Juden betroffen; in absoluten Zahlen werden heute allerdings weltweit am meisten Christen verfolgt.

Als ein sprechendes Beispiel für die Verführbarkeit der Menge sei hier der Fall erwähnt, den der polnische Schriftsteller Andrej Szczypiorski erzählt: »Eine Messe für die Stadt Arras«. In Form eines Geschichtsromans beschreibt er hier die Ereignisse, die sich in den Jahren von 1458 bis 1461 in der nordfranzösischen Stadt Arras zutrugen. Der Roman liest sich als eine erschütternde Studie über religiöse Fanatisierbarkeit. Nicht etwa nur die »ungebildete Masse«, selbst ein hoher Adliger, zudem gelehrter und frommer Mann, Graf Saxe, zeichnet sich, so Szczypiorski, durch ein hohes Verführungs- und Erregungspotenzial aus. Dieses macht also weder vor Standesgrenzen noch engen Freundschaften halt: Obwohl der Graf, in Kantischen Worten charakterisiert, gewohnt war, sich seines eigenen Verstandes zu bedienen, stimmt er im Rat der Stadt der Enthauptung seines eigenen adligen Freundes zu.

»Unorthodox«

Je enger eine Gemeinschaft ist, desto größeren Halt kann sie ihren Mitgliedern bieten. Werden die Bindungen aber zu eng, kippt der Vorteil in einen Nachteil um: Der soziale Halt der Gemeinschaft verkehrt sich in ein soziales Gefängnis, das den Mitgliedern mehr und mehr Freiheit raubt und im Extremfall die emotionale Luft abschnürt. Gegen diese Gefahr, die generell jeder Art von Gemeinschaft droht, sind auch Religionsgemeinschaften nicht gefeit. Wie zu erwarten, finden sich Beispiele sowohl im christlichen als auch in muslimischen und jüdischen, in hinduistischen und buddhistischen Gemeinschaften.

Die Frage, ob gewisse Religionen anfälliger für die Gefahr als andere sind, ist vermutlich schwierig zu beantworten, für diesen Essay auch nicht entscheidend. Beispiele für Gemeinschaften, die persönliche Eigenart und Freiheit unterdrücken, lassen sich vermutlich in allen Religionen finden. Zwei Ursachen für übergroße Enge liegen auf der Hand: Die eine Ursache besteht im Übergewicht von Detailregeln für den Lebenswandel, namentlich für den Umgang miteinander und mit Außenstehenden, ferner für die Kleidung, die Küche, usf. Derartige Phänomene wird man in vielen Religionen entdecken können, glücklicherweise aber nicht bei jeder ihrer Gemeinden, hoffentlich sogar bei den wenigsten.

In jüngster Zeit ist die unter dem Titel »Unorthodox« erschienene Geschichte von Deborah Feldman weltweit berühmt geworden. Die Autorin, deren Muttersprache Jiddisch war, studierte am jüdischen Sarah Lawrence College Literatur und verfasste später ein »Enthüllungsbuch«, das sich wie ein Roman liest und die Vorlage für eine Netflix-Serie bietet. Übervereinfacht gesagt, wächst der Titelheld, ein Leo Trapp, in einer ultraorthodox-jüdischen Familie auf, in der die Klassiker der deutschen und der englischen Literatur wie Friedrich Schiller und Shakespeare zum alltäglichen Leben gehören, selbstredend aber auch die Heilige Schrift, die Thora, und deren »offizielle« Erläuterungen und Kommentare im Talmud.

Man braucht es nicht auszusprechen, weil es sich von selbst versteht: »Typisch« für das Judentum ist die von Feldman beschriebene ultraorthodoxe und ultrastrenge Gemeinde in Williamsburg, einem New Yorker Stadtviertel, zweifellos nicht. Wie weit Feldmans autobiografischer Roman der Gemeinde, aus der sie nach Berlin flieht, gerecht wird, ist hier nicht zu prüfen. Die dort – angeblich – herrschende Frauen- und Sexualitätsfeindlichkeit, das weiß jeder Leser des Alten Testaments – trifft auf das Judentum jedenfalls nicht annähernd generell zu. Dafür genügt es, das »Hohe Lied« zu lesen.

Um jeder Parteilichkeit entgegenzutreten, sei an die Frauen- und Sexualitätsfeindlichkeit mancher Christen, ferner an die Verstümmelung von Mädchen im muslimischen Afrika und an gewisse Zustände im hinduistischen Kastenwesen erinnert.

Missbrauch in der Kirche

In den letzten Jahren wurde ein beschämendes Phänomen mehr und mehr bekannt, das aber schon lange vorher Wirklichkeit war: der sexuelle Missbrauch Minderjähriger, dabei vor allem von Knaben. Offensichtlich ist die Gefahr des Missbrauchs nicht für Religionen spezifisch. Er droht vielmehr in Verhältnissen enger sozialer Beziehung, weshalb nach gut begründeten Schätzungen ein großer Teil, vermutlich sogar der überwiegende Anteil, in Familien und deren Umkreis vorkommt.

In Gemeinschaften, die sich von ihrem Selbstverständnis her als Anwälte einer Moral verstehen, zu deren Minimum der Schutz der Schwächsten gehört, sollte man jedoch auf eine entschieden geringere Gefahr hoffen. Zumindest sollte man erwarten dürfen, die Aufklärung und Ahndung von Missbrauch werde nach heutigem Sprachgebrauch als »Chefsache« behandelt. Tatsächlich zeigen Untersuchungen, die in vielen Teilen vor allem der katholischen Welt endlich vorgenommen wurden, dass beides, der Missbrauch und das mangelnde Einschreiten dagegen, keine seltene Ausnahme sind.

Politischer Islam

Bei einer Beurteilung der Gegenwart darf man nicht pauschal von »der« Religion sprechen. Da die Lage in den verschiedenen Weltregionen unterschiedlich aussieht und dieser Essay keine umfassende, schon gar nicht eine enzyklopädische Analyse der einschlägigen Weltlage intendiert, sei ein exemplarischer Blick erlaubt. Dafür empfiehlt sich der politische Islam, denn er stellt, wie man beispielsweise bei Heinrich/Scholz lesen kann, in vielen Teilen der Welt ein Problem dar.

Zu den Vorstufen des politischen Islams kann man schon die Forderung zählen, während der Arbeitszeit die vom Koran vorgeschriebenen Gebete zu vollziehen und bei der Ausübung eines öffentlichen Amtes das Kopftuch zu tragen oder das Recht, in der Öffentlichkeit vollverschleiert aufzutreten. Bedenklich sind auch jene Koranschulen, die mit einem fundamentalistischen Weltbild den Jugendlichen erschweren, zu mündigen Bürgern heranzuwachsen. Aus der Schweiz ist die Weigerung eines Muslims bekannt, einer Lehrerin, da sie eine Frau ist, die Hand zu geben.

Ohnehin gibt es im Bereich der Schulen Schwierigkeiten beim Schwimmunterricht, sogar eine Beschwerde über den Besuch eines Architekturmuseums, weil es in einem früheren (!) Karmeliterkloster untergebracht ist. Nicht zuletzt taucht immer wieder die Forderung auf, nicht nur, was fraglos zu erlauben ist: überhaupt Moscheen mit Minaretten zu bauen, sondern für die Gebetstürme eine das jeweilige Stadtbild beherrschende Höhe zu erlauben.

Wer derartige Phänomene erwähnt, muss mit dem Vorwurf einer Gegnerschaft, sogar Feindschaft gegen den Islam, einer Islamophobie, rechnen. Dem Vorwurf lassen sich aber etliche Argumente entgegenhalten. Als Erstes eine Beobachtung: Ähnliche Ansprüche und Forderungen sind hierzulande von Juden oder Buddhisten nicht bekannt. Noch wichtiger: Die genannten Forderungen lassen sich kaum, wie mancherorts behauptet, mit dem Recht auf freie Religionsausübung rechtfertigen. Das Tragen eines Kopftuchs zum Beispiel ist, wie man wissen kann, die Justiz aber nicht immer berücksichtigt, vom Koran nicht geboten.

Dazu genügen wenige Bemerkungen: Vor längerer Zeit war das Kopftuch ein Zeichen der Oberschichten. Und der Prophet Mohammed spricht von einem Schleier, um für sich und seine frisch angetraute Braut einen Ort des Alleinseins abzugrenzen. Vor allem erfährt, wer sich kundig macht, dass das Tragen eines Vollschleiers, also der Burka oder der Nikab, weder von der ersten muslimischen Glaubensquelle, dem Koran, noch der zweiten Glaubensquelle, der Sunna, der Überlieferung über Leben und Aussprüche des Propheten Mohammed, gefordert ist. Keine geringere Autorität als der Generalsekretär des Fatwa-Rates der berühmten Al-Azhar-Universität von Kairo, Scheich Khaled Omran, erklärt: Der Vollschleier mag mancherorts eine Tradition haben, er hat aber keine religiöse Rechtfertigung.

Aus diesen Gründen darf eine liberale Demokratie erwarten, dass alle Bürger zumindest im öffentlichen Leben, in Schule und Hochschule, vor Gericht und in Amtsstellen ihr Gesicht zeigen. Es überrascht nicht, wenn in der Maltepe-Universität von Istanbul, in der ich vor wenigen Jahren Gastprofessor war, in einer Mensa für Dozenten und Angestellte zwar gut die Hälfte Frauen waren, aber keine ein Kopftuch trug, geschweige denn einen Vollschleier.

Auch diese politischen Anforderungen sind selbst seitens einer liberalen Demokratie vertretbar: Minarette müssen außerhalb der islamischen Stammlande nicht notwendig in architektonischer Hinsicht das Stadtbild dominieren. Angesichts der Schulpflicht sollten in öffentlichen Schulen alle Kinder die Chance haben, Schwimmen zu lernen. Nicht zuletzt verdienen die Schule mitsamt allen Lehrkräften, also auch den Frauen, uneingeschränkt Respekt.

Im Übrigen darf man nicht vergessen, dass die Religionsfreiheit, auf die man sich zu berufen pflegt, zwar ein Grundrecht, aber eines unter mehreren anderen ist. Dabei hat sie keineswegs den Rang eines »Obergrundrechts«, das im Konfliktfall wie ein Trumpf alle anderen Grundrechte aussticht. Ohnehin ist wie angedeutet nicht jede Forderung von Muslimen tatsächlich von deren Religionen gedeckt. Eine rechtsstaatliche Demokratie hat jedenfalls nicht nur das Recht, sondern sogar die Pflicht, so elementare Grundrechte wie die Gleichberechtigung von Mann und Frau nicht bloß in Festreden zu verteidigen, sondern wo nötig auch im Alltag gegen Widerstände durchzusetzen. Erleichtert wird es ihr durch eine Koraninterpretation zugunsten der Gleichberechtigung von Mann und Frau, wie sie etwa die muslimische Theologin Dina El Omari vornimmt.

Glücklicherweise melden sich schon seit Längeren islamintern Gegenstimmen gegen freiheits- und frauenfeindliche Tendenzen. Für einen liberaleren Islam setzen sich beispielsweise die Soziologin Necla Kelek, die Juristin und Frauenrechtlerin Seyran Ateş und die aus Somalia stammende niederländische US-amerikanische Politikwissenschaftlerin Ayaan Hirsi Ali ein.

Die in dieser Hinsicht notwendige Neuinterpretation des klassisch-islamischen Erbes zugunsten einer mit der Moderne verträglichen Lektüre nimmt beispielsweise Fatima Mernissi vor. Zum selben Zweck bemüht sich der Islamwissenschaftler, Philosoph und Soziologe Mohammed Arkoun mit dem muslimischen Philosophen und Gelehrten Ibn Ruschd, uns mehr als Averroes bekannt, aber auch mit Kant als Vorbild, den Islam aus seiner selbst verschuldeten Unmündigkeit herauszuführen. Im Jahr 2003 erhielt er den Ibn-Ruschd-Preis für Verdienste um die Demokratie und Meinungsfreiheit in der islamischen Welt.

Der syrische Intellektuelle Sadil al-Azm, Empfänger der Goethe-Medaille 2015, bezweifelt allerdings die Erfolgschancen derartiger Bemühungen. Denn die Anhänger des sogenannten Islamismus, einer restaurativen Gegenbewegung gegen die Moderne, seien zu einflussreich. In der Tat votierten kurze Zeit vor der Ehrung al-Azms, im Jahr 2012, bei einer Umfrage des Pew Research Center 84 Prozent aller Muslime in Ägypten und 76 Prozent aller Muslime in Pakistan für die Forderung, den Abfall vom Islam, die Apostasie, mit der Todesstrafe zu ahnden – obwohl, den Befragten freilich kaum bekannt, die Sure 2:256 des Korans erklärt: »Es ist kein Zwang in der Religion.«

Der türkische Prediger Fethullah Gülen ist hingegen optimistischer. Ihm zufolge lassen sich Islam und Moderne miteinander versöhnen. Um bestehende Hindernisse, die es fraglos gibt, zu überwinden, unterhält die Hizmet-Bewegung, die sich auf Gülen beruft, in vielen Teilen der Welt Schulen, betreibt Medien, ist in der Wohlfahrt tätig und organisiert Dialoge zwischen den Religionen. Und der islamische Theologe Abdel-Hakim Ourghi vertritt in seinem Buch »Reform des Islam« 40 Thesen zugunsten eines modernitätsfähigen Islams.

Wegen ihres großen Gewichts sind einige erhebliche Gefahren noch einmal auszusprechen: Mancherorts wird die Gleichberechtigung der heranwachsenden muslimischen Mädchen ebenso bedroht wie deren Integration in die Welt der Bildung, Ausbildung und Arbeit, mitlaufend oder nachfolgend auch in die Welt der Wissenschaft und Forschung. Ferner lässt sich auch dies nicht verdrängen: Dass die Islamverbände in Europa, deutlich in Deutschland, ein Menschen- und Gesellschaftsbild vertreten, das der freiheitlichen Demokratie fremd, mit ihrer patriarchalisch-autoritären Familienstruktur gegen sie sogar feindlich ist. Und: Ein vom Islam beherrschtes Land, die Türkei, hat eine internationale Vereinbarung, die Istanbul-Konvention zum Schutz vor Gewalt gegen Frauen im Jahr 2012 als erstes (!) Land ratifiziert, kündigt aber knapp ein Jahrzehnt später, 2021, seinen Austritt an. Schließlich üben ausländische Regierungen einen erheblichen finanziellen und ideellen (»ideologischen«) Druck aus, womit der Islam unausgesprochen, aber umso wirksamer zu einem Gegenstand von globaler Machtpolitik geworden ist.

Gesteigert wird eine derartige Politik, eine muslimische Geopolitik, in einem gewaltbereiten Islamismus. In Frankreich bekämpft er den dort verfassungsrechtlich gebotenen Laizismus. Aber nicht nur dort bekriegt er christliche und jüdische Religionsgemeinschaften. Gegen den indischen Literaturnobelpreisträger Salman Rushdie wurde wegen seines Romans »Satanische Verse« eine Fatwa, eine Aufforderung, ihn zu ermorden, verhängt. Und eine ähnliche Aufforderung erging gegen einen dänischen Karikaturisten.

Weiterhin gab es gegen das französische Magazin »Charlie Hebdo« einen blutigen Anschlag, wurde ein französischer Lehrer enthauptet, zuvor der niederländische Politiker Theo van Gogh ermordet. Nicht zuletzt versuchen islamistische Kreise unter der Fahne »Islamischer Staat« (IS) mit terroristischen Mitteln, einen Kalifat genannten islamischen Gottesstaat zu errichten.

Glücklicherweise gibt es ein schönes Gegenbeispiel. Trotz mancher Probleme zeigt Bosnien und Herzegowina, wie Islam und Demokratie sich bis in den Alltag hinein miteinander vereinbaren lassen. Wer durch die Hauptstadt Sarajevo spaziert, in der schon früher Christen, Juden und Muslime friedlich miteinander lebten, sieht die inzwischen mehrheitlichen Muslime zwanglos flanieren; von den Frauen trägt fast keine einen Schleier. In architektonischer Hinsicht sind die älteren Moscheen nicht nur schöner als die neueren Großbauten in Beton. Sie sind auch so zahlreich, dass sie kleiner sein können und von ihren Minaretten die Gläubigen ohne Lautsprecher zum Gebet aufgerufen werden.

Gehört der Islam zu Deutschland?

Zur Frage, was Deutschland zusammenhält, ist seit einiger Zeit die These beliebt, auch der Islam gehöre dazu. Gemeint ist: tatsächlich und schon heute, nicht etwa vielleicht in der Zukunft. Die zustimmende Behauptung, der Islam ist ein Teil von Deutschland, scheint auf der Hand zu liegen, denn schätzungsweise viereinhalb Millionen Muslime leben hier. In Wahrheit folgt aber selbst aus der wohl kontrafaktischen Annahme, alle Muslime seien gläubige Anhänger ihrer Religion, lediglich, dass Muslime zu Deutschland gehören, nicht aber ihre Religion, der Islam, selbst.

Erstaunlicherweise stellt man die Frage, ob er zu Deutschland gehört, nicht für den Buddhismus, obwohl dessen Anhängerschaft auf mehrere Hunderttausend geschätzt wird, darunter ein namhafter Philosoph, sodass es sich keinesfalls um eine marginale Gruppe handelt. Vor allem gibt es für den Buddhismus, was für den Islam kaum zutrifft: dass eine der führenden deutschen Geistesgrößen, Arthur Schopenhauer, »vom Jammer des Lebens ergriffen«, sich dem Buddhismus zuwendet. Er nimmt dessen Moral eines Mitleids mit allen Kreaturen, ausdrücklich auch den Tieren, auf und propagiert diese Mitleidsmoral als Alternative zu der bislang vorherrschenden, nicht unwesentlichen jüdisch-christlichen Moral.

Für die Frage, was Deutschland zusammenhält, wäre es daher sinnvoll zu überlegen, warum Anhänger des Buddhismus sich nicht so deutlich in die Öffentlichkeit drängen oder gedrängt werden wie Muslime. Weil die Frage aber nicht aktuell ist, kann man sie zurückstellen und bei der dringlicheren Frage bleiben, ob der Islam ein Teil von Deutschland ist.

Als Einwand gegen die Behauptung, gegenwärtig gehöre er noch nicht zu Deutschland, mag man auf Gotthold Ephraim Lessings Drama »Nathan der Weise« verweisen oder auf Johann Wolfgang von Goethes Gedichtsammlung, den »West-östlichen Diwan«. Lessing aber stellt zwar der Titelfigur, dem weisen Juden Nathan, einen schließlich toleranten muslimischen Fürsten, Saladin, zur Seite. Mit dem berühmtesten Element, der vom italienischen Dichter Giovanni Boccaccio übernommenen Ringparabel, plädiert er aber nicht für eine Konversion zum Islam, zumindest nicht zu dessen Moral. Vielmehr erklärt er die drei Religionen Christentum, Judentum und Islam für zum Verwechseln gleich und vor allem für gleichwertig. Infolgedessen spielen spezifisch muslimische Elemente, also etwa ein purer, die christliche Trinität ablehnender Monotheismus, ferner gewisse Speiseverbote und die Gebote der täglichen Gebete und der jährlichen Fastenzeit, keine Rolle.

Bei Goethe verhält es sich im Wesentlichen nicht anders. Der Dichterfürst aus Weimar schätzt am Islam den Monotheismus, erstaunlicherweise auch den Fatalismus: »Wenn Islam Gott ergeben heißt / Im Islam leben und sterben wir alle.« Aber als genereller Freigeist spricht er sich nicht für die muslimischen Gebote und Verbote aus. Im »West-östlichen Diwan« flieht er zwar, wie er rückblickend feststellt, angesichts der damaligen politischen Bedrohung in »das Entfernteste«, nämlich zunächst nach China, dann in den näheren Orient. Im »Diwan« kommt es ihm jedoch nicht auf das religiöse, vielmehr das sinnenfrohe Leben an.

Wie Heinrich Heine treffend bemerkt, bringt Goethe »den berauschendsten Lebensgenuss« in Verse. Dabei nimmt er einen persischen Dichter zum Vorbild, Hafis, der zwar seiner Religion nach Muslim war, aber Themen besingt, die dem frommen Muslim ein Ärgernis sind: den Wein und die Knabenliebe. Schon deshalb überrascht es nicht, dass Goethe zwar für eine wechselseitige Öffnung plädiert. Diese richtet sich aber nicht auf die Religion, sondern, heißt es im »Schenkenbuch« des »Diwans«, auf eine dreifache Trunkenheit, auf die alte Trias von Wein, Weib und Gesang, hier »Lieb-, Lied- und Weintrunkenheit« genannt. Von ihr erhoffte der mittlerweile 70-jährige Dichter Kräfte der Verjüngung.

Nach einer mehr und mehr beliebten, der laizistischen Legende, ist die Geschichte des Westens von den Religionen *nicht* wesentlich geprägt. Das Gegenteil, haben wir in früheren Teilen dieses Essays gesehen, ist der Fall: Von Elementen in der gesellschaftlich dominanten Moral, etwa der säkularisierten Schwester der Nächstenliebe, der Solidarität, über das Staatskirchenrecht und die christlichen Gotteshäuser, die in vielen Städten einen prominenten Platz einnehmen, über Kapellen und Wegkreuze in der Landschaft, über Klöster und Wallfahrtsorte, über den Adventsschmuck der Städte und deren Weihnachtsmärkte, über den Sonntag, der den Sabbat ablöst und andere Gliederungen des Jahres bis zur Tradition religiöser Musik, jenen Weihnachtsoratorien, Passionen und Orchestermessen, die keineswegs nur Gläubige faszinieren, ferner dem Einfluss von Bibelübersetzungen auf seine Sprachen, nicht zuletzt wegen der gnadenlos blutigen Konfessionsstreitigkeiten ist Europa trotz fortschreitender Säkularisierung tief vom christlichen, also einem dem Judentum entstammenden Monotheismus geprägt.

Überdies darf man nicht übersehen, dass zur doch christlichen Tradition der abendländischen Kultur so große Werke wie Augustinus' »Confessiones« (»Bekenntnisse«), die Rousseaus gleichnamiges Werk beeinflussen, wie Dantes »Divina Comedia« (»Die Göttliche Komödie«), wie Hobbes' »Leviathan«, wie Descartes' »Meditationes« mit ihrem Gottesbeweis und Kants »Kritik der reinen Vernunft«, die alle Gottesbeweise verwirft. Selbst wer die Wertschätzung nicht teilt, die Spinoza und Kant der jüdisch-christlichen Moral entgegenbringen und wer nicht mit Hegel das Christentum für die Religion der Freiheit hält, sondern im Gegenteil wegen einer Leibfeindlichkeit und Intoleranz kritisiert, kann dessen das Abendland in Breite und Tiefe prägende Kraft nicht leugnen.

Historisch gesehen ist die europäische Kultur, beschränkt man sich auf die Religionen, nächst dem Christentum vor allem vom Judentum beeinflusst. Ihm entstammt zum Beispiel ein Freund Lessings und Gesprächspartner Kants, der Philosoph Moses Mendelssohn, der die Emanzipation des Judentums in Deutschland einleitet. Sein Enkel, Felix Mendelssohn Bartholdy, ein brillanter Pianist, Dirigent und Komponist, trägt wesentlich zur Wiederentdeckung von Johann Sebastian Bach bei. Der Großindustrielle Emil Rathenau entstammt ebenso dem Judentum wie sein Sohn Walther Rathenau, ein Industrieller und bedeutender Politiker. Hinzu kommen zahllose Wissenschaftler, darunter Albert Einstein, ferner Kulturschaffende und Intellektuelle, Wirtschaftsführer, Ärzte und Politiker.

An nächster Stelle, siehe Schopenhauer, steht der Buddhismus, dann folgt China mit seinem Konfuzianismus, den etwa Leibniz und sein Schüler Christian Wolff hoch schätzen. Einen vergleichbaren Rang in der deutschen Kultur gewinnt der Islam – noch – nicht.

Gewiss, wer die Geschichte mit einem langen, nicht aktualistisch verkürzten Atem betrachtet, weiß um die überragende Bedeutung muslimischer Denker wie Ibn Sina, latinisiert Avicenna, und dem als Averroes bekannten Ibn Ruschd. Vielleicht kennt er sogar Ibn Tufail bzw. Abû Bakr, dessen Abenteuerroman »*Hayy ibn Yaqzan*«, zu Deutsch »Vom Lebenden, dem Sohn des Wachenden«, Daniel Defoe zu dem Long- und Bestseller »Robinson Crusoe«, inspiriert. Es ist jedenfalls unbestritten, dass der persisch-arabische Kulturraum die griechische Philosophie und Wissenschaft umfassend rezipiert, dass wegen der sich anschließenden kulturellen Blüte das Arabische nächst dem Griechischen und Lateinischen zur dritten Sprache der Philosophie aufsteigt und er für die mittelalterliche Rezeption des Aristoteles unverzichtbar wird. Oder: In ihrer Blütezeit beherbergt die Kalifenstadt Córdoba mehrere so reiche Bibliotheken, dass im Vergleich dazu gute Klosterbibliotheken der Zeit bestenfalls wie Stadtbüchereien statt Universitätsbibliotheken aussehen.

Aber: Diese Glanzzeiten sind vor Jahrhunderten erloschen. Näher an die Gegenwart reicht jene Belagerung Wiens durch das expansionistische Osmanische Reich, für deren glückliche Abwehr der verantwortliche Feldherr, Prinz Eugen, sowohl von seinen Zeitgenossen als auch vielen Generationen danach hochgerühmt wird.

Auch das Folgende ist richtig: In den 1920er-Jahren erfreut sich Berlins große Moschee einer bemerkenswerten kulturellen Ausstrahlung. Im Vergleich zur wissenschaftlichen und kulturellen, auch unternehmerischen Strahlkraft allerdings, man denke nur an das Großkaufhaus Wertheimer, die von Juden ausgeht, erscheint der damalige Einfluss der muslimischen Gemeinde Berlins als beinahe verschwindend gering.

Glücklicherweise behindert das nicht Europas mit Toleranz gepaarte Neugier, für die außer Lessing und Goethe wenige weitere Beispiele genügen: Erst von Europa aus wird die Geschichtensammlung »Tausendundeine Nacht« weltberühmt. Wolfgang Amadeus Mozart komponiert die in Istanbul spielende Oper »Die Entführung aus dem Serail«. Die in europäische Symphonieorchester eingehende große Trommel hat türkische Vorbilder. Diese und weitere Elemente hinterlassen aber kaum eine mit dem Christentum und Judentum vergleichbar breite und tiefe Spur. Mit Schopenhauers Mitleidsethik, es sei wiederholt, erscheint selbst der Buddhismus als deutlich gewichtiger.

Deutsche Bürger muslimischer Religion sind zweifellos Teil unseres Landes. Dort, wo sie ihre Religion in den demokratischen Rechtsstaat integrieren, ohnehin unsere Amts- und Verkehrssprache beherrschen, zusätzlich sich in die Arbeits- und Sozialwelt einleben, können sie sogar zu Vorreitern eines europäischen, des Näheren: deutschen Islam werden. Denn wenn sie sich sowohl von den humanen Idealen ihrer Religion als auch von den Idealen der Aufklärung mitsamt der Toleranz und den Grund- und Menschenrechten, einschließlich der Meinungsfreiheit und der Gleichberechtigung der Frau, inspirieren lassen, können sie den muslimischen Glaubensgenossen in aller Welt einen zukunftsfähigen Islam vorleben.

Glücklicherweise gibt es dafür schon heute schöne Beispiele wie die schon genannten Muslime Neclek Kelek und Navid Kermani. Gegenbeispiele gibt es freilich auch. Die Sorge vor einem Islam, der offensiv auftritt, der insbesondere die Freiheit und Gleichberechtigung der Mädchen und Frauen behindert und einem zunehmend autokratischen Herrscher zujubelt, ist nicht aus der Luft gegriffen. In Berliner Schulen, zeigt eine Studie, treten muslimische Schüler gegen ihre muslimischen und nicht muslimischen Mitschüler offensiv bis aggressiv auf. So drängen sie vehement Mädchen, einen Schleier zu tragen, und von Buben wie Mädchen verlangen sie, im Ramadan streng zu fasten.

Schon heute also bilden deutsche Muslime unbestritten einen Teil von Deutschland. Wenn sie nun kraftvoll fortsetzen, was einige von ihnen schon kräftig begonnen haben, nämlich als Erzähler, Schauspieler und Filmemacher, als Komponisten, Denker und Intellektuelle sowie als Unternehmer ihre neue Heimat zu bereichern, dann, freilich erst dann darf man mit guten Gründen sagen: Nicht nur die Vielzahl der Muslime, sondern der Islam selbst gehört zu Deutschland.

Demokratie und Religion?

Nachdem dieser Essay den komplexen Weg zur Moderne nachgezeichnet und exemplarische Sachprobleme erörtert hat, ist jetzt ein Rückblick in Form einer vorläufigen Bilanz möglich: Wie verhalten sich die beiden, von ihrem Wesen her doch grundverschiedenen Welten, die Demokratie und Religion, zueinander?

Ohne Frage versperrt sich kein kluges Gemeinwesen gegen das positive Potenzial von Religionen. Als eine Herrschaft des Volkes durch das Volk und für das Volk, zu dem auch Religionsanhänger zu gehören pflegen, heißt eine Demokratie das Potenzial sogar willkommen, sowohl die Angebote, Gott und die Welt zu deuten – sofern die Deutungen nicht demokratie- oder wissenschaftsfeindlich sind – als auch die Fähigkeit, angesichts menschlichen Leids Trost zu spenden und Halt zu verleihen sowie auf eine unsichere Zukunft in Hoffnung zu blicken. Nicht minder willkommen sind die Fähigkeiten von Religionen, Gemeinschaft und Gemeinschaften zu stiften, Engagement zu wecken sowie gegen die vielerorts herrschende Rücksichtslosigkeit und Gewalt jene Gegenkraft zu bilden, die die Mitmenschlichkeit und Friedlichkeit in der Welt fördert. Auch weil eine kluge Demokratie die vielen von Religionsgemeinschaften getragenen sozialen Einrichtungen zu schätzen weiß, wird sie es vermutlich bedauern, wenn alle Religion und mit ihr vielleicht sogar alle religionsgeprägten kulturellen Elemente wie Kirchenbauten, Gemälde, religiöse Musik und religionsgeprägte Redensarten gezielt unterdrückt oder ausgerottet werden oder mehr oder weniger sang- und klanglos aus dem Leben der Bürger verschwinden.

Einer geschichtserfahrenen Demokratie ist aber auch manche Kehr- und Schattenseite bekannt. Sie weiß, dass beispielsweise Religionsgemeinschaften gegen Aberglaube, Fanatismus und Bigotterie nicht gefeit sind, dass ihnen zudem Kräfte innewohnen können, die gesellschaftlich und identitätspolitische Konflikte teils hervorrufen, teils verschärfen, um dabei kulturelle Verwerfungen zu vertiefen. Selbst dort, wo Religionen vornehmlich positiv wirken, treten sie nicht mit einer einzigen Stimme auf. Im Gegenteil gibt es sie nicht erst seit Neuerem im Plural. Im gesellschaftlichen Pluralismus der Gegenwart sind die »pluralistischen Religionsmärkte« unübersehbar. Und auch auf ihnen herrscht, was wir von allen Märkten kennen, ein nicht immer friedliches und schiedliches Nebeneinander, sondern allzu oft eine durchaus streitbare Konkurrenz.

Nimmt man, wirklichkeitsoffen, beide Seiten, sowohl das positive als auch das negative Potenzial von Religion wahr, so lässt sich schwerlich leugnen, dass die Leistungen, die Religionen für ein Gemeinwesen erbringen, ambivalent sind. Weder lässt sich eine rein positive noch eine bloß negative Bilanz ziehen. Zu fragen ist also, wie in einer derartigen Situation das Verhältnis von Demokratie und Religion am besten zu gestalten ist.

Zwei unabhängige Sphären?

Ohne Zweifel sind Staat und Religion in politischen Begriffen zwei Großmächte, sogar Weltmächte. Denn sie beherrschen jeweils eine Welt. Der Staat, im Westen die konstitutionelle Demokratie, übt seine Macht über die diesseitige, weltliche, hier insbesondere die politische Welt aus, die Religion – mit der sachgebotenen Vorsicht gesagt – herrscht über die Welt des Heils, folglich über die teils spirituelle, teils jenseitige Welt. Nach diesem Verständnis handelt es sich in der Tat um zwei grundverschiedene Welten, sodass keine Konflikte zu befürchten sind. Um die Befürchtung für gegenstandslos zu halten, muss man nicht einmal der beliebten These anhängen, die Modernität einer Gesellschaft verhalte sich umgekehrt zu ihrer Religiosität, sodass religionsarme, noch besser: religionsfreie, areligiöse Gesellschaften den einschlägigen Konflikten enthoben sind.

Ohnehin lässt sich die These, angeblich eine Diagnose, kaum halten, eine Gesellschaft müsse, um modern zu sein, areligiös sein, da Religiosität ein Modernisierungshemmnis und ein Fortschrittsfeind sei. Eine umfassende Skepsis gegen die Religion, in plakativer Zuspitzung gesagt: die Religion verspreche das Paradies und bringe die Hölle, und: die Religion verkünde Liebe und führe zu Gewalt, mag mancherorts Beifall finden. Die Erfahrung stützt eine derartige Behauptung nicht. Einer vom Recht geprägten Herrschaft des Volkes, einer konstitutionellen Demokratie, bleibt die angedeutete radikale Religionsskepsis fremd.

Ist das Verhältnis von Demokratie und Religion also einfach, folglich von jener unangenehmen Zwangslage frei, die jeden Anflug eines Dilemmas von vorneherein ausschließt? Sofern die Staatsform der westlichen Moderne, die Demokratie, für weltliche Geschäfte, die Religion für das Geistliche, beide folglich für grundverschiedene Bereiche verantwortlich sind, weil, in theologischen Begriffen, die Demokratie für das diesseitige Wohl, die Religion hingegen für das im Jenseits zu erfahrende ewige Wohl zuständig ist, treten vom Wesen der beiden Seiten her keine Konflikte auf. Nicht einmal der Hauch eines Dilemmas ist zu spüren. Für grundverschiedene Sphären verantwortlich, sind Demokratie und Religion wechselseitig desinteressiert. Der für das Diesseits zuständigen Demokratie kann das Jenseits, der für das Jenseits verantwortlichen Religion das Diesseits gleichgültig sein.

Diese Gleichgültigkeit kann zwar, haben wir bei der Toleranz gesehen, in verschiedenen Stufen stattfinden. So kann man die andere Sphäre verachten, beispielsweise die Religion oder aber das weltliche Leben für eine Illusion oder einen Irrweg halten. Oder man kann den anderen trotz seiner Andersartigkeit und in seiner Andersartigkeit achten. Solange man sich in Ruhe lässt, ist die Beziehung jedenfalls friedlich, mithin unproblematisch.

Offensichtlich ist aber die soweit skizzierte Einschätzung oberflächlich. Denn Religionen bilden in der Regel sichtbare, insofern diesseitige Gemeinschaften. Das Jenseits, auf das sie hin agieren, beginnt daher im Diesseits, was beide Blickrichtungen beeinflusst: Der Mensch lebt sein Diesseits im Blick auf das Jenseits, womit sich das Jenseits als diesseitsabhängig erweist. Insofern Religionen von ihren Anhängern gewisse Verhaltensweisen, also ins Diesseits hineinreichende Elemente erwarten, entpuppt sich das Diesseits als zu einem mehr oder weniger kleinen Teil jenseitsabhängig.

Daraus folgt eine erste, vielleicht sogar die entscheidende Komplikation. Betrachten wir sie vonseiten der Demokratie: Obwohl sie, ihrem Wesen nach »ein weltlich Ding«, allein für das Diesseits zuständig ist, spielt sie für die Gemeinschaften des Jenseits eine Rolle. Selbst wenn sie es von sich aus gar nicht wollte, also auch ohne dann kritikwürdige Übergriffe, kommt einer Religion wegen der Jenseitsabhängigkeit des Diesseits eine gewisse Diesseitsverantwortung zu, die in genau dieser Hinsicht mit dem Hauptverantwortlichen für das Diesseits in Konkurrenz treten kann. Die Demokratie kann allerdings versuchen, sich mit einer negativen Verantwortung zu begnügen: Das politische Gemeinwesen hält sich aus dem jenseitsabhängigen Teil des Diesseits heraus. Das ist jedoch ohne Frage nur begrenzt möglich.

Nehmen wir zunächst den Standpunkt des politischen Gemeinwesens ein: Das Gemeinwesen kann sich zwar auf den diesseitsbezogenen Bereich des Diesseits beschränken und jeden Eingriff in den jenseitsbezogenen Bereich des Diesseits verzichten, wofür es verfassungsrechtlich den Begriff der Religionsfreiheit einführt. Begründen lässt sich der darin enthaltene Verzicht sowohl aus dem konstitutionellen Moment der konstitutionellen Demokratie, aus ihrer Verpflichtung auf Grund- und Menschenrechte, als auch aus dem Begriff der Demokratie, hier sobald man ihn mit einer empirischen Annahme verbindet, die auf weithin säkulare Gesellschaften auch zutrifft: Da es unter den Bürgern Menschen gibt, die einer Religion angehören und diese Zugehörigkeit für wichtig, häufig sogar für existenziell wichtig halten, lässt die vom Volk ausgehende Gewalt aus Gründen der Gleichberechtigung aller Bürger eine Religionszugehörigkeit zu.

Diese »Religionsfreiheit« genannte Erlaubnis kann unterschiedlich weit erfolgen. Das Minimum einer in der Verfassung erklärten Religionsfreiheit besteht in der Freiheit der Religionszugehörigkeit, vereinfacht in der Freiheit des Glaubens, die Steigerung im Recht, die Religionszugehörigkeit zu leben, sie auszuüben. Eine weitere Steigerung besteht im Recht, zum Zweck der Religionsausübung Religionsgemeinschaften zu bilden, das Maximum einer Religionsfreiheit, vom Gemeinwesen noch gewisse Hilfestellungen zu erwarten.

Kommen wir zum Standpunkt der Religion: Solange die wechselseitige Abhängigkeit von Diesseits und Jenseits die Bürger nur persönlich betrifft, scheint die Beziehung von Demokratie und Religion immer noch relativ einfach zu sein. Dieser Schein kann jedoch trügen. Denn die Grenze zwischen Diesseits und Jenseits muss nicht immer klar zu ziehen sein. Unproblematisch dürften gewisse Speiseverbote einer Religion sein, etwa kein Schweinefleisch zu essen oder keinen Alkohol zu trinken. Dasselbe trifft auf Gebote zu, wie morgens und abends zu beten oder, um den Sonntag zu heiligen, an diesem Tag jede Arbeit zu unterlassen. Schwieriger wird es, wenn wegen der Sonntagspflichten gewisse Berufstätigkeiten zu unterbrechen sind, was das jenseitsabhängige Diesseits beeinträchtigen kann. Ihre Religion, können dann Gläubige sagen, fordert etwas, das die Demokratie verbietet, oder sie verbietet, was ihre Religion gebietet.

Der für derartige Konflikte zuständig Grundsatz lautet nun, vom Standpunkt der Religion aus betrachtet: Du sollst Gott mehr gehorchen, vom Standpunkt der Demokratie hingegen: Jeder Bürger muss den nach demokratischen Verfahren erlassenen, gegebenenfalls von einer Verfassungsjustiz gebilligten Gesetzen gehorchen.

Nehmen wir als Beispiel das Christentum. Weil »mein Reich«, wie der Gründer sagt, »nicht von dieser Welt ist«, hat es keine Schwierigkeit, das Eigenrecht »dieser Welt« anzuerkennen und die Trennung der beiden Sphären nach dem Grundsatz zu leben: »Gebt dem Kaiser, was des Kaisers, und Gott, was Gottes ist.« Wie die früher genannten Beispiele zeigen, zumindest andeuten, ist aber nicht immer klar, was zur kaiserlichen, was zur göttlichen Sphäre gehört.

Überdies greifen beide Sphären aus sachlichen Gründen ineinander. Max Weber, der weltoffene Soziologe, betont in dem bis heute einflussreichen Essay »Politik als Beruf« zunächst die Unterschiedlichkeit der Sphären: »Wer das Heil seiner Seele und die Rettung anderer Seelen sucht, der sucht das nicht auf dem Wege der Politik, die ganz andere Aufgaben hat: solche, die nur mit Gewalt zu lösen sind.« Das schließt aber, fährt Weber fort, tiefgreifende Konflikte nicht aus: »Der Genius, oder Dämon, der Politik lebt mit dem Gott der Liebe, auch mit dem Christengott in seiner kirchlichen Ausprägung, in einer inneren Spannung, die jederzeit in unaustragbaren Konflikt ausbrechen kann.«

Treten die Konflikte in der Wirklichkeit auf, so müssen sie in der Regel ausgetragen werden: Muss der italienische Staat ein von ausländischen Kirchenkreisen finanziertes Schiff in einen Hafen einfahren lassen, das zwar in Seenot geratene Flüchtlinge aufgenommen, aber angeblich auch mit Schlepperbanden zusammengearbeitet hat? Dieses Beispiel kann man vielleicht noch als einen Sonderfall ansehen, weil in ihm nicht bloß Staat und Kirche im Konflikt geraten, sondern auch kirchenintern unterschiedliche Richtungen.

Vermutlich noch grundsätzlichere Konflikte tauchen jedoch in der Medizinethik auf: Von mancher Religion oder Konfession verboten, in der rechtsstaatlichen Demokratie aber erlaubt sind die Abtreibung, die Forschung an Embryonen und der Suizid, bei dem Ärzte mitwirken. Umgekehrt sind in manchen Religionen zulässig, in rechtsstaatlichen Demokratien hingegen streng verboten die Beschneidung junger Mädchen und die Polygamie, gelegentlich auch die Polyandrie. Die in der gesellschaftlichen, oft sogar staatlichen Praxis islamischer Staaten gepflegte patriarchalisch-autoritäre Familienstruktur wiederum widerspricht dem rechtsstaatlich-demokratischen Prinzip der Gleichberechtigung von Mann und Frau.

Und manche evangelische Kirchengemeinde beansprucht für sich das Recht, ein Kirchenasyl zu gewähren, obwohl konstitutionelle Demokratien wie die von Deutschland schon von sich aus ein Asylrecht anerkennen und zu dessen Gewährleistung den Rechtsweg offenhalten. Ein davon unabhängig legitimes Recht ist daher, was auch viele evangelischen Kreise anerkennen, ausgeschlossen.

Schon diese Liste von Problemfällen ist nicht kurz, und doch ist sie nicht annähernd vollständig. Zur Sprache kommen dabei veritable Schwierigkeiten, die, schlägt man sich auf eine der Seiten, tatsächlich Zwangslagen heraufbeschwören, die sich auf ein Dilemma belaufen. Zu deren Bewältigung liegen außer dem heute unstrittigen Grundprinzip der Religionsfreiheit drei weitere Muster auf der Hand: vonseiten einzelner Bürger der zivile, treffender: staatsbürgerliche Ungehorsam, vonseiten der Religionsgemeinschaften das Aufnehmen, Einverleiben der demokratischen Rechtsstaatlichkeit in das eigene religionspolitische Denken (siehe dazu Hans Maier 2022), schließlich seitens der Demokratie gegenüber der Religion Entgegenkommen.

(Staats-)Bürgerlicher Ungehorsam

Der Widerstand gegen eine politische Entscheidung, der nicht von gewöhnlichem politischem Interesse, sondern vom Gewissen motiviert ist, heißt, vom englischen Ausdruck *civil disobedience* her, ziviler Ungehorsam. In den USA ist für dieses Thema eine schmale Schrift des Sozialkritikers Henry David Thoreau aus dem Jahr 1848 legendär geworden. Da der Ungehorsam vonseiten des Staatsbürgers erfolgt – *civil* spielt hier auf die *civil society*, den Staat, an – spricht man treffender von (staats-)bürgerlichem Ungehorsam.

Nun kann niemand in das Gewissen eines anderen schauen. Sogar in seiner Selbsteinschätzung kann niemand vollständig, über allen Zweifel erhaben, sicher sein. Daher droht die Gefahr, dass man sich zu Unrecht auf sein Gewissen beruft. Dann beansprucht man, sei es bewusst oder unbewusst, das Privileg, den von einem Rechtsstaat gebotenen, freilich häufig mühseligen und langwierigen Rechtsweg zu beschreiten. Um dem folglich zu befürchtenden Missbrauch vorzubeugen, empfiehlt sich, Bedingungen aufzustellen, ohne deren Anerkennung man dem Ungehorsam den beanspruchten Gewissensrang verweigert.

In seiner »Theorie der Gerechtigkeit«, in deren Paragrafen 55, schlägt John Rawls eine Definition vor, die acht Bedingungen zu erfüllen verlangt. Danach besteht der bürgerliche Ungehorsam in einer (1) öffentlichen, (2) gewaltlosen, (3) gewissensbestimmten, aber (4) politischen, (5) gesetzwidrigen Handlung, die (6) gewöhnlich eine Änderung der Gesetze oder der Regierungspolitik herbeiführen soll. (7) Mit solchen Handlungen wendet man sich an den Gerechtigkeitssinn der Mehrheit und (8) erklärt, nach eigener wohlüberlegter Ansicht seien die Grundsätze der gesellschaftlichen Zusammenarbeit zwischen freien und gleichen Menschen nicht beachtet worden.

Rawls grenzt den bürgerlichen Ungehorsam begrifflich gegen benachbarte Phänomene ab, insbesondere gegen einen gesetzmäßigen Protest und gegen die Weigerung aus Gewissensgründen. Beim letztgenannten Phänomen, der »Nichterfüllung einer mehr oder weniger unmittelbaren gesetzlichen Verpflichtung oder Verwaltungsanordnung«, finde weder ein »Appell an den Gerechtigkeitssinn der Mehrheit« statt, noch sei man notwendigerweise von politischen Gründen motiviert. Dazu gehört nach Rawls die pazifistisch motivierte Wehrdienstverweigerung.

Heben wir einige Begriffselemente hervor. Öffentlich ist laut Rawls der bürgerliche Ungehorsam in zwei Hinsichten: Er bezieht sich auf öffentliche Grundsätze und findet in der Öffentlichkeit statt. Mit der nächsten Bedingung, der Gewaltlosigkeit, unterscheide sich der zivile Ungehorsam von militanten Aktionen und von organisiertem gewaltsamem Widerstand: Weil Ungehorsam vom Gewissen bestimmt ist, meidet er Gewalt. Der Begriff der Gewaltlosigkeit, lässt sich zwar einwenden, sei doch schwer zu bestimmen. Wie sind beispielsweise Proteste in Form von Straßenblockaden einzuschätzen? Für Rawls hingegen scheint die Sache klar zu sein. Ihm zufolge nimmt der zivile Ungehorsam keine Drohungen vor, sondern warnt nur und mahnt, was auf Straßenblockaden schwerlich zutrifft. Rawls ist sich bewusst, dass es nicht leicht ist, »jemand anderen von der Gewissenhaftigkeit seiner Handlungen zu überzeugen«. Deshalb hält er die »völlige Offenheit und Gewaltlosigkeit« für »ein Unterpfand der Aufrichtigkeit«.

Außerdem erklärt er: »Man muss etwas dafür bezahlen, andere von seiner Gewissenhaftigkeit zu überzeugen.« Deshalb gehört gemäß Rawls' unverzichtbarem Aufrichtigkeitstest die Bereitschaft dazu, Nachteile zu ertragen, gegebenenfalls sogar eine Gefängnisstrafe auf sich zu nehmen.

Der Demokratie zustimmen!

Kommen wir zur zweiten Aufgabe. In der Aufforderung des Neuen Testaments, dem Kaiser zu geben, was des Kaisers ist, pflegt man unter dem »Kaiser« formal jede Obrigkeit, daher heute die konstitutionelle Demokratie zu verstehen. Hier drängt sich eine politische Bemerkung auf: Etliche Zuwanderer, die aus autoritären oder autoritärnahen Staaten kommen, pflegen, zumal wenn sie von Vertretern ihrer Religion dazu angestachelt werden, die rechtsstaatliche Demokratie abzulehnen. Nun hat das neue Heimatland für seine demokratische Staatsform gute, nicht zuletzt für den Neuankömmling hilfreiche Gründe für diese

Staatsform. Denn sie bietet ihm Schutz und ein Auskommen. Die Anerkennung, und zwar nicht bloß eine verbale, sondern die gelebte Anerkennung, einschließlich der Achtung der Grund- und Menschenrechte, darf die Demokratie daher von allen Einwohnern einfordern, unabhängig, ob sie Bürger oder Nichtbürger, ob sie hier schon immer ansässig waren oder zugewandert sind.

Freilich darf man daran erinnern, dass mit der Anerkennung der Grund- und Menschenrechte selbst viele christliche Kirchen sich lange Zeit schwergetan haben. Die Verfasser der wohl ersten Menschenrechtserklärung, der »Virginia Bill of Rights«, waren Flüchtlinge, die ihr Heimatland Großbritannien wegen religiöser Verfolgung, also wegen der Verletzung eines so elementaren Menschen- und Grundrechts wie der Religionsfreiheit, verlassen haben. Nach der oben erwähnten Auskunft späterer Vertreter hat der deutsche Protestantismus nach dem Zweiten Weltkrieg sogar für die innere Anerkennung der Demokratie viele Jahre gebraucht. Für Mitglieder der nicht im Westen beheimateten nicht christlichen Religionen ist daher kaum ein rasch abgeschlossener Lernprozess zu erwarten.

Andererseits lässt sich erwarten, dass der in der Sache entscheidende Teil des Lernprozesses schon längst vollzogen wurde. Denn Flüchtlinge beispielsweise haben ihre bisherige Heimat genau wegen deren antidemokratischen, autoritären oder autoritätsnahen Charakters verlassen. Den einen wurde nämlich die religiöse, anderen ihre kulturelle Freiheit, wiederum anderen ihr bloßes Überleben verwehrt. In ihrer neuen Heimat hingegen wird all das gewährt und gewährleistet, und dies geschieht genau aus dem Grund, dass hier eine rechtsstaatliche Demokratie besteht, zu der erfreulicherweise ein erheblicher Wohlstand noch hinzukommt. Um diese Sachlage einzusehen, braucht es weder ein langes Nachdenken noch einen schwierigen Lernprozess. Die gelebte und erlebte Erfahrung genügt.

Wer trotzdem die für das eigene Leben unübersehbar wichtigen Vorteile der konstitutionellen Demokratie ablehnt, erliegt einem lebenspraktischen Widerspruch. Er lehnt ab, was er doch, ausweislich seiner Flucht aus der bisherigen Heimat, gesucht hat: ein nicht mehr autoritäres, sondern die Menschenrechte achtendes, insofern freiheitliches Gemeinwesen. Man kann ihm auch ein politisches Trittbrettfahren vorwerfen: Man genießt die Vorteile der rechtsstaatlichen Demokratie, deren Preis man aber, die Anerkennung der Grundfreiheiten bei allen Mitbürgern, nicht bezahlen will. Zumindest pflegt er, was im Volksmund Rosinenpickerei heißt: Er sucht sich aus dem Gesamtpaket der Menschenrechte denjenigen Teil heraus, der ihm gefällt, und weist alles andere von sich.

Ein Neuankömmling mag sich vielleicht mit dieser lebenspraktischen Argumentation nicht zufriedengeben, sondern noch eine im eigenen Kulturkreis entwickelte Theorie suchen. Glücklicherweise findet er nicht allzu schwer gute Vorschläge. Der marokkanische Philosoph und Schriftsteller Mohammed Aziz Lahbabi beispielsweise hat im Rahmen einer muslimischen Anthropologie einen »muslimischen Personalismus« entworfen, nach dem der Mensch Zeuge und Verwalter der ihm von Gott, Allah, anvertrauten Schöpfung ist. Auf dieser Grundlage entwickelt Lahbabi dann eine dem Islam angemessene Theorie der Menschenrechte.

Ein anderer Vorschlag kommt von einem muslimischen Politik- und Rechtswissenschaftler. Er, Mahmoud Bassiouni, zeigt, wie zahlreiche islamische Staaten die Menschenrechte über ihre eigene Rechtstradition, die Scharia, in ihre Verfassungen als Rechtsquelle aufgenommen haben, was allerdings, räumt Bassiouni ein, in der Rechtspraxis dieser Staaten nur begrenzt zu spüren sei.

Auf der Grundlage der Scharia arbeitet Bassiouni das heraus, was seines Erachtens als muslimisches Äquivalent der Menschenrechte, folglich als unbedingt zu schützende Zwecke islamischer Rechtsgrundsätze zu gelten hat. Dazu rechnet er Religion, Leben, Vernunft und das Eigentum. Zur Unterstützung seiner Überlegungen greift Bassiouni auf klassische islamische Autoritäten zurück, unter anderen auf den von vielen muslimischen Denkern hochgeachteten Philosophen und Theologen Abu Hamid al-Ghazali.

Nur in Klammern: Man darf freilich nicht übersehen, dass al Ghazali in seinem Hauptwerk »Die inneren Widersprüche der Philosophen«, im arabischen Original »Tahafit al-Falasifah«, aus dem Jahr 1095 an den ihm bekannten Philosophen scharfe Kritik übt. Bassiouni leitet nun von den genannten vier Schutzaufgaben jedes Staates zwei Grundfreiheiten ab, die konservative muslimische Denker freilich mit Argwohn betrachten: die Religionsfreiheit und die Gedankenfreiheit.

Ob man diese oder andere Denker heranzieht – letztlich ist von allen Religionen zumindest, wenn sie in unseren Breiten leben wollen, die Anerkennung von Demokratie und Menschenrechten einzufordern. Dabei sind zwei Stufen zu unterscheiden, vereinfacht gesagt eine innere von einer bloß äußeren Anerkennung. Von ihrer früheren Heimat sind viele Zuwanderer gewohnt, ihrer jeweiligen Obrigkeit zu gehorchen. Schon deshalb sollte ihnen die erste Stufe, die minimale, bloß äußere Anerkennung, keine ernsthafte Schwierigkeit bereiten. Übrigens hört man von anderen im Westen lebenden Religionsanhängern, etwa von Buddhisten, keine einschlägigen Schwierigkeiten.

Freilich genügt für die Art von Bürgern, die die Demokratie vorzieht, für den mündigen Bürger, die rein äußere Anerkennung nicht. Aber auch sie sollte den Muslimen nicht schwerfallen. In einer Demokratie ist wegen einer bei ihr üblichen großzügigen Interpretation der Religionsfreiheit für die Muslime die Ausübung ihrer Religion nicht ernsthaft gefährdet. Bei etwaigen Problemfällen, etwa den zum Morgen- und Abendgebet noch zusätzlichen, über den Tag verteilten Gebeten pflegen sich beide Seiten entgegenzukommen, was die zweite Stufe, die auch innere Anerkennung, erleichtern sollte: Auf der einen Seite weiß der fromme Muslim, dass seine Religion erlaubt, Gebete, die er über Tag auslässt, am Abend nachzuholen. Auf der anderen Seite versuchen liberale Behörden und liberale Arbeitgeber, durch entsprechende Mittagspausen den Muslimen das Mittagsgebet zu ermöglichen.

Nun haben, man darf es wiederholen, viele Zuwanderer ihre Heimat wegen deren schwierigen, nicht selten menschenverachtenden politischen oder wirtschaftlichen Verhältnissen verlassen. Dass sie hierzulande davon frei sind, sollte die innere Zustimmung nicht bloß erleichtern, sondern sie geradezu aufdrängen. Wer die höchst beklagenswerten Bedingungen seiner Heimat hinter sich lässt, wird zwar nicht aller Schwierigkeiten ledig. Mit seiner geografischen Heimat muss er nämlich auch seine sprachliche, kulturelle und religiöse Herkunft, zudem häufig noch den Verwandten-, Bekannten- und Freundeskreis aufgeben, was naturgemäß nicht leicht fällt. Strenggläubige Muslime neigen zwar dazu, die neue, weithin säkularisierte Gesellschaft für gottlos, folglich verachtens- und verabscheuungswert zu halten. Da man diesen Menschen aber kaum eine unüberlegte Flucht unterstellen darf, legt sich auch für sie eine innere Zustimmung nahe.

Erleichtert wird sie, hier kommt die Religionsgemeinschaft ins Spiel, wenn deren Wortführer der Staatsform des neuen Heimatlandes die innere Zustimmung zumindest nicht verweigern. Besser ist freilich, wenn sie die Zustimmung wort- und argumentationsgewaltig aussprechen und dies sowohl innerhalb ihrer Religionsgemeinschaft als auch in der Öffentlichkeit praktizieren.

Zusätzlich wird die innere Zustimmung durch die im demokratischen Rechtsstaat gegebenen Möglichkeiten der Mitwirkung erleichtert: Die Zuwanderer können Staatsbürger werden, nicht selten mit dem Privileg einer doppelten Staatsbürgerschaft verbunden. Als Staatsbürger dürfen sie jedenfalls wählen und sich wählen lassen. Mittlerweile sind Muslime, sowohl Männer als auch Frauen, weder in öffentlichen Ämtern noch im öffentlich-rechtlichen Fernsehen noch in Arbeitervertretungen eine Seltenheit. Selbst diejenigen, die die Staatsbürgerschaft nicht erwerben wollen, genießen wie gesagt eine in der Regel großzügig ausgelegte Religionsfreiheit. Nicht zuletzt dürfen sie sich in den öffentlichen Diskurs einmischen.

Eine weitere Überlegung kann hinzukommen: So gut wie jede Religion erkennt an, dass es außer ihrer eigentlichen, geistlichen Sphäre einen spezifisch weltlichen Bereich gibt, in dem man sich zum Beispiel Waren und Dienstleistungen besorgt, in dem man Mitglied in Vereinen ist und man ins Kino geht, Sport-, Theater- oder Musikveranstaltungen besucht. Dieses weite Themenfeld braucht als Rahmen und Grammatik eine Rechts- und Staatsordnung, weshalb die Anhänger einer Religion in der Regel immer auch irgendwo Staatsbürger sind. In einer Demokratie sind sie dann Teil jenes Staatsvolkes, von dem alle (Staats-) Macht ausgeht. Dieser Umstand sollte dem Religionsanhänger die Zustimmung zur Demokratie erleichtern, bei nüchterner Überlegung, der eines mündigen Bürgers, sie sogar geradezu aufdrängen.

Überblickt man diese Überlegungen, so drängt sich die folgende Zwischenbilanz auf: Alle Personen, sowohl die natürlichen Personen als auch die juristischen Personen wie Religionsgemeinschaften, haben schon aus Gründen des aufgeklärten Eigeninteresses genügend Argumente für eine äußerliche, überdies auch innere Zustimmung zur konstitutionellen Demokratie.

Der Religion entgegenkommen?

Eine Frage bleibt noch offen: Empfiehlt sich für das Verhältnis von Demokratie und Religion eine Wechselseitigkeit, der zufolge die konstitutionelle Demokratie den Religionen über das Prinzip der Religionsfreiheit noch hinaus entgegenkommen sollte?

Es versteht sich, dass sie dabei ihren Wesenskern, die religiöse und weltanschauliche Neutralität, nicht aufgeben darf. Die verfassungsrechtlich gebotene Neutralität hat nämlich zwei Seiten, sodass ein etwaiges Entgegenkommen zwei Bedingungen zu erfüllen hat. Nach der ersten Bedingung, der religiösen Neutralität, darf keine Religion bevorzugt oder benachteiligt werden. Nach der zweiten, nicht selten unbeachteten oder unterschlagenen Bedingung dürfen nicht einmal die Religionen insgesamt Sonderrechte erhalten. Die Freiheit des Bekenntnisses, die das Grundgesetz im Artikel 4 Absatz 1 für unverletzlich erklärt, erstreckt sich dort nämlich sowohl auf das religiöse als auch das weltanschauliche Bekenntnis. Weil nach dem nächsten Absatz die »ungestörte Ausübung« nur hinsichtlich der »Religionsausübung« gewährleistet wird, darf man freilich den Religionen eventuell ein etwas höheres Gewicht als den Weltanschauungen zusprechen.

Für ein etwaiges Entgegenkommen der konstitutionellen Demokratie gegenüber Religion und Weltanschauungen legen sich nun drei Argumentations-, zugleich Antwortmuster nahe. Für jedes Muster gibt es mindestens einen prominenten Vertreter:

Rawls. Das erste Muster findet sich bei John Rawls, in seinem schon erwähnten zweiten Hauptwerk. Im »Politischen Liberalismus« legt der

Harvard-Philosoph auf ein Kennzeichen moderner Gesellschaften, auf das Faktum eines Pluralismus von vernünftigen »umfassenden Lehren«, Wert. Weil deren vielfältige Ansichten nicht bloß voneinander abzuweichen, sondern sich auch zu widersprechen pflegen, darf im öffentlichen Diskurs, so Rawls' These, keine der umfassenden Lehren als solche auftreten. Zum Zweck, eine in ihrem inneren Frieden langfristig stabile Demokratie zu bewahren, müssen sie vielmehr den gesamten konkurrierenden Anteil ihrer Ansichten beiseitesetzen und sich mit der gemeinsamen Schnittmenge zufriedengeben. Denn mit ihr und nur mit ihr dürfen sie im öffentlichen Diskurs auftreten.

Für einen liberalen Denker wie Rawls versteht es sich, dass eine konstitutionelle Demokratie den religiösen und anderen weltanschaulichen Ansichten nicht ihr Lebensrecht bestreitet. Eine Zensur, die derartige Ansichten verbieten sollte, ist für den Philosophen ein so offensichtliches Unrecht, dass er ein Zensurverbot an- und auszusprechen für überflüssig hält. Die konstitutionelle Demokratie pflegt jedoch Rawls zufolge so konsequent und radikal die religiöse und weltanschauliche Neutralität, dass keine Religion oder Weltanschauung in irgendeiner Weise eine privilegierte Stimme erhält. Darin folgt er übrigens der Verfassung seines Heimatlandes, auf die er sich im »Politischen Liberalismus«, anders als in der »Theorie«, auffallend häufig beruft.

Kant. Ein zweites, dem ersten zwar nahekommendes, in einer wichtigen Hinsicht aber andersartiges Muster, findet sich bei Rawls' wichtigstem philosophischen Vorbild, Immanuel Kant. Für ihn spielen im öffentlichen Diskus zwei Richtungen eine erhebliche Rolle: die untereinander konkurrierenden christlichen Konfessionen und die in der Aufklärung vorherrschenden Religionstheorien, die dem Christentum häufig feindlich, gelegentlich jedoch neutral gesinnt waren. Um des Ausgleichs zwischen diesen zwei Parteien willen tritt nun Kant nicht etwa als Gegner der (christlichen) Religion auf, sondern erkennt sie als eine philosophische Herausforderung an, die, wird sie angenommen, beide Seiten, Philosophie und Religion, bereichert.

Aus diesem Grund greift er, wie oben, in den Überlegungen zu Kant skizziert, Kernelemente der christlichen Überlieferung heraus, etwa die

Lehre der Erbsünde und die der Gnade, gibt ihnen dann aber eine von der christlichen Dogmatik unabhängige, rein philosophische Deutung. Die Erbsünde beispielsweise interpretiert er als Hang zum Bösen. Dadurch wird eine religiöse, in sozialtheoretischer Hinsicht partikulare Sprache in eine philosophische, folglich im Prinzip allgemeine Sprache übersetzt. Ihretwegen, so der Anspruch, können die Kernelemente universal überzeugen, haben folglich im Sinne Rawls' den Rang einer gemeinsamen Schnittmenge. Im Unterschied zu Rawls werden sie aber nicht quasi-empirisch mit Hilfe eines Abstraktions- und Filterprozesses, sondern mittels einer philosophischen Argumentation gewonnen. Offensichtlich kommt dieses Muster den Religionen stärker als Rawls entgegen. Wenn Kants Deutung der christlichen Grundgedanken tatsächlich überzeugt, dann kann das Christentum diese Grundgedanken für sich beanspruchen und trotzdem auch Andersgläubigen und Ungläubigen zugemutet werden. Das Modell hat also den Vorteil, einer Religion mehr Recht zu geben und trotzdem eine pluralistische Demokratie in Frieden zu ermöglichen. Das Wenn in dieser Annahme, ihre Voraussetzung, dürfte aber da und dort bezweifelt werden.

Habermas. Ein drittes Muster ist mit dem Namen Jürgen Habermas verbunden. Es bezieht sich erneut auf Kant, will jedoch auf die Religion, verstanden als das Andere der Vernunft, und ihre Überlieferungen noch weiter als Kant entgegenkommen. In seinem einschlägigen Beitrag aus dem Jahr 2004 fordert Habermas sogar zu einer Wechselseitigkeit auf: »Säkularisierte Bürger dürfen, soweit sie in ihrer Rolle als Staatsbürger auftreten, weder religiösen Weltbildern grundsätzlich ein Wahrheitspotential absprechen, noch den gläubigen Mitbürgern das Recht bestreiten, in religiöser Sprache (hier widerspricht er Rawls) Beiträge zu öffentlichen Diskussionen zu machen. Eine liberale politische Kultur kann sogar von den säkularisierten Bürgern erwarten, dass sie sich an Anstrengungen beteiligen, relevante Beiträge aus der religiösen in eine öffentlich zugängliche Sprache zu übersetzen.«

Diese Erwartung Habermas', in der Sache eine Forderung, ist anspruchsvoll, verlangt nämlich unausgesprochen erstens, dass alle Bürger sich extensiv und intensiv religiös kundig machen; sie müssen gewissermaßen zu Amateurtheologen werden. Überdies sollten sie fähig sein, ihre Amateurtheologie in eine öffentlich zugängliche Sprache zu übersetzen. Und bei beiden Aufgaben dürften sie sich nicht mit einer einzigen Religion und bei ihr nicht mit einer einzigen Konfession begnügen. Vielmehr müssten sie zu Amateurtheologen in Bezug auf sehr viele – oder so gut wie alle?! – Religionen und Konfessionen werden.

Man könnte die Forderung zwar stillschweigend auf die in den westlichen Staaten dominanten Religionsgemeinschaften einschränken. Aber selbst dann müsste man in Bezug auf das Christentum, das Judentum und den Islam mitsamt deren zahlreichen Unterschieden kundig und zur Übersetzung in eine öffentlich zugängliche Sprache fähig und bereit sein. Abgesehen von dem durchaus gerechtigkeitserheblichen Einwand, wo denn die Buddhisten, die Hindus, die Konfuzianer bleiben, wo die Verfassungen doch Gleichberechtigung fordern, darf man den weiteren Einwand nicht als bloß pragmatische Natur beiseite wischen, den einer offensichtlichen Überforderung.

An diesen Umstand schließt sich ein weiterer, jetzt demokratietheoretischer Einwand an: Mit der Überforderung kommt, wenn auch nur in Ansätzen, am ehesten die gebildete Mittel- und Oberschicht zurande. Denn von wem sonst sind die nötigen Anstrengungen zu erwarten? Habermas' Forderung beläuft sich daher, wenn auch bei einem so kompromisslosen Anwalt der Demokratie zweifellos ungewollt, faktisch auf die Privilegierung eines gewissen Bevölkerungsteils.

Wegen der angedeuteten Überforderung ist es vermutlich kein Zufall, dass selbst beim Urheber der Forderung, bei Habermas, das Muster eine bloße Forderung, ein trockenes Versichern bleibt. Habermas zeigt nicht einmal exemplarisch, wofür der von ihm hochgeschätzte Kant doch plausible Beispiele gibt: Wie können religiöse Grundgedanken in eine öffentlich zugängliche Sprache übersetzt werden.

Im Unterschied zu Kant gibt Habermas also keine Beispiele für die einschlägigen Überlegungen, sodass man weder sagen kann, ob jemand mit seiner Auswahl von Grundgedanken den Kern einer Religion trifft und dann welcher, noch, wie weit ihm Kants Projekt, eine religiöse Sprache in eine philosophische zu übersetzen, tatsächlich gelingt.

Eine Ausnahme bildet Habermas' Behauptung, im Bereich der Bio- und Neurowissenschaften hätten moralische Ansichten bislang lediglich in religiösen Sprachen einen hinreichend differenzierten Ausdruck gefunden. Gegen diese Behauptung sind freilich Zweifel erlaubt. Zum einen sind in der Bio- und der Medizinethik die Religionen und deren Konfessionen oder Richtungen keineswegs einer Meinung. Zum anderen gibt es in den einschlägigen Debatten doch längst säkulare, also religionsunabhängige, beispielsweise Kantische, dabei nicht von seiner philosophischen Interpretation des Juden- und Christentums abhängige Argumente. Einflussreich sind auch utilitaristische Überlegungen. Nicht zuletzt haben Religionsvertreter ebenfalls längst gelernt, sich in diesen säkularen Sprachen zu bewegen.

Mit dem Stichwort »säkular« ist übrigens ein weiteres Problem angedeutet. Was soll eine »öffentlich zugängliche Sprache« sein? Warum nicht, da »in unseren Breiten« immer noch weithin bekannt und anerkannt, auch biblische Elemente wie der Dekalog? Sind dann in »anderen Breiten«, nämlich Kulturräumen, andere Sprachen öffentlich zugänglich? Oder muss es generell eine allgemeinmenschliche, dabei wohl säkulare Sprache sein?

Überdies besteht bei Habermas' Muster die schon angedeutete Gefahr, nur die hierzulande vorherrschenden Religionen, also das Christentum und Judentum, vielleicht noch den Islam, in den Blick zu nehmen, die anderen Adressaten der verfassungsrechtlichen Neutralität, die Weltanschauungen, hingegen außer Acht zu lassen. Gewiss, religionsfeindlichen Spielarten des (neuen) Atheismus muss die Demokratie wohl kaum entgegenkommen, selbst wenn sie sie, etwa in den USA, aufgrund der dort sehr weit verstandenen Meinungsfreiheit duldet.

Wie aber ist weltanschaulichen Richtungen von der Art der freikirchlichen Bewegungen, die im Freidenkerverband organisiert sind, zu begegnen? Die dort praktizierte Jugendweihe dürfte vom Grundsatz der Religionsfreiheit vermutlich geschützt sein. Was aber folgt daraus für die Demokratie, dieser doch mehr als 150 Jahre alten Tradition oder den noch weit älteren Traditionen der Freimaurer entgegenkommen zu sollen? Wegen ihrer sowohl religiösen als auch weltanschaulichen Neutralität ist der Demokratie hier kaum eine Diskriminierung erlaubt.

Kein Dilemma

Bevor wir nun die angestrebte vorläufige Bilanz ziehen, empfiehlt sich dieser Hinweis: Unsere Lebenswelt ist in ständiger Veränderung. Schlägt diese für manche Zeitgenossen atemberaubende Dynamik auf das Thema dieses Essays durch?

Die Stichworte für die neueren Entwicklungen sind bekannt; hier seien an sie nur in Auswahl erinnert: Digitalisierung und Globalisierung, zunehmender Pluralismus, geopolitische Verschiebungen, ferner der Vormarsch von künstlicher Intelligenz und von Robotern beim Übernehmen menschlicher Arbeit, weiterhin Eingriffe in das menschliche Erbgut, Kriege, Bürgerkriege und zahlreiche »gescheiterte Staaten« (»failed states«), also Staaten, die ihre grundlegenden Aufgaben nicht mehr erfüllen können; überdies das Vordrängen gewisser Religionen und neue Formen des Religiösen, nicht zuletzt Pandemien wie die durch das Coronavirus verursachte Seuche.

In dieser Welt, die alles andere als statisch ist, in der im Gegenteil ständig wirtschaftliche und gesellschaftliche, wissenschaftliche, technische und medizinische, nicht zuletzt politische, insbesondere geopolitische Veränderungen stattfinden, in einer derartigen Welt bleibt die Demokratie nicht unbehelligt. In jüngerer Zeit macht sich sogar über die zuvor schon beobachtbare Partei-, dann Politikverdrossenheit jetzt sogar eine bedenkliche Demokratieverdrossenheit breit. Trotzdem hat nach bisheriger Erfahrung die Demokratie ihre immer wieder neuen Herausforderungen zwar nicht immer optimal, letztlich aber doch ziemlich erfolgreich bewältigt.

Für die Welt der Religionen und der Weltanschauungen hat sie mit der Religionsfreiheit, hier einschließlich der Neutralität gegen Weltanschauungen, das Prinzip hervorgebracht, das ihr ein zwar nicht immer einfaches, aber doch friedliches Miteinander erlaubt. Auf der anderen Seite, bei den Religionen, hat sich deren Fähigkeit zum friedlichen Miteinander noch nicht allerorten entwickelt. Sie sind aber, soweit wir sie kennen, nicht schon ihrem Kern nach gegen die Staatsform der Demokratie feindlich eingestellt. Die Religionsgemeinschaften, ihrem Wesen nach, vereinfacht gesagt, Gemeinschaften des Glaubens oder einer Weltsicht, ebenso Gemeinschaften persönlicher Sinnsuche und Liturgie, können zwar intern recht hierarchisch, nach politischen Begriffen also wenig demokratisch organisiert sein. Das schlägt aber nicht notwendig auf das Verhältnis zum politischen Gemeinwesen, im Westen: der Demokratie, durch.

Religionen, die für ihr Außenverhältnis den Prozess der Einverleibung des Demokratiegedankens zum Staat erfolgreich abgeschlossen haben, können, zeigt die Erfahrung, mit der Staatsform der Demokratie gut leben. Zwei Bedingungen sind dann aber vorausgesetzt: Auch wenn die Religionen intern den Anspruch auf absolute Wahrheit erheben und etwa sagen, außerhalb des Christentums oder außerhalb des Islams usw. gebe es für den Menschen kein Heil, müssen sie eine doppelte Wirklichkeit, eine religionsinterne und eine religionsexterne Realität, anerkennen.

Religionsintern betrachtet muss der Absolutheitsanspruch, dem Wesen einer Religion gemäß, von den Angesprochenen frei anerkannt, er darf nicht erzwungen werden. Und nach der religionsexternen Wirklichkeit gibt es zahlreiche Religionen, die einen Absolutheitsanspruch erheben, was man – mehr oder weniger widerwillig – zu tolerieren hat. Andererseits müssen die Religionen einsehen, dass die Demokratie mit der Religionsfreiheit jeder Religionsgemeinschaft, also auch der eigenen Gemeinschaft, politische Chancen gewährt und gewährleistet, die andere Staatsformen kaum bieten und auf jeden Fall nicht überbieten können.

Infolgedessen drängt sich auf die unausgesprochene Leitfrage des Essays diese bilanzierende Antwort auf: Wegen immer wieder neuer Herausforderungen ist das Verhältnis von Demokratie und Religion störanfällig, es hat im Prinzip aber nicht den Charakter einer Zwangslage, eines Dilemmas.

Literaturhinweise

Die Texte der philosophischen und literarischen Klassiker werden nicht angeführt, da sie in verschiedenen Ausgaben leicht zu erreichen sind. Liberale Muslime sind in Auswahl vertreten.

Al-Azm, S.: Kein mittlerer Weg für den Islam?, in: Neue Zürcher Zeitung, 17. September 2015.
Ali, A. H.: Reformiert euch! Warum der Islam sich ändern muss, München 2015.
Arkoun, M.: Lectures du Coran, Paris 2016.
Aslan, R.: Kein Gott außer Gott. Der Glaube der Muslime von Muhammad bis zur Gegenwart, München 2006.
Armstrong, K.: Im Namen Gottes, München 2014.
Atzeni, G. / Voigt, F.: Religion und Theologie in bioethischen Kommissionen. Eine Untersuchung zu Berufstheologen in ethischen Diskursen, Berlin / Boston 2010.

Bassiouni, M.: Menschenrechte zwischen Universalität und islamischer Legitimität, Frankfurt am Main 2014.

Dawkins, R.: The God Delusion, London 2006; dt.: Der Gotteswahn, Berlin 2 2007.
Dennett, D. L.: Breaking the Spell. Religion as a Natural Phenomenon, London 2006.
Dreier, H.: Staat ohne Gott?, Frankfurt am Main 2018.
Dworkin, R.: Religion ohne Gott, Frankfurt am Main 2015.

Feldman, D.: Unorthodox, Berlin 2012.

Geiger, R.: Aristoteles über Politik und Religion, in: ders. / u. a. (Hrsg.): Philosophie, Politik und Religion. Klassische Modelle von der Antike bis zur Gegenwart, Berlin 2013.
Graf, F. W.: Die Wiederkehr der Götter. Religion in der modernen Kultur, München 2004.

Habermas, J.: Auch eine Geschichte der Philosophie, 2 Bände, Frankfurt am Main 2019.
Hartmann, N.: Ethik, Berlin / Leipzig ²2015.
Handbuch des Verfassungsrechts, hrsg. von E. Benda, W. Maihofer, H.-J. Vogel, 2 Bände, Berlin 1983.
Heinig, H. M.: Der Protestantismus in der deutschen Demokratie, in: Frankfurter Allgemeine Zeitung, 31. August 2015.
Heckel, M.: Staatskirchenrecht als säkulare Rahmenordnung im Spiegel von Luthers Lehren über Kirche und Welt, Weltlichkeit und Verweltlichung, in: Zeitschrift für Theologie und Kirche, 117. Jg., Heft 1, Tübingen 2020, S. 70–139.
Heinrich, H. / Scholz, N.: Alles für Allah. Wie der politische Islam unsere Gesellschaft verändert, Wien 2019.
Höffe, O.: Kritik der Freiheit. Das Grundproblem der Moderne, München 2015.

Höffe, O. (Hrsg.): Lexikon der Ethik, ⁷München 2008.
Höffe, O. / Kablitz, A. (Hrsg.): Religion im säkularen Europa, Paderborn 2018.
Holenstein, E.: China – eine altsäkulare Zivilisation, in: China ist nicht ganz anders, Zürich 2009, S. 41–98.

Isensee, J.: Die Säkularisierung der Kirche als Gefährdung der Säkularität des Staates (1986), in: Hense, A. (Hrsg.): Staat und Religion, Berlin 2019, S. 178 (186 f.).

Joas, H.: Im Bannkreis der Freiheit. Religionstheorie nach Hegel und Nietzsche, Frankfurt am Main 2020.
Jüsten, K.: Advocacy-Arbeit der Kirchen im säkularen Rechtsstaat. Aktuelle Herausforderungen im Verhältnis von Staat und Kirche, in: Zur Debatte 6 / 2014, S. 18–19.

Kermani, N.: Ungläubiges Staunen. Über das Christentum, München 2015.
Langthaler, R.: Warum Dawkins Unrecht hat, Freiburg im Breisgau 2015.
Luhmann, N.: Die Religion der Gesellschaft, Frankfurt am Main 2000.

Maier, H.: Was die Kirche vom demokratischen Staat lernen kann – eine Skizze, in: Zulehner, P. M. u. a. (Hrsg.): Synodalisierung. Eine Zerreißprobe für die katholische Weltkirche? Expertinnen und Experten aus aller Welt beziehen Stellung, Ostfildern 2022, S. 373–383.
Maier, H.: Zinsgroschen – Thesen zur christlichen Säkularität, in: Gesprächsband für Horst Dreier, Baden-Baden 2022a
Mernissi, F.: Die Angst vor der Moderne. Frauen und Männer zwischen Islam und Demokratie, München 1996.

Nagel, T.: Secular Philosophy and the Religious Temperament. Essays 2002–2008, Oxford 2012.

Ourghi, A.-H.: Reform des Islam. 40 Thesen, München 2017.

Pieper, J.: Das Viergespann. Klugheit, Gerechtigkeit, Tapferkeit, Maß, München 1964.
Pollack, D./Rosta, G.: Religion in der Moderne. Ein internationaler Vergleich. ²Frankfurt am Main 2022.

Schmidinger, H. (Hrsg.): Wege zur Toleranz. Geschichte einer europäischen Idee in Quellen, Darmstadt 2002.
Spaemann, R.: Grenzen. Zur ethischen Dimension des Handelns, Stuttgart 2001.
Spiekermann, B.: »Der Gottlose«. Geschichte eines Feindbilds in der Frühen Neuzeit, Frankfurt am Main 2020.

Taylor, C.: A Secular Age, Cambridge / London 2007; dt.: Ein säkulares Zeitalter, Frankfurt am Main 2009.

Personenregister

A
Abel 181
Abraham 126
Abû Bakr 205
Adam 181
Adenauer, Konrad 159
al-Azm, Sadil 200
al-Farabi, Abu Nasr 20, 24, 47 f.
al-Ghazali, Abu Hamid 216
Ali, Ayaan Hirsi 199
al-Kindi, Abu Ya'qub 46 f.
Aly, Götz 179
Angelus Silesius 127
Aristoteles 19 f., 25, 33–44, 46–48, 54,
    80, 87 f., 135–138, 140–143, 152,
    186, 205
Arkoun, Mohammed 200
Atay, Hüseyin 104
Ateş, Seyran 199
Atzeni, Gina 165
Augustinus 20, 24, 40–50, 54, 86, 100,
    126, 138 f., 143, 204
Averroes 200, 205

B
Bacon, Francis 150
Barth, Karl 179
Bassiouni, Mahmoud 216 f.
Becket, Thomas 127
Benn, Gottfried 161
Boccaccio, Giovanni 202
Böckenförde, Ernst Wolfgang 77, 171–173
Boëthius 130
Brontë, Emily 127
Bürger, Gottfried August 129

C
Cassirer, Ernst 91
Chesterton, G. K. 127
Cicero 20, 39, 54

Cioran, Emil M. 125
Claudel, Paul 127
Clinton, Bill 177
Condorcet, Antoine Marquis de 193
Crane, Tim 193

D
Dante Aligheri 50 f., 88
David 126
Dawkins, Richard 193 f.
Defoe, Daniel 205
Dennett, Clement 193
Descartes, René 191, 204
Dewey, John 91
d'Holbach, Paul-Henry Thiry 63, 69, 74
Diogenes 136, 142
Donne, John 127
Dostojewski, Fjodor 31
Dreier, Horst 107, 109–111
Droste-Hülshoff, Annette von 127
Dworkin, Ronald 194

E
Einstein, Albert 204
Eliot, T. S. 127
Engels, Friedrich 74
Epikur 39, 136, 141, 142
Erdoğan, Recep Tayyip 106
Erxleben, Dorothea 162
Esra 126
Esther 126
Eugen, Prinz 205
Euler, Leonhard 161
Eva 181

F
Feldman, Deborah 196
Feuerbach, Ludwig 74, 188
Fichte, Johann Gottlieb 74, 188
Friedrich II. 14

G

Gasperi, Alcide de 159
Gauchet, Marcel 88
Geiger, Rolf 37
Goethe, Johann Wolfgang von 188, 202f., 205
Gogh, Theo van 201
Gotthelf, Jeremias 161
Guareschi, Giovanni 127
Gülen, Fethullah 200

H

Habermas, Jürgen 22, 25, 76, 221–223
Haeckel, Ernst 193f.
Händel, Georg Friedrich 161
Hartmann, Nicolai 142
Heckel, Martin 175
Hegel, Georg W. F. 74, 90–93, 109, 124, 141, 188, 204
Heine, Heinrich 203
Heinig, Hans Michael 178–180
Hesiod 33
Hesse, Hermann 161
Hiob 126, 128, 129
Hitchens, Christopher 193
Hobbes, Thomas 13, 20, 24, 51, 54–60, 63, 65, 109, 140, 204
Höffe, Otfried 76
Hölderlin, Friedrich 161
Holenstein, Elmar 31
Homer 33, 134
Honecker, Martin 152
Hume, David 13, 63, 71

I

Ibn Ruschd 200, 205
Ibn Sina 205
Ibn Tufail 205
Isensee, Josef 173f.

J

Jahn, Johann Friedrich L. C. 161
James, William 20, 75, 81–83, 86, 91, 172
Jaspers, Karl 24
Jefferson, Thomas 178
Jesus 71, 73, 79, 127, 137, 149f.
Joas, Hans 20, 75, 90–93
Johannes der Täufer 55
Johannes (Offenbarung des) 118
Johannes vom Kreuz 127
Josua 126
Judith 126
Jud, Lev 126
Jüsten, Karl 170f.

K

Kablitz, Andreas 76
Kain 181
Kant, Immanuel 18, 20, 24, 51, 62–74, 81, 90, 92, 109, 112, 140f., 188, 194, 200, 204, 220–222
Kelek, Necla 199, 206
Kemal, Mustafa 106
Kermani, Navid 125, 206
Kierkegaard, Søren 20, 75, 79–81
Konfuzius 30f.
Koselleck, Reinhart 91

L

Lahbabi, Mohammed Aziz 216
Langthaler, Rudolf 193
Leibniz, Gottfried Wilhelm 19, 205
Lessing, Gotthold Ephraim 161, 202
Lincoln, Abraham 178
Livius 52
Locke, John 13, 63, 65, 109, 140, 187
Luhmann, Niklas 20, 75, 83–85, 174
Lukas (Evangelium) 58, 99

M

Machiavelli, Niccolò 20, 24, 51–54, 56, 59
Maier, Haus 50, 212
Maritain, Jacques 159
Markus (Evangelium) 99, 137
Marsilius von Padua 50
Marx, Karl 21, 74, 79, 92, 188–192

Matthäus (Evangelium) 58, 99, 137
Mendelssohn Bartholdy, Felix 204
Mendelssohn, Moses 204
Merkel, Angela 162
Mill, John Stuart 109
Milton, John 127
Mohammed 104, 129, 198
Mong Dsi 102
Moses 27, 55
Mozart, Wolfgang Amadeus 205

N
Nagel, Thomas 194
Nell-Breuning, Oswald von 152
Nietzsche, Friedrich 21, 74, 79–81, 90–92, 134, 161, 189–192
Nishitani, Keiji 77

O
Ockham, Wilhelm von 43, 51
Omran, Khaled 198
Orbán, Viktor 147
Otto, Rudolf 91
Ourghi, Abdel-Hakim 200

P
Paulus 55
Péguy, Charles 90
Petrus 55, 149
Pieper, Josef 142 f.
Platon 38 f., 46 f., 54, 87, 135 f., 138, 186 f.
Pollack, Detlef 114
Prätorius, Michael 161
Priamos 37, 41, 43

R
Rathenau, Emil 204
Rathenau, Walter 204
Rawls, John 111–113, 167–169, 173, 213 f., 219–221
Rendtorff, Trutz 179, 180
Rosta, Gergely 114

Rousseau, Jean-Jacques 13, 20, 24, 51, 60–65, 140, 204
Rushdie, Salman 201
Ruth 126

S
Saul 126
Sayer, Dorothy L. 127
Scheler, Max 91
Schelling, Friedrich Wilhelm Joseph 74, 188
Schiller, Friedrich 196
Schinkel, Karl Friedrich 161
Schliemann, Heinrich 161
Schopenhauer, Arthur 202, 205 f.
Schuman, Robert 159
Shakespeare 196
Sokrates 80, 187
Solon 134
Spaemann, Robert 129
Spinoza, Baruch de 13, 61, 63, 65, 109, 140, 204
Strauß, David Friedrich 188
Szczypiorski, Andrej 195

T
Taylor, Charles 20, 75, 85–92, 130, 187
Telemann, Georg Philipp 161
Thales 134
Thomas von Aquin 13, 20, 24, 47–50, 54 f., 109, 138, 140–143
Thoreau, Henry David 213
Tillich, Paul 91
Tobias (Apokryphen) 58
Tocqueville, Alexis de 90
Troeltsch, Ernst 91

V
Voigt, Friedemann 165
Voltaire 13, 63, 74

W
Washington, George 178
Weber, Max 127 f., 211
Williams, George 177
Wolff, Christian 19, 205
Wolf, Gary 57, 193

X
Xenophanes 20, 33 f., 40, 184–186, 189

Z
Zwingli, Ulrich 126

Lernen Sie jetzt unser Sachbuchprogramm in unserem neuen **Online-Shop** kennen!

Alle Infos rund um unsere Bücher, Lesungstermine, News, Videos u.v.m.

www.hirzel.de